2018年度国家社科项目"冬奥会赛事争议仲裁研究"（18BTY069）

COMPARATIVE
AND
INTERNATIONAL SPORT LAW

比较与国际体育法系列

总主编 张春良

国际体育仲裁院 仲裁专题研究

A STUDY ON ARBITRATION OF
COURT OF ARBITRATION FOR SPORT

张春良 黄晖 著

厦门大学出版社 国家一级出版社
XIAMEN UNIVERSITY PRESS 全国百佳图书出版单位

图书在版编目(CIP)数据

国际体育仲裁院仲裁专题研究/张春良，黄晖著.—厦门：厦门大学出版社，2020.5

ISBN 978-7-5615-7656-4

Ⅰ.①国…　Ⅱ.①张…　②黄…　Ⅲ.①体育—争议—国际仲裁—研究
Ⅳ.①D912.160.4

中国版本图书馆 CIP 数据核字(2020)第 010081 号

| 出 版 人 | 郑文礼 |
| 责任编辑 | 李 宁 |

出版发行	厦门大学出版社
社　　址	厦门市软件园二期望海路 39 号
邮政编码	361008
总　　机	0592-2181111　0592-2181406(传真)
营销中心	0592-2184458　0592-2181365
网　　址	http://www.xmupress.com
邮　　箱	xmup@xmupress.com
印　　刷	厦门市明亮彩印有限公司

开本	720 mm×1 000 mm　1/16
印张	16.25
插页	2
字数	278 千字
版次	2020 年 5 月第 1 版
印次	2020 年 5 月第 1 次印刷
定价	88.00 元

厦门大学出版社
微信二维码

厦门大学出版社
微博二维码

总　　序

　　庚子鼠年，风雨如晦。在这个非常时期，笔者牵头组织的"比较与国际体育法系列"丛书开启了它注定非常的生命旅程。

　　非常系列，非常特色。本丛书是在西南政法大学资助和国际法学院的支持下立项实施的，其初心是整合我校在国际法和体育法交叉领域的研究力量，开辟西南法学学派的新的学术增长点，铸就西南国际法研究的特色增长极。有史以来，西南政法大学以其厚重的法学研究品质蜚声学界、饮誉天下。学界公认，歌乐出品，必是精品！毋庸讳言，基于地缘格局和情势变更的客观影响，西南学派的国际法研究虽时有亮点，但特色待彰。为破局西南国际法研究的特色之困，既需要国际法学科进行科学和前瞻性的顶层布局，也需要学科研究人员的厚积薄发，还需要支撑特色研究的特色实践有其规模化的长足发展。现在看来，这些条件业已成就。有学校和学院的统筹规划，有一批致力于国际体育法研究的学术新锐，更有中国在奥运会赛事举办上"梅开二度"的举国投入与实践，天时、地利、人和诸要素均已具足，启动西南学派"比较与国际体育法系列"丛书的建设，形成该领域研究的西南气象和特色适逢其时。因之，相比于传统法学研究而言，本套丛书作为非常系列，有其非常特色！

　　非常系列，非常使命。2020 年 2 月 28 日，这是一个值得中国竞技体育界和国际法学界刻骨铭心的时刻。是日，有体育世界最高法庭之称的国际体育仲裁院一纸裁决，对中国当代泳坛天骄孙杨处以 8 年顶格禁赛处罚。针对个别运动员的个案处罚大惊小怪似有过于矫情之嫌疑，然而正如该仲裁裁决所指称的，运动员对规则的认知、事件的处理和责任的担当方面都是令该案仲裁庭感到"惊讶""印象深刻"的若干问题之一。这多少揭示了我国竞技体育圈在相当程度上属于"法治洼地"的令人不堪但可能足够客观的现状。也因此，本系列丛书还以借力法治促进中国体育从大国向强国转型、从法治洼地向法治高地提升作为不言而喻的使命和情怀。就此而言,本套丛书作为非常系列,有其非常使命。

非常系列,非常期待。体育是大众的实践,体育法却是小众的修行。这至少在当前之中国而言即是如此。体育法研究和实践在中国的小众化是与体育在中国作为大众实践不相符的,更是与正处于伟大复兴和崛起进程中的中华民族朝气蓬勃之气象不相称的。现代奥林匹克之父顾拜旦曾言:"一个民族,老当益壮的人多,那个民族一定强;一个民族,未老先衰的人多,那个民族一定弱。"这是关于体育之于民族盛衰兴亡的意义之睿智断言:体育强,则民族强;体育弱,则民族弱。我们仍然还记得《体育颂》中作者以无上的热切和虔诚,将体育视为是"天神的欢娱,生命的动力",是集美丽、正义、勇气、荣誉、乐趣、进步、和平和培育人类的沃地等万千美德于一身的存在。体育,既是世界的选择,也应是中华民族的选择,是各国人民通往真善美的"大乘"之道。可预期的是,体育应当也必然是伟大复兴后的中华民族不可或缺的生命实践和生活方式! 遵循经济基础决定上层建筑这一从不过时的因果,体育强,则体育法盛! 这也当是"比较与国际体育法"的时也、命也! 殷鉴于此,本套丛书作为非常系列,有其非常期待。

其实,本套丛书被定位为西南国际法研究的非常之"特色",也反道出其处境的维艰,它不是主流也不是常态,这显然并非组织者的"野心"。以非常之态,走非常之道,最终归于法学研究和实践的常态和常道,这才是本丛书的"小目标"。

风雨如晦,却不见得就是困境。反者道之动,这如晦风雨反倒极可能是"福人"之"微祸"。先贤曾言:天欲祸人,必先以微福骄之,要看他会受;天欲福人,必先以微祸儆之,要看他会救。扼住命运之喉咙,旋转祸福之乾坤的,仍然是那斯芬克斯之谜的谜底。自助者,天助之! 以此献给风雨如晦时期的抗疫人民,并与为体育法的繁荣昌盛而"烦心""操劳"之士共勉!

以此为序!

丛书总主编　张春良

2020 年 4 月 17 日

重庆·众妙之门

缩略语表 *

序号	缩略词	中文全称	外文全称
1	AAA	美国仲裁协会	American Arbitration Association
2	ADR	替代性纠纷解决	Alternative Dispute Resolution
3	AIBA	国际业余拳击协会	Association International deBoxe Amateur
4	CAS	国际体育仲裁院	International Court of Arbitration for Sports
5	CCAS	中国体育仲裁院	Chinese Court of Arbitration for Sports
6	CIETAC	中国国际经济贸易仲裁委员会	China International Economic and Trade Arbitration Commission
7	CISF	加拿大国际滑雪协会	Canadian International Skiing Association
8	COA	加拿大奥委会	Canadian Olympic Association
9	FEI	国际马术协会	International Equestrian Federation
10	FIBA	国际篮球协会	International Federation of Association Basketball
11	FIFA	国际足球协会	International Federation of Association Football
12	FIG	国际体操协会	International Federation of Gymnastics
13	FILA	国际业余摔跤协会	Federation Internationale des Luttes Assoiees
14	FIM	国际摩托车协会	Federation Internationale Motorcycliste
15	FINA	国际业余游泳协会	International Amateur Swimming Federation
16	FISA	国际赛艇联合会	International Rowing Federation
17	GISF	格林纳达国际体育基金会	Grenada International Sports Foundation
18	GOA	格林纳达国家奥委会	Grenada Olympic Association
19	IAAF	国际田联	International Amateur Athletic Federation
20	ICAS	国际体育仲裁委员会	International Council of Arbitration for Sport
21	ICC	国际商会	The International Chamber of Commerce
22	ICSID	解决投资争端国际中心	The International Center for Settlement of Investment Disputes
23	IF	国际单项体育联合会	International Federation
24	IOC	国际奥委会	International Olympic Committee

续表

序号	缩略词	中文全称	外文全称
25	NOC	国家奥委会	National Olympic Committee
26	OCOGs	奥运会组织委员会	Organising Committee for the Olympic Games
27	PILA	瑞士联邦国际私法法	Switzerland Private International Law Act
28	TAC	田径反兴奋剂委员会	Track Anti-Doping Committee
29	UCI	国际自行车协会	Union Cycliste Internationale
30	USWA	美国摔跤协会	United States Wrestling Association
31	WIPO	世界知识产权组织	World Intellectual Property Organization

＊说明：按字母表顺序排列。

目　　录

第一章

CAS 仲裁基础问题研究

一、CAS 与国际体育法体系的生成

体育联盟的实体化和规模化促成了体育世界的实体转向。以国际奥委会（International Olympic Committee，以下简称 IOC）为象征的体育联盟证成了体育实体的素朴雏形，其生成端赖于作为其司法机构——国际体育仲裁院（International Court of Arbitration for Sports，以下简称 CAS）之立法、司法与释法功能。集三位一体功能于一身的 CAS 不仅是 IOC 所主导的体育实体的护法使者，而且正是在这一"上帝之手"的辅佐、培育和扶持下，世界体育法体系才得以生成和持存。

当代体育发展日益显现的宏观态势是体育产业经由联盟而趋至集团化、经由垄断而趋至实体化。体育实体的涅槃不主要地倚赖其致密的组织结构，而是更多地凭借其强大的司法能动力量。体育实体司法机构的能动性赋予其广泛的角色身份，在集司法、造法与释法三位一体的力量组合中，体育实体的司法机构首先转变为体育世界的"国际法院"，同时反向维系和促进了体育世界的实体化进程。

（一）体育实体化之基础及其证成

体育实体的出现是基于对体育世界统一秩序的渴念，而这一渴念的产生则是源于对建立在平等和多元基础上的国际体育社会之散漫乃至零碎所致之

礼崩乐坏、各自为政的现象所持之不满。

体育世界的离散化主要表现为地域的分裂与主题的隔阂。在以主权国家为构造单元的国际社会中,体育世界也因主权者的地域分割而呈现出强烈的属地色彩,统一秩序下的体育实体梦想在主权林立的世界格局中支离破碎。地域的阻隔根本上摧毁了体育世界法制统一化之可能,缺乏统一规制的体育社会显然无法催生体育实体这一庞大造物,然而这一现状却向我们辩证地昭示着体育实体得以生成的可能路径,在主权不可损抑的当代国际社会中,统一体育实体秩序得以可能的策略或许只能是体育与政治的断裂,体育无涉政治,从而回避主权锋芒对体育秩序的割据。

与此同时,因体育主题不同而集结形成的体育行业也在另一层面瓦解着体育世界的统一秩序,形成自成体系的各国际单项体育联合会(International Federations,以下简称 IFs)。IFs 负责在世界范围内管辖一项或几项运动项目,并接纳若干管辖这些项目的国家和地区级团体,它们通过制定并推行本运动项目的规划并保证该项目在全世界的开展、制定参赛标准、负责技术监督和指导等措施在特定体育主题范围内建立、强化了世界范围内的统一秩序。[①]体育业的地域分割和行业分割共同促成了体育世界秩序的"条""块"化的割据趋势,然而体育行业化趋势毕竟突破了体育业的属地色彩,在一定程度上实现了世界范围内的统一,为体育的实体化转变提供了有益示范。体育实体的真正实现必须克服地域分割和行业分割所产生的秩序的凌乱,形成等级森严的纵向结构。国际奥林匹克运动的出现及其实体化证成了体育实体的素朴雏形。

奥林匹克运动尽管旨在以体育取代政治对抗,强调政治与体育无涉,然而体育产生和发达却主要服务和服从于政治,尤其是政治战争的需要。即便奥林匹克运动发展至当代仍然带着强烈的政治色彩,即意图通过国家之间在竞技场上的和平角逐消灭战争和培育友谊。作为承载国际和谐精神的奥林匹克运动,有赖于强有力的组织的协调和斡旋,IOC 的缔造无疑称得上是体育世界最堪铭记的灿烂篇章,它通过整合因地域和主题而趋于破裂的体育业,将体育世界的破碎山河纳入统一化和全球化的进程之中。IOC 铁腕整治的力量首先源于其组织结构上的形式力量,其次则是其司法机构的实质力量。

---

① 详见体育学院通用教材编委:《奥林匹克运动》,人民体育出版社 1993 年版,第136～137 页。

在组织结构上，IOC位于奥林匹克组织等级体制的顶端，位于其下的机构则是国家奥委会（National Olympic Committees，以下简称NOCs）、IFs、奥林匹克大会和各项特别委员会。IOC作为奥林匹克运动的最高权力机构，对有关奥林匹克运动会的任何问题都握有最终的决定权力，此种权力甚至不同于联合国之类的国际组织之决议仅具有软法性质，其决议之硬性通过如下事实可得以证明，即参加奥林匹克运动会的国家和个人都必须服从IOC制定的规则和规章，违反这些规则者将受到惩罚。然而此种经由组织结构保证的力量如果缺乏司法机构的权威力量予以辅佐，则只能流为浮泛的形式规定。CAS作为这一体育实体的司法机构得以创设从根本上充实了实体的力量基础，也支撑起这一体育实体的真正尊严。在雄心勃勃的IOC前主席萨马兰奇的手中，CAS凭借其卓越的表现征服了整个体育世界，正在迫近，甚至已然演变成为"世界体育的最高法庭"[①]。站在CAS坚实的肩膀上并借助这一"上帝之手"，IOC成功缔造出未来体育实体的素朴范型。

（二）体育实体的司法之维

CAS作为体育实体的司法维度，为实体的真正诞生起着决定性的生成和维系作用。然而这一机构在创设和运转过程中曾因其地位的缺陷而产生合法性危机，并最终通过结构上的技术性改进捍卫了自身的正当性，从而以更为客观、中立和从容的姿态辅佐IOC践行体育实体的蓝图。

CAS最初仅仅作为IOC的隶属机构，在组织结构、人事安排和财政支持等方面全方位接受IOC的控制，这严重违背程序正义的要求，因为裁决者的中立地位被认为是程序正义的心脏。在大量以IOC为被告的案件中，作为IOC下属机构的体育仲裁庭显然无法维持其地位的中立性，IOC可通过种种途径和措施左右和干预仲裁庭的判断。正是这一结构上的失衡为仲裁庭自身的合法性形成强劲有力的否定效力，并最终在著名的Elmar Gundel案件中爆发出来。该案尽管最终得到瑞士联邦法院的宽容祖护，但后者也委婉地表达了对Gundel观点的同情态度：国际社会"不存在其他可行的、快速和便利解决体育争议的替代机构。……国际体育仲裁庭就其结构而言毫无疑问应当得

① See H. E. Judge Keba Mbaye, Introduction, in Digest of CAS Awards Ⅲ(2001—2003), edited by Matthieu Reeb in collaboration with Estelle du La Rochefoucauld, Kluwer Law International, 2004, p.xv.

到改善"。①

正如学者所言:"不具独立性且受政治控制的国际仲裁体制,无论设计得多好,也将最终使其自身及其体育联盟变得声名狼藉。"为摆脱世人将其定位为"国际奥委会的奴婢"之身份危机,体育仲裁庭在 IOC 的策划下游离出其组织框架之外,并通过依托专门为其设立的国际体育仲裁委员会(International Council of Arbitration for Sport,以下简称 ICAS)这一母体开始走上独立运行的轨道。国际体育仲裁院仲裁规则非常鲜明地传递出仲裁员独立化的价值取向,并通过三个递进的制度设计在当事人与仲裁庭之间设置了一道"防火墙"以确保仲裁庭的中立地位不受影响。此三个递进的制度设计如下。

(1)通过设计出 ICAS 切断 IOC 与 CAS 之间的经济关联和组织关联,确保 CAS 在仲裁以 IOC 及其关联机构作为一方当事人的体育案件时能维持超然独立的地位。CAS 在 1983 年 6 月由 IOC 在新德里的一次会议上成立,从诞生时起,CAS 便因与 IOC 之间的暧昧关系而背负"原罪",缺乏独立是 CAS 遭到批判的主要原因。ICAS 由此而被设计出来以切断 CAS 与 IOC 之间的直接关联。对于 ICAS 能否捍卫 CAS 的中立地位,这一组织结构的功能本应在 2000 年罗马体操运动员 Andreea Raducan 案件中得到检验,然而受诉法院在驳回罗马人的上诉申请后对 CAS 的中立地位避而不谈;直到 2003 年 5 月 27 日瑞士联邦最高法院通过审理 CAS 剥夺两个俄罗斯跨国滑雪运动员参与盐湖城冬奥会资格的案件才正式评定了 CAS 的中立地位,法院的意见是 CAS 不再是 IOC 的附庸,相对于当事人而言具有充分的独立性,它所作出的涉及 IOC 的裁决仍然是真正的仲裁裁决,堪与国家法庭之裁决媲美。

(2)通过建立 ICAS 成员的独立声明,并通过 ICAS 的独立和行政管理来确保 CAS 的独立地位。ICAS 委员"一经任命即应签署一份声明,承诺以私人身份行使其职权,完全客观独立并符合本规章之规定"。为此,"ICAS 成员不得列名于 CAS 的仲裁员名单,也不得担任 CAS 进行之程序的一方当事人的法律顾问"。在确保 ICAS 成员独立地位的前提下,还应当通过 ICAS 的行政管理途径辅佐 CAS 的独立性,为此,《CAS 仲裁法典》第 6 条第 10 款规定:ICAS 应当"采取任何其认为有利于保护当事人权利的措施,特别是为最大限

---

① See Matthieu Reeb, The Court of Arbitration for Sport: History and Operation, in Digest of CAS Awards Ⅲ (2001—2003), edited by Matthieu Reeb in collaboration with Estelle du La Rochefoucauld, Kluwer Law International, 2004, p.xxx.

度保证仲裁员的独立性并促进与体育相关的争议通过仲裁解决的措施"。

（3）通过"股份制"式的仲裁员委聘制度确保 CAS 的中立性。ICAS 应当聘请经过系统的法律专业训练、在体育以及相关方面拥有经承认的资格的人员，并原则上按照下列方式予以分配：五分之一仲裁员从 IOC 自其成员或者非成员中提议的人员选任；五分之一仲裁员从 IFs 自其成员或者非成员中提议的人员选任；五分之一仲裁员从 NOCs 自其成员或非成员中提议的人员选任；五分之一仲裁员在考虑到保障运动员利益的基础上经适当协商后选择；五分之一仲裁员自独立于依本条负责提议仲裁员人选之组织的其他人员中选任。此外，为保证仲裁员的独立客观性，ICAS 提名仲裁员名单时，应当确保他们能公平代表不同国家。这一聘任制具有如下两个特征：一是设立双重"股份制"式的选任模式，第一重"股份制"式的选任模式是对 ICAS 的 20 名成员采取"4×5"的方法选任，即由 5 个不同的机构群或者人员群各选任 4 名、共20 名成员组成 ICAS；第二重"股份制"式的选任模式是由 ICAS 直接从相关人士或间接从 IOC、IFs、NOCs 等机构提议的人士中按照"X×5"（X 不得少于30）的方法选任仲裁员，即由 ICAS 从 5 个方面各选任 30 名以上的仲裁员组建不低于 150 名的仲裁员名册。通过双重股份制选任，使仲裁员利益高度分散化，并最大限度地稀释 IOC 在 CAS 中的人事存在。

应当看到，CAS 中立化并没有完全达到摆脱以 IOC 为象征的体育实体之控制，IOC 仍然直接和间接地干预和影响 CAS 的运作，尤其是在仲裁员的聘任上。CAS 与 IOC 之间的微妙关系，一方面，使 CAS 能以客观中立的面目更为有利地促进体育实体的形成和维持，另一方面，IOC 通过种种方式遥控CAS 使其成为辅佐实体的左膀右臂，成为实体的"护法使者"。

（三）体育实体的司法生成

体育实体的司法生成即通过 CAS 这一司法机构的能动作用来结构出体育实体的完整形象。鉴于 CAS 自身功能的泛化，这一司法生成是广义的"司法"生成，即通过 CAS 狭义的司法活动及与之关联的立法活动、释法活动来共同完成实体生成过程。IOC 所象征的体育实体大厦之初步形成固然得益于其纵向等级结构，但其真正生成，并得以巩固、强化和维持的拱心石却是 CAS的能动作用。CAS 尽管就其初衷而言仅仅是一个司法性机构，其全部和主要职责在于消极地裁决体育纠纷，然而 CAS 在其发展过程中却不断地僭越这一单纯的角色定位，并致力于将自身转变成为集司法、立法和释法三位一体于一身的强势力量。这一强势力量之所以能生成和维系体育实体即在于,它通过自身的广泛能动力量不断削弱地域封锁和行业垄断对体育世界的解构作用,努力建构出统一的体育世界法制和全球一体化体育争议消解机制,从而为体育实体的诞生奠定制度基础。由此可见,CAS通过广义司法行为生成和赋予体育实体生命的路径即在于其能动的司法、释法和立法力量。

1.司法生成路径

CAS管辖三类仲裁程序,分别针对不同的体育纠纷。一类是普通仲裁程序,专门处理横向体育纠纷。普通仲裁程序的流程与普通商事仲裁程序完全一致,共享相同的仲裁规制与原则,在这方面CAS等同于任一普通商事仲裁机构。一类是上诉仲裁程序,专门处理纵向体育纠纷,尤其是对IFs等体育组织内部纪律机构处理后仍然难以解决的体育纠纷提供上诉救济。由于此类纠纷在性质上具有行政性和处罚性,CAS所在地的瑞士联邦国际私法将其界定为公法上诉的对象。而且CAS仲裁庭在若干案例中均表明,它适用的法律通常不是从诸如国际商事领域中的合同法律规范抽象出来的,而是从刑事性或行政性法律规范中获得基础,例如"法无明文规定不为罪"原则和"疑罪从无"原则,这也构成CAS仲裁Rebagliati案裁决的根据①。一类是奥运会仲裁程序,专门处理与奥运会相关的赛事争议,包括横向的普通体育纠纷与纵向的行政性体育纠纷。三类仲裁程序赋予CAS极其广泛的受案范围,通过特定的案件管辖权条款的巧妙设计,此类案件高度集中在CAS的手中,从而使后者具有按照一致和一贯的逻辑处理争议并自然整理出"世界体育法"的能力,从而营造出生成体育实体所必需的规则秩序。这一司法生成理路的作用原理包括如下三个方面:

(1)CAS管辖权的垄断行使。在CAS所管辖的三类仲裁案件中,除普通仲裁程序处理的横向体育争议可由一般商事仲裁机构处理外,各体育联合会的上诉类体育纠纷与奥运会体育纠纷几乎均被CAS独家垄断。CAS垄断管辖IFs的上诉类纠纷主要是通过各体育组织的章程规范发生作用的,自国际田联(International Amateur Athletic Federation,以下简称IAAF)于2001

① See Gabrielle Kaufmann-Kohler, *Arbitration at the Olympic: Issues of Fast-track Dispute Resolution and Sports Law*, Kluwer Law International, 2001, p.100.

年、国际足协于 2002 年接受 CAS 管辖以来，①全球范围内的 IFs 均在其章程规范中明确将 CAS 作为上诉救济机构，从而使 CAS 一跃而成凌驾于各体育组织之上的"国际法院"，为其统一司法提供了管辖基础。

而在奥运会框架内的体育纠纷则完全由 CAS 行使独占的管辖权，这主要得益于《奥林匹克宪章》第 74 条的规定，该条款要求所有产生于和关联于奥运会赛事的纠纷，无论争议当事人是否明示接受 CAS 的管辖，均概由 CAS 垄断管辖。即便当事人没有签署 CAS 管辖条款，但他们参与奥运会赛事安排的行动也构成 CAS 行使管辖权的正当理由，瑞士联邦法院在 1996 年审理的 N 诉国际马术联合会一案②，以及 CAS 奥运会特别仲裁庭于 2000 年悉尼奥运会仲裁的 Baumann 案③均表明了这一点。在奥运实践中，不但 IOC 与承办国签署的协议包括 CAS 管辖条款，而且所有参赛国和成员也必须签署载有 CAS 管辖条款的参赛报名表（entry form），此类错综复杂的管辖条款形成一个天罗地网，其核心即指向 CAS 怀抱。在澳大利亚新南威尔士上诉法院审理的 Sullivan 诉 Raguz 案件④中，法院即认定："在这些当事人之间并不存在一个单独的'仲裁协议'或者一个单独的'排外仲裁协议'。在所有的当事人之间只存在一个由不同协议组成的一个单独的协议。"⑤

---

①　应当指出的是，IAAF 仅就与兴奋剂相关的纠纷同意接受 CAS 的上诉管辖，其他大量的体育纠纷仍然保留在 IAAF 的手中，CAS 不具有管辖的资格。See H.E.Judge Keba Mbaye，Introduction，in Digest of CAS Awards Ⅲ（2001—2003），edited by Matthieu Reeb in collaboration with Estelle du La Rochefoucauld，Kluwer Law International，2004，p. ⅩⅢ．

②　该案中，法院裁决认为："如果原告没有接受仲裁协议，他就不会获得参加比赛的许可证书，因此也不能参加在圣马力诺举行的马术比赛。"详见［英］布莱克肖：《体育纠纷的调解解决：国内与国际的视野》，郭树理译，中国检察出版社 2005 年版，第 211 页。

③　该案中，作为被告的 IAAF 以其章程规范未确立 CAS 管辖条款为由对后者的管辖权基础提出异议，但仲裁庭仍然行使了管辖权并在裁决中给出理由：作为融入奥林匹克运动的当然结果，IAAF 应视作对《奥林匹克宪章》第 74 条之自然接受。See Gabrielle Kaufmann-Kohler，Arbitration at the Olympic：Issues of Fast-track Dispute Resolution and Sports Law，Kluwer Law International，2001，p.15．

④　See Arbitration CAS 2000/A/284 Sullivan / the Judo Federation of Australia Inc.，the Judo Federation of Australia Inc. Appeal Tribunal and Raguz，award of 14 August 2000，in Digest of CAS Awards Ⅱ（1998—2000），edited by Matthieu Reeb，Kluwer Law International，2002，pp.542-555．

⑤　转引自黄世席：《奥林匹克赛事争议与仲裁》，法律出版社 2005 年版，第 28 页。

在 CAS 将体育世界几乎所有具有重大影响的体育纠纷纳入自身管辖范畴之后,凭借其司法能动作用,CAS 得以通过裁决案件过程中实体规制和程序规制的统一适用来实施建构体育实体的宏伟抱负。

(2)统一实体规则。CAS 仲裁案件依据的实体规则主要包括《奥林匹克宪章》、可适用的规章、一般法律原则和仲裁庭认为应予适用的法律规则。《奥林匹克宪章》在统一体育世界的法律规制方面自不待言,而大量的弹性规则,如一般法律适用原则和仲裁庭认为应予适用的法律规则等则极大地赋予 CAS 仲裁庭宽泛的自由裁量权,过往的案例表明 CAS 在通过这一权限统一体育规制方面并没有辜负 IOC 的期望,正如学者所言:"规则制定得有多糟糕,仲裁庭就在相应程度上依赖一般法律原则,这必然导致体育法的统一化和全球化。"①

此外,CAS 同时定期整理和汇编相关案例,集结成册,供体育世界参考、研究和模仿,在遵循先例原则的担保下,此类案例适用的法律规则及其传递出的法律适用精神无疑对体育从业组织和人士提供了行动指南和示范作用,于实践意义上促进了世界体育法的形成,同时也为体育实体的诞生发挥了积极的推进作用。

(3)统一程序规则。CAS 仲裁程序规则的统一是通过仲裁地的静态化得以实现的。根据国际仲裁的一般理论,仲裁程序规则一般地由仲裁地的法律规范予以支配和调整,为确保仲裁程序的统一化、避免因事实仲裁地的变动不居而对程序的稳定带来消极影响,CAS 仲裁规则特别规定,一切 CAS 仲裁裁决均视作在瑞士洛桑作出,包括奥运会特别仲裁裁决。这一特殊规定为 CAS 设定了名义仲裁地,名义仲裁地的唯一化为 CAS 仲裁程序的统一提供了条件,也为体育实体的构建奉献了程序力量。

2.释法生成路径

CAS 不仅通过审理案件的司法方式为体育实体的诞生创设基础,同时也利用其释法的力量为体育世界灌输世界体育法的精神和理念。尽管 CAS 更多地承担司法职能,但同时也通过其咨询职能担负着规范世界体育秩序的使命,这一咨询职能已然演变为其司法力量最为重要的补充。按照 CAS 仲裁规则的精神,其咨询职能具有如下几个特征。

---

① See Gabrielle Kaufmann-Kohler, *Arbitration at the Olympic*: *Issues of Fast-track Dispute Resolution and Sports Law*, Kluwer Law International, 2001, p.100.

（1）咨询主体的特定性。能够向咨询仲裁庭提交咨询申请书的主体必须具有特定身份，并非所有体育组织或者运动员均可提出咨询案，能够提交咨询案的主体限定为IOC、IFs、NOCs、IOC承认的体育协会以及奥运会组织委员会（OCOGs）等机构。可见，咨询主体不得是运动员等自然人，也并非所有体育类组织，而是特定的体育类组织，主要涉及奥运会及其组织机构与成员。

（2）咨询主题的特定性。咨询仲裁庭主要就体育的实践或发展或有关体育的活动之法律问题发表咨询意见。它不关涉具体案件事实的查明，也不关涉具体案件的规则或规范适用方式，而是针对带有普遍性的法律问题进行阐释，且该问题事关体育之实践、发展或相关活动。

（3）咨询庭的独立性。CAS咨询职能不由具体审理案件的标准仲裁庭担任，而是先由CAS主席负责审查提交事项是否构成一项有效的咨询申请案，然后再从CAS仲裁员名单中任命一名或者三名仲裁员组成独任制或者合议制咨询仲裁庭专门对相关法律问题提供咨询意见。

（4）咨询结论的建议性。咨询仲裁庭凭借其对体育精神的深刻领悟、对体育规范的厚重理解、对相关咨询问题的独到经验独立地提供咨询意见，该咨询意见转由CAS交付申请人，但该结论仅具有建议性质，而不能强迫当事人接受，亦不能强迫相关人士赞同、承认、遵守或履行。

（5）咨询意见的私密性。咨询意见尽管针对的是与体育有关的普遍性法律问题，但如果未经申请人同意，出于对他的尊重，咨询仲裁庭和CAS均不得公开该咨询意见，除非申请人同意。

（6）咨询程序的有偿性。与上诉仲裁庭不同，上诉仲裁员的报酬不由当事人直接支付，咨询仲裁程序是有偿的，当事人应当支付咨询仲裁庭仲裁员的报酬，其数额和方式由CAS仲裁院办公室经征求当事人意见后确定。

CAS承担咨询职能不但是职能多元化的表现，而且通过咨询职能CAS已转变为体育世界的释法者，[①]尽管CAS咨询仲裁庭之结论不具有强制性，然而CAS可以通过后续的标准仲裁庭之运作确保案件的处理在咨询仲裁庭

①　Simma不无精辟地指出："体育仲裁院有关规则的规定，将使体育仲裁院在更为广泛的范围内发挥其作出咨询意见的功能，这一功能或许比它作为一个仲裁机构仲裁纠纷的功能更为重要。因此，如果咨询意见的请求被提出，体育仲裁院可以发展一种类似于宪法解释的机制，对国际体育法领域内的基本问题进行解释。"转引自［英］布莱克肖：《体育纠纷的调解解决——国内与国际的视野》，郭树理译，中国检察出版社2005年版，第72页。

提供的意见基础上运行,换言之,CAS 仲裁庭通过咨询仲裁庭设定标准,再通过标准仲裁庭执行此标准。在这一双轨运行之中,CAS 已然成为体育世界的释法机关和司法机关,双重身份的混同与重叠极大地巩固了它在体育世界的核心地位,同时也更有力量促成体育实体的形成。

3.立法生成路径

CAS 不仅以司法者和释法者的角色竭力维持着实体的持存,同时还通过角色的膨胀以立法者的身份编织着实体赖以持存的世界一体化规则。CAS 的立法功能是通过晦涩的方式进行的,无论是《奥林匹克宪章》还是其自身的仲裁规则并未明示授权 CAS 对体育世界立法,其立法的职能是通过自由裁量权的途径逻辑地引申出来的。鉴于体育仲裁的公益性①和快速性②要求,CAS 仲裁规则赋予仲裁庭极大的自由裁量权限,仲裁庭不但全权掌控程序的进展,而且拥有完全的查证、采证权,同时还能对案件的法律适用作出开创性运用,以此方式完成立法功能。尤其是在相关体育规则比较残缺的背景下,CAS 仲裁庭的强势地位更容易转化为立法的冲动,从而更具有充分机会为体育世界筹划秩序,为体育实体生成法制基础。

体育的实体化已然成为世界体育领域不可逆转的历史趋势。体育实体化进程有赖于体育规则的一体化和全球化,且必将在形成过程中反向促进体育规则的统一化。以 IOC 为象征的体育实体充分发挥 CAS 的司法能动作用,并凭借后者的立法、司法和释法功能编织、引申和践行着世界体育法,在其型构出的国际体育秩序中,体育实体终将得以道成肉身、莅临凡尘。

二、接近 CAS 上诉仲裁的先决条件

国际体育纠纷的排解机制在宏观上形成伞形二级仲裁制,CAS 跃居各国际体育协会内部救济程序之上,成为国际体育世界的最高法庭,管辖和受理针

---

① 体育仲裁裁决带有强烈的公益色彩,正因为这一特征,体育仲裁裁决,尤其是奥运会仲裁裁决以公开为特征。See Gabrielle Kaufmann-Kohler, *Arbitration at the Olympic*: *Issues of Fast-track Dispute Resolution and Sports Law*, Kluwer Law International, 2001, p.110.

② 体育仲裁裁决周期远远短于普通商事仲裁裁决,奥运会仲裁裁决的周期更是表现得极端短暂,原则上必须在提交仲裁申请后 24 小时内作出,以满足紧迫的赛事时间框架。在这一意义上,仲裁庭成员也具有获得奥运会金牌的适当资格。

对各内部救济程序之裁决而提起的上诉案件。国际体育法治精神要求各体育组织的内部救济机制必须向中立客观的 CAS 仲裁程序敞开,赋予当事人接近正义之机会;国际体育发展的独特规律则要求尊重体育组织的行业自治。敞开与遮蔽之间的博弈及其尺寸拿捏遂实证化为接近 CAS 上诉仲裁救济的先决条件。[①]

CAS 作为国际体育世界的最高法庭,它以客观中立之姿态构建出与各体育组织内部救济程序相衔接的外部仲裁机制。它接受各体育协会的指定,对经过其内部救济机制仍然未能解决的纠纷进行管辖,由此形成二级仲裁程序。二级程序的启动受制于很多苛刻的条件,此类条件的设定需要考虑两个要素,一方面通过外部中立救济机制为当事人提供一个接近仲裁救济的机会,此为法治精神之要求;另一方面则是维护行业自治,外部救济谨慎介入的需要。法治精神的透明化本质为纠纷当事人提供了接近正义(access to justice)的权利机会,二级仲裁程序作为体育协会内部纠纷当事人接近正义的渠道之一,有义务和责任向相关当事人敞开,保持当事人可接近和利用的亲和性。为防止当事人滥用诉权,且避免外部救济不当地逾越自治的正当界限,提高外部救济机制管辖权的适当性,当事人在接近仲裁救济提供的正义时是附条件的接近,此类条件包括穷尽内部救济原则、待决诉讼排除、既判力排除、可体育仲裁性以及禁止反言规则。

(一)穷尽内部救济(Exhaust of Interior Remedies)

穷尽内部救济原则是衔接一级仲裁和二级仲裁的制度,它实现了内部救济向外部救济过渡中的软着陆,它通过对内部自治权限及其设定的救济机制的尊重来缓冲体育管理机构可能存在的情绪抵制,也使体育纠纷在经过内部救济机制的过滤和初步加工后,纠纷的结构与层次更加清晰、矛盾更加突出,从而为后续的外部救济机制整理出相对集中的争讼焦点。穷尽内部救济原则使各体育协会的一级仲裁机制成为必需的前置程序,并以内部救济机制的穷尽作为启动二级仲裁程序的必要条件。这一原则已经得到体育协会、CAS 和国家立法的广泛接受。

---

①　本部分是在《论国际体育仲裁中的"接近正义"原则》一文基础上经调整扩充而成,该文刊登在《体育文化导刊》2007 年第 11 期。西南交通大学峨眉分校张春燕副教授对该文有实质贡献。特此说明,并致谢忱!

　　各体育协会章程确立这一原则的方式有两类,一类是明示规定,即必须穷尽内部救济方可寻求外部救济。甚至某些体育协会内部救济机制也要求其下属机构成员在提交上诉申请的时候必得穷尽内部救济,如《IAAF 手册》第 21 条第 5 款第 1 项即规定:"必须穷尽成员章程规定的一切救济后,仲裁庭方可接受仲裁申请。"另一类则是默示规定,即寻求外部救济的主题必须是针对内部上诉庭所作出的决定,如《国际体操协会章程》第 21 条规定,由 CAS 排他性地进行管辖的对象是上诉庭作出的一切决定。默示规定方式构成各 IFs 提交 CAS 仲裁的主要立法模式。

　　应当指出的是,穷尽内部救济原则并不是绝对的,根据体育协会的章程或相关立法,某些争议可直接诉诸 CAS,不受穷尽内部救济原则的限制,此类争议的类型和范围由体育协会设定,尤其典型的是兴奋剂争议。以《国际业余游泳协会章程》为例,其第 10 条第 8 款有关内部上诉的规定就将争议分为两大类:一类是由国际业余游泳协会(International Amateur Swimming Federation,以下简称 FINA)执行委员会作出的纪律处罚,针对该处罚提出的上诉由 FINA 的司法局(Bureau)管辖;另一类是由 FINA 反兴奋剂小组作出的纪律处罚,针对该处罚提出的上诉由 CAS 管辖。对于前一类纪律处罚决定,在诉诸 CAS 管辖时必须穷尽内部救济,即必须经过 FINA 司法局处理后方可向 CAS 提出仲裁申请;对于后一类纪律处罚,则有些类似"飞跃上诉"或"跳背上诉"的规定,该类争议无须穷尽 FINA 内部救济,即无须经过 FINA 司法局处理,而可以直接诉诸 CAS。当然,诸如此类特殊争议采取的特殊做法并不推翻穷尽内部救济原则在整体解纷框架背景下的普遍性和正常性。

　　CAS 仲裁法典在尊重体育协会内部救济机制方面表现得相当谨慎和绅士,它至少通过两次直接强调和五次间接强调来巩固它对体育协会既有救济机制的谅解。《仲裁法典》第 37 条和第 47 条直接强调了该原则,第 37 条在规制临时措施和保全措施时,要求当事人向 CAS 申请仲裁或提出上诉申请之前需得穷尽内部救济;第 47 条有关上诉的规定则再次重复强调了上诉人在上诉前须根据体育机构内部章程或条例穷尽其可用的法律救济。《仲裁法典》第 1 条、第 12 条、第 20 条、第 27 条、第 47 条分五次强调了其管辖权的取得源于各体育机构章程或类似规则的授权,由于各体育机构或协会授权 CAS 仲裁管辖权总是通过明示或模式的方式确定以穷尽内部救济原则为前提,因此,CAS 通过对体育机构章程之尊重间接地尊重、确认和强调了该原则。

　　需要注意的是,CAS 等仲裁救济机制与法院司法诉讼不一样,它们在行使管辖权时运用"穷尽内部救济"原则不一样,诉讼程序的启动以该原则为唯一条件,即只要当事人穷尽内部救济后就可以诉诸法院,接近正义;而对于CAS而言,仲裁程序的启动除了需要穷尽内部救济之外,还得在当事人之间存在仲裁合意。CAS在2003年3月10日裁决的Besiktas vs. FIFA①案件就说明了这一点,②该案涉及仲裁申请人的转会及其费用支付问题,申请人在没有仲裁协议的情况下,对FIFA特别委员会的裁决不服,遂向CAS申请仲裁,鉴于Besiktas呈交申诉状时,国际足联条例和球员身份及转会规则均未规定CAS具有相应管辖权,由其通过普通程序或仲裁申诉程序解决国际足联和其成员或任何第三方之间关于国际足联机构作出的最终决定的争议,因此,FIFA认为,无论是根据国际足联规则,还是根据国际足联对CAS管辖权的承认,CAS对这一申诉都没有管辖权,因为这种承认只适用于2002年11月后作出的决定;而根据FIFA当时有效的规则,其特别委员会作出的裁决是终局的,对双方当事人具有拘束力。仲裁庭最终支持了FIFA的抗辩。本案仲裁申请人的逻辑似乎是把CAS当作了接近正义的当然选择,即便不存在仲裁协议,只要穷尽内部救济即可诉诸CAS进行管辖。

进而引发的问题是,如果CAS行使仲裁管辖权的根据是仲裁协议,且同时需要穷尽内部救济,则这一原则的运用是没有必要的,也可能产生矛盾。以《国际业余游泳协会章程》为例,该机构将争议分为兴奋剂争议和非兴奋剂争议,CAS对于非兴奋剂争议的管辖需要穷尽内部救济,并且存在仲裁协议,它满足了CAS《仲裁法典》第47条的规定,但是对于非兴奋剂而言,FINA允许当事人直接向CAS上诉,因此在形式上它满足了第47条设定的两个条件之一,即存在仲裁协议,但它并没有满足第二个条件,即穷尽内部救济。毫无疑问,CAS在面对一个FINA在兴奋剂方面的决定而提起的仲裁申请时必然地要行使管辖权,因为《国际业余游泳协会章程》作出此种授权,这就使CAS行使管辖权时没有尊重穷尽内部救济原则,产生了矛盾。有人或许会反驳认为,CAS《仲裁法典》第47条要求穷尽的内部救济是各体育协会就该类特种争议设定的特殊救济程序,而并不是穷尽其全部内部救济程序。的确,由于各体育协会可能根据争议性质设定不同的内部救济程序,有的争议是二级上诉制,有

---

① 国际足球协会,International Federation of Association Football,以下简称FIFA。

② See Arbitration CAS 2002/O/422,Besiktas vs. FIFA & SC Freiburg,award of 10 March 2003(translation),in Digest of CAS Awards Ⅲ(2001—2003),pp.90-96.

的争议则无须利用内部救济即可上诉至 CAS,在此种情况下,CAS《仲裁法典》第 47 条要求穷尽的内部救济就不一定是该体育协会设定的全部救济程序,而只能是体育协会就该特种争议设定的特殊救济程序。但如此一来,CAS仲裁法典要求穷尽内部救济就变得没有意义了,因为在 FINA 的语境下,兴奋剂争议就没有任何内部救济程序,何来穷尽之语? 真正的关键之处在于,CAS管辖权之取得首先是存在仲裁协议,其次是体育协会的章程规定。所以 CAS《仲裁法典》第 47 条设定的上诉两要件之二,即关于穷尽内部救济原则的规定是没有必要的,如果要精确地限定 CAS 上诉仲裁的条件,或许只有一个,即附条件的仲裁协议,而对于附具的条件而言,则是体育协会章程等规则的约定,如果该规则要求穷尽内部救济则需要满足该原则之"穷尽"要求,如果该规则并不要求穷尽内部救济,或者通过仲裁协议闲置了内部救济,乃至于没有内部救济,则 CAS 仲裁管辖权之取得当然无须建立在"穷尽"原则的基础之上。CAS 之所以一再强调"穷尽内部救济",与其说是过分奢侈地滥用语言,毋宁说它是通过此种病态来达到一种"示好"的目的,即以尊重体育协会内部救济程序的姿态眉目传情地表达它维护体育行业自治的立场。真正能够体现仲裁机构行使该项原则的情况是,当 Besiktas 穷尽 FIFA 内部救济后寻求 CAS 佑护时,CAS 对其予以正义之救济。悖论或许可以如此精练地予以概括:Besiktas 与 FIFA 之间没有仲裁协议,从而 CAS 无法直接运用"穷尽原则"允许 Besiktas 与自己亲密接触,但若 Besiktas 与 FIFA 之间存在仲裁协议,则"穷尽原则"因此而显得没有必要。换言之,接近仲裁救济之"穷尽原则"需要以仲裁协议为基础,在仲裁协议的平台上发挥作用,然而仲裁协议的存在却又悬搁了"穷尽"原则运用的必要,瓦解了该原则存在的基础。即便是在某一体育协会规定了复级救济机制,而一方当事人直接诉诸 CAS,此时体育协会以"穷尽"原则进行对抗时,就如 FINA 下的非兴奋剂纠纷中被处罚方未经内部司法局之上诉程序,而直接飞跃上诉至 CAS 时,FINA 对 CAS 管辖权提出抗辩,此时 CAS 很可能以该原则为由拒绝行使管辖权,此种情况最为贴近 CAS《仲裁法典》第 47 条设定的"穷尽"要件之运用,然而它仍然可追溯至《国际业余游泳协会章程》中仲裁协议附具的条件,即必须是对 FINA 司法局作出的上诉决定不服方可诉诸 CAS,CAS 即便驳回管辖权,也仍然是在根本上依据《国际业余游泳协会章程》的规定,即仲裁协议附具之运行条件并未成就。由此之故,"穷尽内部救济"原则更确切而言是接近诉讼救济的专利。

CAS 仲裁庭也曾在案件审理过程中遭遇过当事人以未穷尽原则对其管

辖权提起的抗辩经历,UCI① vs. H.即其中一典型。②

国家司法机关是否尊重"穷尽"原则关键地取决于立法规定,如果立法没有规定,则取决于法官的自由裁量权。这一规则为美国最高法院在审理 Mc-Carth vs. Madison 时予以确立的,该案法官指出:第一,如果国会立法明确规定必须用尽内部救济,则应当适用这一原则;第二,如果国会立法对此未作规定,则应由法院作出自由裁量。③ 尽管法官在没有立法规定时享有决定性的自由裁量权,也对体育协会不适当地肯定其内部救济结果的终局性表示蔑视,但是鉴于"穷尽"原则在自治与敞开之间的衔接作用及其体现的在"司法保障不容剥夺"的本色基础上对行业自治的正当考虑,法官没有必要否定该原则的运用,除非在根本违背"接近正义"精神的情况下可限制该原则使用。

一般而言,国家立法与司法实践确认、运用该原则主要是就自身管辖权的取得而言,至于司法实践以未"穷尽内部救济"为由挑战仲裁机构取得管辖权的案例几乎没有,该原则的运用更多的是依赖于仲裁机构的自律,更确切而言是依赖于附条件仲裁协议对仲裁机构的拘束力。当然,如果仲裁机构在仲裁协议附具之条件未成就时即取得管辖权,很可能使司法机关在后续司法监督环节以"穷尽"原则未得尊重而撤销仲裁裁决。在该种情况下,"穷尽原则"将会受到司法机关的支持,然而究其实质,司法机关支持"穷尽原则"不过是支持附条件仲裁协议之"条件"的现象而已。

(二)待决诉讼(Lis Pendens)排除

当某项体育纠纷既提交给 CAS 等仲裁机构进行仲裁,又被提交给国家法院进行诉讼或提交给其他仲裁机构进行仲裁④,此时就出现了"待决诉讼"的问题。一般情况下,待决诉讼的情况比较罕见,当一份仲裁协议真实存在且有效时理当送交仲裁协议确定之机构裁决,反之,则应送交法院诉讼,然而由于

---

① 国际自行车协会,Union Cycliste Internationale,以下简称 UCI。

② See Arbitration CAS 2001/A/343,Union Cycliste Internationale(UCI)/H.,award of 28 January 2002,in Digest of CAS Awards Ⅲ(2001—2003),pp.226-237.

③ See McCarth vs. Madison,505 U.S.140,112 S.Ct1081,117 L.Ed.2d 291(1992),转引自郭树理:《体育纠纷的多元化救济机制探讨——比较法与国际法的视野》,法律出版社2004 年版,第 192 页。

④ 当一个争议被同时提交给数个仲裁庭审理时,"待决仲裁"的现象也可能存在。See Mauro Rubino-Sammartano,*International Arbitration Law and Practice*,p.604.

仲裁机构的自裁管辖权与法院的管辖裁定权平行而立,这就使管辖权的评判主体出现了二元格局,不同主体对同一仲裁协议是否存在且有效发生主观和客观的扭曲理解时,仲裁与诉讼,或仲裁与仲裁的平行管辖即告形成。加之,在国际民事诉讼和国际仲裁领域,受案法院和仲裁机构极有可能位于不同的国家,如果它们之间甚至缺乏必要的尊重和自律,则平行管辖的现象将不可避免地产生。即便在同一国家之内平行仲裁的现象也可能存在,Lindland vs. USWA① 案件就是最为突出和典型的例子。在该案中,仲裁申请人 Lindland 与被 USWA 推荐为奥运会参赛选手的 Keith Sieracki 分别向美国仲裁协会 (American Arbitration Association,以下简称 AAA)的芝加哥和丹佛两个仲裁机构申请仲裁,两个仲裁机构分别进行了仲裁并作出不一致的裁决。丹佛仲裁庭在管辖案件时认为,该案仲裁申请虽然与第一个仲裁的申请是重复的,但两个案件涉及的问题并不完全相同,Sieracki 在理论上也可以重新比赛的结果损害其利益,构成一个新的诉因为由提起新的仲裁。② 国内有观点认为,本案是一个平行仲裁,其中的仲裁从一开始就存在问题,因为一个仲裁员不能够就已经裁决的争议再行作出裁决。③

　　无论观点怎样分歧,它们都指向一个原则,即一旦形成"待决诉讼"或"待决仲裁"之情势,后续机构就不应再次受理并仲裁同一主题事项。也就是说,体育协会内部纠纷在向法院或某一外部仲裁机构寻求救济,在其审理过程中尚未作出裁决时,后一仲裁机构应当遵循"待决诉讼"原则拒绝行使管辖权,就后一仲裁程序而言,"待决诉讼"的存在使其不具有可接近性,只有排除"待决诉讼"之后方具有接近仲裁救济的可能性。

　　如果"待决诉讼"不可避免地发生,法院和仲裁庭似乎都有裁定的权力。在某些法律体制下,法院可就仲裁程序采取"吸收效"(vis arrtaciva),该效果使仲裁程序被法院管辖权所"吸收"(absorb);④而在澳大利亚法律体制下,当仲裁庭面对一份"待决诉讼"的抗辩时,如果一个或多个争议被同时提交给其

---

① 美国摔跤协会,United States Wrestling Association,以下简称 USWA。

② 转引自[英]布莱克肖:《体育纠纷的调解解决——国内与国际的视野》,郭树理译,中国检察出版社 2005 年版,第 165～166 页。

③ 详见黄世席:《奥运会赛事争议与仲裁》,法律出版社 2005 年版,第 315～316 页。

④ See Mauro Rubino-Sammartano, *International Arbitration Law and Practice*, pp.600-601.

他管辖机构，则仲裁庭可裁定继续进行仲裁抑或弃权。① 第一种做法似乎代表了大多数国家的观点，即法院可颁发"仲裁禁止令"吸收仲裁程序，然而也受到仲裁界的批判。有学者就指出"仲裁禁止令"之所以应当受到指责在于，它要么构成了管辖权的滥用，要么产生了域外效力；它们无视仲裁庭的自裁管辖权。②

　　如果存在"待决诉讼"或"待决仲裁"的情形，体育纠纷当事人又向 CAS 申请仲裁，此时 CAS 能否行使自裁管辖权，以及此种管辖权将在何种程度上成立，考察仲裁地的立法和司法实践具有重要的乃至决定性的意义。Fomento de Construcciones y Contratas S.A. vs. Colon Container Termianl S.A. 案显示出，瑞士联邦最高法院在判断"待决诉讼"之裁决的有效性，从而否定后续机构管辖权时将依据《瑞士联邦国际私法法》（*Switzerland Private International Law Act*，以下简称 PILA）第 9 条的规定采取两个标准：一是该裁决在瑞士境内具有可执行性，二是在合理时间内。在该案中，纠纷当事人之间尽管存在仲裁协议，但该仲裁协议被巴拿马最高法院否定其效力，并即将作出其法院判决。而位于瑞士境内的仲裁庭不顾这一事实，裁定自己具有管辖权，并作出仲裁裁决。瑞士联邦最高法院最终撤销了该仲裁裁决。有人认为该仲裁庭本应当在分析《瑞士联邦国际私法法》第 9 条之后让步于外国法院判决，因为该条款要求瑞士司法系统终止就国外诉讼中的事项展开诉讼程序，只要外国法院很可能作出一份在合理时间内将在瑞士执行的裁决。由此引申至奥林匹克仲裁，首先应当关注的问题是诉讼进行中的事项是否与奥运会特设分庭管辖的事项相同；如果相同，且存在一份有效的 CAS 仲裁管辖条款，则上述第一个标准将不会得到满足，更为重要的是，考虑到奥林匹克情形的时间性要求，第二个标准也难以得到满足。③ 换言之，在奥林匹克仲裁的情况下，即便特殊分庭外的仲裁机构或者法院先行行使管辖权，但基于该裁决的执行和

---

① See R. Simmonds-B. H. W. Hill and J. Jarvin, *Commercail Arbitration Law in Asia and the Pacific*, New York, 1987, p.13.

② 该学者继续认为，仲裁与诉讼的平行固然产生了困难的问题，然而却没有引起严重的关切，这主要得益于"案件另案处理"（lis alibi pendens）和"既判力"（res judicata）原则对平行程序的防范。See *Arbitration at the Olympics*: *Issues of Fast-track Dispute Resolution and Sports Law*, Kluwer Law International, 2001, p.33.

③ See Gabrielle Kaufmann-Kohler, *Arbitration at the Olympic*: *Issues of Fast-track Dispute Resolution and Sports Law*, Kluwer Law International, 2001, pp.33-34.

奥运会的时间要求,瑞士联邦最高法院将不予承认其裁决,也就是说,此时 CAS 特设分庭可不顾"未决诉讼"的限制,大胆行使管辖权,给予纠纷当事人接近仲裁救济的机会和权利。

然而,在奥运会仲裁框架之外,CAS 等外部中立仲裁机构在面对来自体育协会内部纠纷而提起的上诉仲裁申请时,应当谨慎判断是否存在"未决诉讼"的情形,如果该情形客观而有效存在时,CAS 等仲裁机构应当拒绝给予申请人以接近仲裁救济的机会,否则其裁决在承认和执行方面将受到强烈的冲击,尤其是当仲裁裁决需要在"待决诉讼"进行地的国家或者区域获得承认和执行时,更是如此。因此,排除"待决诉讼"的情况是二级仲裁程序具有可接近性的另一必要条件。

(三)既判力(Res Judicata)排除

既判力是程序不可逆性和程序终结性[1]的必然结果。程序的不可逆性使经过程序认定的事实关系和法律关系,都被一一贴上封条,成为无可动摇的真正的过去[2];程序的终结性则赋予程序结果以安定性,防止程序的反复启动对当事人利益关系导致的无常变动。一项裁决一旦产生既判力之效果,也就排除了当事人寻求包括仲裁救济在内的其他救济措施的权利,或者说,既判力的排除是接近仲裁救济的必要条件。

既判力之产生需要满足"三同性",即当事人、原因和标的都相同时才产生既判效果。[3] 在国际体育仲裁实践中,CAS 曾以此标准评判了自身管辖权的适当性,悉尼奥运会期间仲裁的 Perez 案和 Baumann 案就是其中典型。Perez 案涉及三个连环仲裁,第一次仲裁程序在美国奥委会、美国 Kayak 协会与 IOC 之间展开,作为仲裁申请人的美国奥委会和 Kayak 协会认为,Perez 脱离古巴国籍、具备美国国籍已经超过《奥林匹克宪章》第 46 条附则第 2 款规定的三年期限,无须征得古巴同意即可代表美国参与奥运会,因此,IOC 在 2000 年

---

[1] 有学者将程序的基本要素归纳为五个方面,即有序性、不可逆性、时限性、终结性和法定性。其中,程序的不可逆性也称作自缚性,是指程序中某一环节一旦过去,或者整个程序一旦结束,就不能再回复或者重新启动;程序的终结性是指程序通过产生一项最终的裁判而告终结。详见陈桂明:《程序理念与程序规则》,中国法制出版社 1999 年版,第 2~3 页。

[2] 季卫东:《程序比较论》,载《比较法研究》1993 年第 1 期。

[3] 详见叶自强:《民事诉讼制度的变革》,法律出版社 2001 年版,第 313 页。

8月26日否决美国奥运会提出的授予Perez悉尼奥运会参赛资格的请求是不妥当的。仲裁庭调查后得出结论：根据奥林匹克宪章、国际法和美国法，申请人关于Perez在1997年前就已获得美国国籍的陈述未得证实，并据此维持了IOC的决定。随后，Perez本人以新证据向特殊分庭提出了一个新的仲裁请求，要求确认其在1993年即丧失古巴国籍，成为一个无国籍身份的人。

面对第二个仲裁请求，特设分庭必须判断其是否具备"既判力排除"条件，并据此决定是否予其以仲裁救济。事实上，比较第一次仲裁和第二次仲裁的当事人、原因和标的，两案存在差别。在当事人要素上，第一次仲裁当事人是美国奥委会、Kayak协会与IOC，Perez在该案中仅仅作为证人，第二次仲裁当事人则是Perez与IOC，当事人要素发生了变化。在原因要素上，申请人在第一次仲裁中提出的原因是Perez具备美国国籍已超过三年期限，而在第二次仲裁中Perez提出的原因则是其丧失古巴国籍、处于无国籍状态已逾三年，原因要素发生了变化。在标的要素上，第一次仲裁和第二次仲裁都以Perez是否具有代表美国参与奥运会的资格为标的，标的要素未发生变化。根据既判力的"三同性"原则，其中任一要素发生变化时，前案不对后案产生既判效果。因此，仲裁庭有正当的理由启动第二次仲裁程序，该仲裁程序相对于第一次仲裁而言是一全新程序，不受既判力原则的拘束。特设分庭也的确以当事人要素发生变化为依据，第二次仲裁申请未被"既判案件"规则排除。[①]

在后续第三次仲裁问题上，特设分庭在面对古巴NOC就Perez资格案提起的仲裁申请时，认为古巴NOC存在"二重起诉"的嫌疑，裁定古巴NOC不得再次讨论该案例，然而，特设分庭在这一裁定上滥用了既判力标准，因为第三次仲裁在本质上并不违背既判力的原则。第三次仲裁的过程大致如下，Perez在第二次仲裁中获得了特设分庭的支持，仲裁庭裁决，申请人在1993年的无国籍状况使他改变了国籍。因此，古巴NOC是否同意申请人参赛并不重要，申请人具有参与悉尼奥运会的资格。古巴尽管不是仲裁当事人，但是CAS仍然传唤了古巴，要求它作为利益关系人出庭，并向它送达了申请书副本。古巴尽管收到了通知，但仅发送了一个传真，表明古巴不同意Perez的参赛资格，除此之外古巴NOC并没有出庭。第二次仲裁裁决作出后，古巴NOC不愿意接受该仲裁裁决，并以古巴法为新证据重新提出仲裁。古巴

---

　　① See Gabrielle Kaufmann-Kohler, *Arbitration at the Olympic*：*Issues of Fast-track Dispute Resolution and Sports Law*，Kluwer Law International，2001，pp.11-12.

NOC 认为,它未被给予参与第二次仲裁庭审的适当机会。仲裁庭则裁决,古巴 NOC 不能对第二次仲裁案件重新提出仲裁申请,因为该仲裁申请实质上是要求撤销第二次仲裁裁决的请求,此类请求属于瑞士联邦最高法院的专属管辖。Perez 最终参加了两人 500 米 kayak 决赛,获得了第六名,这是美国人在该项赛事上取得的最好成绩。① 比较第二次仲裁和第三次仲裁,仲裁当事人由 Perez vs. IOC 转变而成古巴 NOC vs. IOC,当事人要素发生变化;原因要素从丧失古巴国籍转变而成违背正当程序,原因要素发生了变化;标的方面,第二次仲裁案的标的指向 Perez 的参赛资格,而第三次仲裁案的标的则指向第二次仲裁裁决。从既判力原则出发,第二次仲裁和第三次仲裁并不构成"二重起诉",古巴 NOC 有权寻求 CAS 特设分庭的仲裁救济,仲裁庭本应就该案进行审理并作出裁决,但它显然地滥用了既判力标准。当然,古巴 NOC 的仲裁请求实质上是要求撤销仲裁裁决,因此仲裁庭裁定该项请求由仲裁地法院进行管辖是适当的,然而古巴 NOC 是否能够就 Perez 资格问题提起一个全新的仲裁程序,仲裁庭的裁定则是错误的。

在悉尼奥运会仲裁的 Baumann 案中,特设分庭也根据既判力的"三同性"原则回应了被申请人 IAAF 基于既判力原则而提出的管辖权抗辩。Baumann 是巴塞罗那奥运会 5000 米田径赛金牌获得者,他在 1999 年 9 月因涉嫌兴奋剂违规而被国家运动协会暂停参赛资格。2000 年夏天,该机构撤销了停赛处罚,并澄清了违规嫌疑。德国 NOC 任命他作为奥林匹克运动员参赛。同时,国际协会 IAAF 将该案提交协会内部仲裁庭,该仲裁庭经过三天时间审理,于 9 月 18 日作出禁赛两年的裁决。与此同时,IOC 授予 Baumann 参赛资格,该参赛资格在 IAAF 作出裁决后被撤销。Baumann 随后向特设分庭就该撤销事项提出仲裁申请,IOC、德国 NOC 和 IAAF 均被作为被申请人。IAAF 首先提出管辖权抗辩,因为 IAAF 的规章并没有规定提交 CAS 仲裁,因此,IAAF 内部仲裁裁决即为终局的、具有拘束力的裁决。CAS 将其抗辩视作是对仲裁庭缺乏管辖权和基于既判案件而提出的答辩。仲裁庭认为,"既判案件"的答辩不能被接受,因为争议事项与以前的事项不同,先前事项涉及

①　See Gabrielle Kaufmann-Kohler, *Arbitration at the Olympic*: *Issues of Fast-track Dispute Resolution and Sports Law*, Kluwer Law International, 2001, pp.13-14.

IAAF 与德国运动协会之间,且不包括裁定撤销 IOC 参赛资格事项的合法性问题。[①] 比较 IAAF 内部仲裁和 CAS 外部仲裁,当事人由 IAAF vs. 德国 NOC 转变而成 Baumann vs. IAAF、IOC 和德国 NOC,当事人要素发生了变化;IAAF 内部仲裁审理的是 Baumann 涉嫌兴奋剂应受处罚的问题,而 CAS 外部仲裁审理的则是 IOC 撤销 Baumann 的参赛资格问题,原因要素和标的均发生了变化。因此,仲裁庭以"既判力排除"为由继续行使管辖权是妥当的。

在 Lindland 与 Keith Sieracki 竞选奥运会参赛资格案中,两人分别向 AAA 下属不同仲裁机构提起仲裁,产生了平行仲裁的问题,并作出两份矛盾的仲裁裁决。两人随后又向不同的法院申请承认和执行对己方有利的仲裁裁决。Keith Sieracki 在失利后再次将案件诉诸 CAS 进行仲裁,CAS 仲裁庭行使了管辖权。此案错综复杂,在两个层面上涉及仲裁裁决的既判力问题。首先,在美国国内进行的仲裁程序在司法机关看来,构成了对既判力原则的违背,美国涉案法官就认为,后一仲裁程序是一个就已经处理了的事项重新进行仲裁的裁决,该仲裁案件一开始就不应该受理。[②] 其次,CAS 仲裁庭在面对已经过 USWA 内部救济、AAA 下属仲裁机构外部救济以及美国法院系统司法救济之后的争议事项,再次行使管辖权,在形式和表面上都违背了既判力原则。当然,CAS 仲裁庭之所以接受该案的管辖是基于《奥林匹克宪章》第 74 条的授权,即它对与奥运会相关的一切争议享有排他性管辖权,在这一条款的安排下,似乎可以理解为,CAS 之外的一切机构(包括诸如 AAA 下属仲裁机构以及司法机构)作出的裁决并不具有既判力效果,CAS 仍然掌握有终极的管辖权。如果这一条款的此种含义为世人接受,则满足了"既判力排除"原则,CAS 对本案的管辖权当然成立。然而,美国司法系统的态度似乎并不友好,它们认为 USWA、美国国家奥委会和 Keith Sieracki 涉嫌"蔑视法庭",并发布禁令,要求后者不得诉诸 CAS。案件最终因 Keith Sieracki 撤回 CAS 仲裁申请而得以解决,本应作为验证行业自治与司法介入之间微妙关系如何消解的契机也因此而流失,它仍然以悬案的姿态留待未来解决。

尽管美国司法系统与 CAS 对既判力之理解存在分歧,但这一分歧并不对

---

①　See Gabrielle Kaufmann-Kohler, *Arbitration at the Olympic：Issues of Fast-track Dispute Resolution and Sports Law*, Kluwer Law International, 2001, pp.16-17.

②　转引自[英]布莱克肖:《体育纠纷的调解解决——国内与国际的视野》,郭树理译,中国检察出版社 2005 年版,第 164 页。

"既判力排除"作为接近仲裁救济的先决条件构成否定。在奥运会体育仲裁框架下,由于《奥林匹克宪章》第 74 条排除了 CAS 仲裁程序前的一切救济程序之既判效果,因此 CAS 基于奥运会赛事争议面向一切机构和人士敞开,任何以既判力为据对抗 CAS 管辖权的抗辩都不会获得支持。IOC 和 CAS 的此种态度很可能不会得到司法机关的认同,并由此造就了二者的紧张关系,这一紧张格局的消解有赖于司法机关对行业自治的尊重。至于在奥运会赛事争议的仲裁框架之外,CAS 在判断自身管辖权时则应谨慎权衡"既判力排除"原则,确保当事人在接近仲裁救济时不留下遭受非议的机会,例如 IAAF 尽管在 2001 年接受了 CAS 的管辖,但兴奋剂以外的案例则应受内部救济机制所作裁决的既判力拘束,CAS 对该类纠纷不能介入进行仲裁救济。

(四)可体育仲裁性(Sports-related Arbitrability)

仲裁以救济特定纷争为任务,因此作为仲裁主题的特定纷争必须具有适格性,才可能获得仲裁救济的机会。能够提交 CAS 等机构进行体育仲裁的纷争必须满足两个条件,其一是具有可仲裁性,其二则是与体育相关联。但此两条件并不是简单叠加的关系,二者组合形成的"可体育仲裁性"具有新的知识增量,即《与体育相关的仲裁法典》第 27 条之规定:此类争议"涉及针对纪律委员会或者某联合会、协会或体育组织的类似机构作出的决定……此类争议可能涉及有关体育的原则问题或金钱问题或在体育实践或发展中起到作用的利害关系,以及一般而言任何一种有关的活动"。考察 CAS 及其奥运会特设分庭的仲裁实践,它以个案审理的方式逐步建立起了对《与体育相关的仲裁法典》关于体育仲裁主题事项范围的条款之具体化规则。其中首要的是涉及技术性规则的赛场裁决不具有可仲裁性,这一规则经过一系列案件的发展与巩固已然成为体育仲裁之公理。

在 2000 年悉尼奥运会期间,墨西哥竞走运动员 Segura 在 20 公里竞赛中获得第一名,在接受包括墨西哥总统在内的人员祝贺和采访后,于竞赛完毕后大约一刻钟,被主裁判员告知他在竞赛过程中三次违规。根据 IAAF 规则,运动员如违规,裁判应当在竞赛过程中提出;如果在竞赛中提出不可能,则应当在竞赛完毕后立即告知。Segura 在向 IAAF 提出申诉未获结果后即向特设分庭提交仲裁申请,要求裁定他被错误地剥夺了资格,并要求确认他的第一名资格。他没有质疑裁判员关于他三次违纪的裁定,也没有提出在他完成竞赛前裁判员未能通知他的争议事实,而是质疑剥夺其资格的决定没有在竞赛后立即通知,因此不能成立。从以往案例中吸取经验后,IAAF没有对CAS管辖权提出质疑,而是提出答辩认为,CAS仲裁庭不能审理这个案件,因为它涉及技术性规则或游戏规则。仲裁庭认为:"CAS仲裁庭不会审查由负责实施运动规则的裁判员在竞技场上作出的裁定(除非该规则是因恶意bad faith而实施,例如是因为贿赂而得之结果)。"

在悉尼奥运会后续的Kibunde和Neykova两个案件中也涉及这一问题,仲裁庭重述了在亚特兰大确立的一个规则:所有体育事项中产生的争议(当然应被仲裁协议所覆盖),无论其主题事项为何,均可仲裁。但是当争议涉及竞赛或技术性规则时,仲裁庭不得干涉裁判员在竞技场上作出的决定,除非这些规则被不诚实地(如贿赂)、恶意地,或独裁/非法地实施。

然而,在Lindland vs. USWA等案件中,AAA下属仲裁机构直接审查了场上裁判的裁决,有学者即指出:"程序法上的规则是禁止对裁判的实体裁决进行审查的,体育法上的案件大多是能够引起公众的兴趣的,禁止对裁判的实体裁决进行审查,可以避免媒体和公众认为仲裁员是第二个裁判。……即使这些裁判对于比赛场上的选手违反比赛规则的犯规行为没有采取措施,这样的误判或恶判也不应当成为随后的诉讼或仲裁程序当中的起诉对象,因为并没有证据能够表明裁判们滥用了自己的权力,或者是错误地理解了比赛规则。"[①]该案不适当地延展了仲裁员的视域和长臂权力,构成了体育仲裁员仲裁权力的滥用。

在2003年8月19日由CAS作出的裁决中,来自德国、英联邦和瑞士的三名仲裁员组成之仲裁庭对比赛的技术性规则和法律规则进行了界定,其中法律规则隶属于可体育仲裁的范畴,而比赛规则则应排除在体育仲裁主题事项之外,即不具有可仲裁性。在该案中,仲裁庭认为,所谓"比赛规则"是指意在确保比赛和竞争正确过程的规则。除了在极例外的情况下,此种规则的适用不得引向任何司法审查。相反,"法律规则"则是在比赛或竞赛过程之外发生的,能够影响行为人司法权益的正当的成文法处罚,基于这个原因,它必须

---

① See James A.R.Nafziger, Arbitration of Rights and Obligations in the International Sports Arena, *Valparaiso University Law Review*, Vol.35 No.2, Spring 2001,转引自[英]布莱克肖:《体育纠纷的调解解决——国内与国际的视野》,郭树理译,中国检察出版社2005年版,第170页。

接受司法审查。① 因此,提交体育仲裁的主题事项之"法律属性"是判断可体育仲裁性的正面尺度,而"技术属性"形成反面尺度,它们共同构成接近仲裁救济的先决条件。

(五)禁止反言(Estopple)

整个法律帝国均以理性人为逻辑起点和假定条件,"禁止反言"规则也是理性人假设的必然推导。将"禁止反言"作为接近仲裁救济的条件主要是从肯定和否定两个角度而言,从肯定角度看,体育争议当事人之间存在仲裁协议就不得违背该项约定;从否定角度看,体育争议当事人之间倘若存在调解协议或已经调解协议书结案,则当事人不得另行寻求仲裁救济。CAS 调解框架下,调解程序仅仅适用于平等主体之间的体育类民商事争议,即仅适用于普通仲裁程序受理的纠纷,而上诉仲裁程序所调整的与纪律处罚有关的一切纠纷,包括兴奋剂纠纷,被明确排除在 CAS 调解程序的受案范围之外。而在《国际仲裁与调解规则》体制下,当事人可以通过调解协议,或者是在他们的合同中载入调解或协商的条款,规定将他们之间已经发生的或将来可能发生的纠纷,在 AAA 的协助下通过调解或者协商的方式予以解决。在仲裁进程的任何环节,当事人均可以同意根据调解规则展开调解会议来促使解决方案的达成,形成调解协议书。

调解本质上基于双方当事人之间的自愿而展开,如果当事人之间形成了调解协议,则应遵循"禁止反言"规则,将彼此之间的争议付诸调解程序,而非直接求助于仲裁救济。同时,经过调解而达成协议书者,协议书应当具有终结后续程序救济的力量。我国《民事诉讼法》第 89 条、第 90 条即对诉讼中的调解达成之协议书和调解笔录赋予了程序终结力。有观点认为,该类规定赋予了调解协议书和调解笔录以既判力的效果。② 可见,当事人之间存在调解协议或达成调解协议书,即构成对仲裁程序的排除和拒绝,是接近仲裁救济的否定性条件,尤其是当此类调解协议具有强制性意义时,更是如此。据学者考察,律师们愿意起草强制性调解条款,作为一种与谈判协商并存的纠纷解决方

---

① See Arbitration CAS 2003/A/461 & 471 & 473, WCM-GP Limited/Federation Internatioanle Motorcycliste(FIM), award of 19 August 2003. in Digest of CAS Awards Ⅲ(2001—2003), pp.559-569.

② 叶自强:《民事诉讼制度的变革》,法律出版社 2001 年版,第 309~310 页。

式,在当事人提起仲裁或诉讼之前,必须采用这种调解程序;强制性调解程序的强硬性甚至足以对抗《欧洲人权公约》第 6 条设定的"接近法院诉讼"之原则。①

至于仲裁协议作为进行仲裁救济的肯定性要件则无须赘述,"无协议,无仲裁"是国际仲裁制度的金科玉律。二者构成了"禁止反言"规则的两个维度,成为接近仲裁救济的前提条件之一。

三、CAS 体育仲裁法典的晚近变革

CAS 仲裁法典的修订基础主要源于其经验积累和技术积累。从此次修订的主要内容看,它旨在提高 CAS 仲裁的效率,而其主要表现则是强化仲裁员的勤勉职责,强调 CAS 仲裁的独立管辖和自裁管辖,明确合并仲裁,革新庭审技术。这些修订内容对我国未来体育仲裁制度的构建均具有直接的借鉴意义。②

(一)CAS 仲裁法典的修订及其背景

体育运动精神自古传承了和平、团结等人类美德,超越了国家意识形态。自 20 世纪 80 年代以来,体育国际化的步伐加快,国际体育纠纷日渐增多。为此,经由萨马兰奇先生倡议,IOC 在 1983 年 4 月 6 日决定成立 CAS,并于1984 年颁行了《国际体育仲裁法庭章程》,以及根据此章程规定的实施细则《国际体育仲裁法庭条例》。以国际奥林匹克委员会副主席凯巴·姆巴耶为首的 CAS 亦在该年正式成立。根据当时的章程规定,CAS 庭长需由 IOC 主席从法庭的组成人员中指定,且须是 IOC 委员。此时,CAS 无论从组织上还是

---

① 该学者认为:"即使是根据《欧洲人权公约》第 6 条的规定,向法院起诉寻求救济的权利也不是绝对的,它们可以被当事人放弃,同时,这一项规定也包含当事人选择采用哪种解决方式(或许不仅仅是诉讼这一种方式,有可能是其他的非正式的程序)来解决纠纷的权利,因此,采用《欧洲人权公约》第 6 条的规定来对抗强制性的调解条款,不一定会获得成功。"详见[英]布莱克肖:《体育纠纷的调解解决——国内与国际的视野》,郭树理译,中国检察出版社 2005 年版,第 104～105 页。

② 本部分删节版本以"CAS 仲裁法典最新发展述评"为题发表在《武汉体育学院学报》2012 年第 9 期。时为西南政法大学硕士研究生的卿莹同学对该文有实质性贡献。特此说明,并对该刊特致谢忱!

在经济上都是依附 IOC 的。历史酝酿着变革的契机,德国马术运动员甘德尔一案引发了 CAS 的重大变革。1994 年 11 月 22 日,CAS《仲裁法典》颁布并生效,成立了两个机构——国际体育仲裁理事会(ICAS)和国际体育仲裁院(CAS),并且扩大了 CAS 的受案范围。

成立近三十年来,CAS 已经形成具有独特风格的仲裁机制,俨然成为国际体育纠纷消解体制的最高法庭。随着体育商业化程度的不断加深,体育领域内出现的纠纷数量和种类的不断增加,特别是现代科学技术的发展,CAS 法典有必要作出积极的回应,鉴于此,于 2012 年 1 月 1 日修订生效的 CAS 法典进行了较大修改,删除、调整、优化了先前 CAS 仲裁中许多程序。为简化表述,归纳如下:

表 1-1

所涉规则	修订前	修订后
选举会议程序	ICAS 成员每届任期四年	增添"对下一届成员的提名须在每届四年任期的最后一年进行"
	主席、副主席、两仲裁处主席以及他们的代理人的选举须在每届 ICAS 最后一次全体大会上举行	修改为主席、副主席、两仲裁处主席以及他们的代理人的选举须"在每届 ICAS 成员委任后的 ICAS 会议举行"
	ICAS 主席的选举在 ICAS 会议上进行	增添"对 ICAS 成员四年任期予以任命"
	ICAS 主席选举会议只有在法定人数为四分之三以上的 ICAS 成员出席时方为有效	修改为"会议有效的法定人数为四分之三以上的 ICAS 成员出席"
仲裁员名单的确定	任命为仲裁员的 ICAS 成员中,IOC、IFs、NOC 各提议五分之一仲裁员,五分之一的代表运动员利益的仲裁员,五分之一的独立于上诉提议单位者的仲裁员	无
仲裁程序	无	增添仲裁庭的仲裁范围,初步裁决,对管辖权进行仲裁裁决,合并仲裁

续表

所涉规则	修订前	修订后
仲裁员的撤换	若仲裁员拒绝或者因故不能够履行职责的,或者未能履行本法典规定的职责的,由ICAS撤换该仲裁员	修改为若仲裁员拒绝或者因故不能够履行职责的,或者"在合理的时间"未能履行本法典规定的职责的,由ICAS撤换该仲裁员
仲裁员的任命	当事人可以约定任命仲裁员的方法	修改为当事人可以约定从"CAS仲裁员名单中"任命仲裁员的方法
诉答与庭审	一旦诉答交换结束,首席仲裁员签发庭审指示以及特别设置庭审日期	删除"一旦诉答交换结束",增添首席仲裁员"应尽快"签发庭审指示以及特别设置庭审日期
	无	增加"首席仲裁员可以特别地决定采用视频会议庭审,或者采用电话会议或视频会议庭审证人和专家"
上诉仲裁程序	无	增添上诉仲裁庭的管辖范围,初步裁决程序,对其管辖权进行仲裁裁决
咨询程序	咨询程序的提出、人员组成、咨询意见的作出、效力、费用	删除所有关于咨询程序的条款
仲裁费用	无	增添"若仲裁程序在仲裁庭成立之前终止,仲裁处主席须在终止命令中规定其费用。然而,只有经一方当事人请求以及给所有当事人提交关于费用的书面意见书之后,仲裁处主席才能命令缴纳费用"
	对国际纪律处罚案件规则的上诉	修改为"对国际体育单项联合会就纪律事项的处罚决议提出的上诉"
	第65条适用于对由国际体育单项联合会或者国际体育机构(或者由代表国际体育单项联合会或国际体育机构行使权责的国家体育单项联合会或国家体育机构)作出的,排他性的纪律规则决议的上诉	删除"或者由代表国际体育单项联合会或国际体育机构行使权责的国家体育单项联合会或国家体育机构"

　　综观整个修正案,CAS在仲裁方式上对仲裁效率提出了更高的要求,本

书不拟全面用力,而是择其修改精要部分予以评述。新法典在仲裁员名单制、咨询制度、管辖权及程序管理等方面有较大突破,值得关注。

(二)仲裁员名单制的改革

1.仲裁员名单衡平性的简化

先前的 CAS 仲裁法典在仲裁员的整体结构中通过一定分配,平衡各方利益需求,采取两个递进层次的利益散化或淡化举措。首先是散化任命者的利益,其次是散化仲裁员的利益[①]。散化任命者采用的是五分天下的局面:分别由 IFs、IOC、NOC、代表运动员利益方和客观独立者各选 4 名成员组成 ICAS 成员——这是防止 ICAS 操纵 CAS 仲裁成员资格选择的第一层次滤网。第二层次的滤网是以五均分的格局分别散化 CAS 仲裁员资格:IOC、IFs、NOC 各提议五分之一仲裁员,五分之一的代表运动员利益的仲裁员,五分之一的独立于上诉提议单位者的仲裁员。在修正案中,直接将 CAS 仲裁法典第 S14 条下关于第二层次仲裁员利益的散化程序剔除,其希望"能反映整个地理世界"的仲裁员第二层次的筛选程序变为"ICAS 包括 IOC、IFs 以及 NOCs 也将考虑这些仲裁员的名称和资格"。ICAS 挑选的仲裁员仅要求"经过法律训练,在体育及有关方面拥有经承认的资格,以及至少熟练掌握一门 CAS 工作官方语言的人员"。

"仲裁之好坏取决于仲裁员"[②],仲裁员的专业水平、道德、认知差异都对争议的解决有着巨大影响,对仲裁员资格标准的不同设定必然会向公平两边不同程度地倾斜。通过利益散化和均衡,在 CAS 仲裁员名单上已经形成专业、国籍、利益互相牵制平衡的仲裁员群体。但事实上,ICAS 内各利益集团之间的对立并未完全消除,CAS 原仲裁法典中有关仲裁员选择的两层散化方式并不能有效抵消作为管理者和处罚者的体育管理机构的强势地位,只是对作为弱者的运动员或参赛团队的利益进行了一定程度的衡平,至少它表达出衡平的努力和态度。[③] CAS 法典修正案简化了仲裁员名单的确认方式,但未

---

① 刘想树主编:《国际体育仲裁研究》,法律出版社 2010 年版,第 117 页。

② Alan Redfern & Martin Hunter, *Law and Practice of International Commercial Arbitration*, London Sweet & Maxwell 1999,p.9.

③ 张春良:《论国际体育的衡平救济——基于 CAS 衡平仲裁之考查》,载《西安体育学院学报》2012 第 3 期。

减损仲裁员的品质,理由在于:

(1)当事人选择的理性。CAS仲裁法典规定:双方当事人从CAS仲裁员名单中委任仲裁员,首席仲裁员由上诉仲裁处主席委任。虽然仲裁员名单经过千挑万选,遵循独立性和公正性的要求,但只有当事人自己选择的仲裁员才被其认为是符合个体利益最大化的仲裁员,从而使得作为"源头"的仲裁员大名单的设立并不会对当事人的选择自由度有重大影响。所以在设定CAS仲裁员的程序上,上述第二层次仲裁员利益的散化程序就显得并无必要,修正案对其予以删除并不影响理性的当事人选择于己最大利益的仲裁员。

(2)体育争议的专业性。在体育仲裁领域,争议事项具有很强的专业性,可选仲裁员的范围较小,甚至可选仲裁员与一方当事人可能会有密切的联系。在纽约州上诉法院审理的HIP公司因不服原审法院撤销其指定仲裁员判决的上诉案中,富德法官指出:"虽然每一个仲裁员必须公平行事并公正地作出决定和裁决,但是,一种为人所知的利害关系不应成为撤销仲裁员的理由,而当事人亦不应对此有所抱怨。这是因为,众所周知,被指定的仲裁员与指定者之间或与争议事项之间有某种特定关系,是指定他们时所考虑的因素。"①由此,仲裁员名单的设定不应过多地考虑假想的利益平衡,而应更多考虑对体育争议事项具有丰富专业知识的专家具有被当事人指定并参与仲裁庭的可能。

(3)其他辅助的衡平机制。CAS《仲裁法典》第16条要求,在组成仲裁员名单时,ICAS应当尽可能使仲裁员能公平地代表不同的国家;第18条要求仲裁员承诺以私人身份行使其职责。这些条款的存在也在一定程度上辅助仲裁员选择上的衡平制约。

2.仲裁员勤勉职责的强化

体育仲裁效率对仲裁结果而言具有重大意义,奥运会赛事仲裁甚至将仲裁时限缩短到提交申请仲裁24小时之内。这就要求仲裁员必须及时仲裁,对仲裁员的专业素养和勤勉性提出了更高要求。CAS仲裁法典修正案迎合了这一趋势,在第R35条中修正规定:若仲裁员拒绝或者因故不能够履行职责的,或者"在合理的时间内"未能履行本法典规定的职责的,由ICAS撤换该仲裁员。

强调仲裁员的勤勉性不仅仅是保证仲裁程序的顺利进行和完结,也是对当事人利益的满足。仲裁员拒绝履行其职责必将使仲裁庭程序停滞,且需另

---

① 尹雪萍:《国际体育仲裁中指定仲裁员的独立性与公正性——以Alejandro Valverde兴奋剂案为视角》,载《天津体育学院学报》2011年第3期。

行耗费大量时间才能选任新的仲裁员替代,这是对仲裁效率的极大毁败。因此,在及时推进仲裁程序方面,强调仲裁员的勤勉性远比仲裁规则设定的静态时间进程有效得多。将仲裁进程的快慢归诸仲裁员的好坏并非一个错误的逻辑,仲裁员精湛的仲裁技艺能确保仲裁程序动态展开,张弛适度,刚柔相济,不但能及时预见和有效消除仲裁过程中出现的异常或者意外,而且能够有效挫击当事人的种种程序滥用行为,提高仲裁进行的速度和效率。[①]

修正案对仲裁员勤勉性提出的更高要求,符合体育仲裁及时性的特质。大多数仲裁员都有自己与仲裁相异的主职工作,为确保仲裁能够及时进行,仲裁员应当处理好仲裁与自己主职工作的关系;对庭审程序应作合理的规划,对体育赛事出现的任何状况能够予以评估和应对;努力提高仲裁技艺,在仲裁程序开始后能及时有效作出符合专业的裁决。

(三)CAS 咨询制度的删除

1.CAS 仲裁中的咨询制度

在 CAS 仲裁法典的规定中,CAS 曾集三种职能于一身:一是通过普通仲裁程序处,管辖和审理体育类横向纠纷;二是上诉仲裁处,管辖和审理体育类纵向纠纷;三是咨询仲裁程序,就相关体育组织对体育实践或发展或有关体育运动的法律问题发表咨询意见。在法典关于适用咨询程序的特殊规定一章中的第 R60 条至第 R62 条以及第 R66 条分别规定了咨询的主体、主题、咨询庭的组成、咨询建议约束力、私密性和咨询程序的费用。修正案则把这不多的关于咨询制度的四条规定全部删除,并在第 S12 条关于仲裁庭的三项职能中删减了咨询这一职能。

回溯作为一种自 CAS 成立时就存在的制度,咨询制度无疑为体育纠纷的解决做出重要的贡献。该制度不仅有助于预止争议,更肩负着普遍性的专业法律问题的阐释,在这一意义上,与联合国常设国际法院相似。正如穆巴耶主席所说"与体育相关的纠纷根据其内容可以划分为'技术性问题'和'非技术性问题'"[②]。咨询制度的专业性能就"技术性"和"非技术性"预先作出区分,并给出合理建议,在一定程度上避免当事人因纠纷走向仲裁,节省了当事人的精

---

① 刘想树主编:《国际体育仲裁研究》,法律出版社 2010 年版,第 122 页。

② Keba Mbaye,Une nouvelle institution d'arbitrage:Ie Tribunal Arbitral du Sport (T.A.S.),in:Annuaire Francais de Droit International XXX (1984),p.411。转引自郭树理:《国际体育仲裁的理论与实践》,武汉大学出版社 2009 年版,第 469 页。

力和时间。此外,由于体育运动本身充满激情与竞争,这种情绪状态和氛围无疑是滋生体育纠纷的温床。通常是一个无足轻重的细节就足以点燃人们压抑在心中的对抗性情绪,从而导致体育纠纷的产生①。咨询以较之于仲裁更加温和的方式来解决体育纠纷,在一定程度上能遏制双方潜在矛盾的进一步激化。尽管咨询建议不具有约束力,但鉴于CAS在体育仲裁的权威地位,其所作的咨询意见也具有很强的引导性,无疑是对体育纠纷解决机制的有益补充。

2.CAS咨询制度的局限性

作为CAS解决纠纷机制的重要组成部分,咨询程序本应与仲裁程序共同承担解决体育纠纷的责任,但是由于咨询制度的形成以及其本身存在的一系列问题,其重要性被严重低估,从而导致该程序有形同虚设之倾向,最终为CAS仲裁法典修正案所删除。其局限性主要表现在以下几个方面。

(1)CAS咨询结论的局限性

从拘束力看,CAS的咨询建议与仲裁裁决不同,不但不能约束双方当事人,对CAS也无约束力。从形式拘束力而言,CAS咨询建议的作出既未表示仲裁的结束,更不是纠纷的终结。相同的当事人就相同的纠纷在咨询程序后,依然可以申请向CAS提出仲裁。从实质拘束力而言,CAS咨询制度既无既判力,也无执行力。在向CAS咨询后,当事人可选择重新审核,对于CAS仲裁员提出的咨询建议,不能作为在后续仲裁程序中无须证明的既证事实,当事人可以重新提请咨询或者仲裁。而CAS咨询建议中关于履行的部分,当事人有按照该建议履行的自觉性,但无"契约必须信守"的义务。

(2)CAS咨询范围的局限性

CAS咨询范围的局限性可证之于咨询主体与主题之上。仲裁法典规定,能够向CAS提请咨询意见的主体仅限于IOC、IFs、NOCs、IOC承认的协会以及OCOGs。作为地位严重不均衡的受处罚当事人和体育机构两者之间,仲裁将橄榄枝伸向具有更多话语权的体育机构。

从咨询主题而言,仲裁法典规定对"相关体育组织对体育实践或发展或有关体育运动的法律问题"均可咨询,但不能及于法律之外的竞赛规则。如在"鲨鱼皮游泳衣"一案中,麦克拉伦仲裁员说:"在通常情况下,体育仲裁员不能就某项体育运动项目的竞赛规则进行审查。因此在本案中,体育仲裁员无权

---

① 张春良:《体育纠纷救济机制的法理学分析》,载《福建论坛(社科教育版)》2007年第4期。

就连体泳衣是否违反国际泳联游泳规则第 10.7 条的规定的问题作出咨询意见。"[1]咨询主题与仲裁主题的重叠,且其又不具有法律效力,共同冲击了 CAS 咨询制度存在的必要性。

（3）CAS 咨询制度的抽象

在 CAS 仲裁法典中,专门关于咨询制度的法条只有三条,而所依据的法律、申请人所享有的权利、应履行的义务等均未规定。这直接导致 CAS 咨询制度的粗糙和不规范,也使得该制度易浮于形式。

（4）CAS 咨询实践需求弱化

CAS 实践中,申请咨询的案件急剧减少,作出有效咨询意见的案件比例低,极大浪费了 CAS 仲裁的资源。从 CAS 受理咨询仲裁案件的统计结论可看出:从 CAS 成立至 2010 年,CAS 共受理了 2387 件案件,审结 1459 件,其中咨询案件共受理 82 件,占 CAS 共受理案件的 3.5%;作出咨询意见的有 26 件,占咨询案件总数的 31.7%。[2] 可见,咨询制度所有的局限性导致咨询案件非常少,并且有效作出咨询意见的比例也较低。1994 年 CAS 仲裁法典通过后,咨询申请条件更为严格,导致 CAS 受理的咨询申请剧减,有五个年份中咨询申请案件甚至为零[3]。因此,在关于体育仲裁咨询制度的构建上,虽然我国以及其他国家在积极寻求制度的建立方式,然而 CAS 反其道而行之也有其现实原因:其被运用的次数极少,受理案件后作出有效咨询建议的比例很低,达不到咨询制度设置当初应有的效果。

（四）仲裁管辖权的发展

随着仲裁程序的不断成熟和仲裁员技艺的提高,CAS 得到了越来越多当事人的认可,其仲裁的案件数量也在逐年上升,稳定在每年 300 件左右。而在任何仲裁实践中,管辖权问题都是仲裁庭必须首先解决的程序问题。CAS 管辖权依据主要来源于三方面:一是《奥林匹克宪章》;二是各国际体育协会的承诺;三是专门的仲裁条款和仲裁协议。由于 CAS 仲裁分为普通仲裁和上诉仲裁,其管辖权也与一般的商事仲裁有所不同。普通仲裁多是处理一些不具有

---

[1]　郭树理:《国际体育仲裁的理论与实践》,武汉大学出版社 2009 年,第 469 页。

[2]　参见 http://www.tas-cas.org/d2wfiles/document/437/5048/0/stat2010.pdf,2012-06-13.

[3]　分别是 2001 年、2004 年、2006 年、2007 年、2010 年。

纪律处罚性的争议①，上诉仲裁处理那些争议当事人已用尽体育联合会、体育协会或体育团体的所有的内部救济而意图将其裁决上诉到 CAS 的争议②。由于 CAS 位于瑞士，PILA 第 176 条规定该法适用于仲裁庭在瑞士的仲裁，故 CAS 有关其仲裁的管辖权问题须遵守 PILA 的规定，CAS 的立法态度在一定程度上得与 PILA 相匹配，为此，CAS 仲裁法典修正案在仲裁管辖权做了以下调整。

1.强化管辖权的独立性

PILA 在第 186 条"管辖权"中规定，仲裁庭有权决定自己的管辖权。为与该法同步，CAS 仲裁法典的修正案也对管辖权的独立性进行了强化，在普通程序第 R35 条增加了："仲裁庭须在仲裁管辖范围内进行仲裁。无论联邦法庭或者其他仲裁庭是否就相同当事人之间的相同争议存在未决诉讼，仲裁庭依然对其享有管辖权，除非有足够的理由需要程序中止。"上诉程序第 R55 条增加了"上诉仲裁庭须在仲裁管辖范围内进行仲裁。无论联邦法庭或者其他仲裁庭就相同当事人和同一标存在未决诉讼，上诉仲裁庭依然对其享有管辖权，除非有足够的理由需要程序中止"。

从纵向来看，先前的 CAS 行使的是三级管辖体制：第一级是"作为第一地位的直接和立即处理争议的 CAS"，第二级是"对国内或国际体育机构的裁决不服而提起的上诉争议进行审理的 CAS"，第三级是"对体育诉讼过程和涉及体育运动的有关原则问题发表咨询意见的 CAS"。③ 从横向来看，则与体育组织内部解决程序、体育诉讼构成当下解决体育纠纷的三大机制。体育仲裁迅速崛起，其主要基于国际体育界超越国界和远离政治的特殊性质，国内司法对

---

① CAS《仲裁法典》第 27 条规定："一旦当事人同意将与体育相关的争议提交 CAS 仲裁，该法典的程序规则应予适用。此类争议包括两类：一是产生于含有仲裁条款的合同或产生于事后仲裁协议确定的事项之争议；二是在各体育协会、联合会或体育机构立法或规章许可的情况下，或在特定上诉仲裁协议有约定的情况下，针对上述机构内部所属纪律机构或类似机构作出之决定而提起的上诉争议。"

② CAS《仲裁法典》第 R47 条规定："针对某体育协会、联合会或者体育组织的裁决提起的上诉可以提交 CAS 仲裁，条件是此类体育组织的章程或条例作了该规定，或者当事人缔结了一个特殊的仲裁协议，并且申请人在提起上诉之前已经用尽了有关体育组织章程或者条例中规定的内部救济方法。"

③ David B. Mack. Reynolds vs. International Amateur Athletic Federation：The Need for an Independent Tribunal in International Athletic Disputes, *Conn. J. Int'l L.*, Vol.10，1995.

国际体育纠纷进行干预力度较小,甚至在该领域司法对仲裁监督的力度也有所削弱。为了推动仲裁程序顺利进行,减少法院介入所造成的延误,应赋予仲裁庭在管辖权行使上的独立权限。CAS 法典修正案在普通和上诉仲裁程序新增的此类规定就在于赋予 CAS 仲裁庭足够的权力来捍卫自身的管辖权。其合理性在于:其一,管辖权的独立性回应了仲裁的自主性原则。作为诉讼外的解决纠纷方式,这一原则来源于当事人的意思自治。体育纠纷发生后,在保护自己合法权益的前提下,当事人在理性支配下尽可能选择耗损较低的方式,同时要求国家机构和裁判机关尊重意思自治的结果。当事人在仲裁协议上予以约定时,就默认了当事人避免法院的管辖,把所有可能的争议都交付仲裁。其二,仲裁管辖权的独立是专业性体育仲裁有效运行的制度保障。运动的职业化使其产生的纠纷愈加专业和复杂。而专业的体育仲裁所具有的专家型仲裁员,能够满足案件专业性裁决的需要。作为国际体育仲裁的专业价值需要被司法尊重,故需要对司法介入其中保持审慎的态度,自觉进行自我克制。

2.仲裁庭的自裁管辖权

在仲裁程序开始时,CAS 仲裁法典规定了仲裁机构或者仲裁庭对自身管辖权进行审查的权力[①],此即为仲裁庭的自裁管辖。PILA 在第 186 条"管辖权"中接受了这一制度:"作为一项规则,仲裁庭应以初步裁决裁定自己的管辖权。"为此,CAS 仲裁法典在普通程序和上诉程序也作出回应,在第 R35 条中规定:"如果对 CAS 管辖权提出抗辩的,CAS 仲裁院办公室或者已成立的仲裁庭,可要求当事人对 CAS 管辖权抗辩提交书面的意见书。一般情况下,上诉仲裁庭可以初步裁决或者就其管辖权进行裁定。"在上诉程序第 R55 条中也增加了相类似的条款:"如果对 CAS 管辖权提出抗辩的,CAS 仲裁院办公室或者已成立的上诉仲裁庭,可要求当事人对 CAS 管辖权抗辩提交书面的意见书。一般情况下,上诉仲裁庭可以初步裁决或者就其管辖权进行裁定。"

仲裁庭自裁管辖权是一项在国际仲裁中得到广为认可的原则,可以被认为是仲裁协议中的自治原则的必然结果。[②] 在体育仲裁庭裁断体育仲裁协议的有效

---

① CAS《仲裁法典》第 R39 条规定:"除非一开始即很明显地没有提交 CAS 仲裁的协议,否则仲裁院办公室应采取一切适当步骤以启动仲裁程序。"第 R52 条规定:"除非一开始即明显不存在提交 CAS 协议,否则 CAS 应采取所有适当的措施以启动仲裁程序。"

② Gabrielle Kaufmann-Kohler & Blaise Stucki (eds.), *International Arbitration in Switzerland —A Handbook for Practitioners*, The Hague: Kluwer Law International, 2004,p.29.

性,即裁断自己管辖权基础的情况下,该种制度称作自裁管辖权,或"管辖权—管辖权"制度。① 当事人对管辖权提出抗辩,不需要中止仲裁程序把争议提交法院决定,而是由仲裁庭来决定。该原则被各主要的国际条约、国家立法以及几乎所有的仲裁规则所采用。在体育仲裁中,该原则仍然适用。如在巴基斯坦棒球协会仲裁案中,WADA 和巴基斯坦棒球协会都明确承认 CAS 可以裁定自己是否对该争议享有管辖权,前者多次在其函件和请求书中声明,承认 CAS 对先决问题的管辖权以及对争议实体问题进行裁决的权力。② 在 R. vs. FIBA③、CAS 案件④,Sullivan vs. Raguz,以及 Raguz vs. Sullivan⑤ 等案件中,CAS 仲裁庭都通过自裁管辖权的行使维持了自身管辖权的有效性,并审理和裁决了案件。

本修正案增补的自裁管辖权条款与 PILA 的规定趋于一致,使仲裁庭具有了足够大的管辖自主权。此种管辖权自裁性在一定程度上使仲裁庭摆脱了对司法机关的依赖,也是 CAS 仲裁机制更为有效运转的制度保障。但是对于仲裁协议的有效性和仲裁庭的管辖权问题,到底谁有最终的裁决权,决定权在司法和仲裁庭之间是如何分配的,CAS 修正案并未给出一个明确的答案。

(五)仲裁程序的改善

1.仲裁的合并

在先前的仲裁法典中,对仲裁的合并仅有一处规定,体现在上诉程序的第 R52 条:"上诉人提交的上诉申请与先前 CAS 尚未裁决的仲裁主题相关联的,首席仲裁员,或者当首席仲裁员尚未任命时,仲裁处主席可以与当事人协商,决定合并仲裁。"修正案第 R39 条则对普通仲裁进行了增补:"当事人就仲裁协议申请仲裁,其事实与 CAS 之前未决仲裁的案件主题相同的,首席仲裁员,或者首席仲裁员未被任命时,由仲裁处主席与当事人商议后,可以决定合并仲裁。"

① W. Laurence Craig, William W Park, Jan Paulsson, *International Chamber of Commerce Arbitration*, New York :Ocean Pub,Inc. /Dobbs Ferry,2000.

② 黄世席:《国际体育仲裁管辖权的新发展》,载《体育与科学》2011 年第 9 期。

③ 国际篮球协会,International Federation of Association Basketball,以下简称 FIBA。

④ Matthieu Reeb(edn.), Digest of CAS Awards Ⅱ(1998—2000), Hague:Kluwer Law International,2002,pp.808-813.

⑤ Richard Mc Laren, The CAS AD HOC Division at the Athens Olympic Games, *Marquette Sports Law Review*,2004(15),p.175.

在体育纠纷中,多方当事人不断涌现,已经逐渐成为一种不容忽视的纠纷类型。在传统仲裁领域,如能使关联案件在同一程序中一次性解决,证据共享,可以弥补分案处理的弊端。在体育仲裁领域,仲裁及时高效性是吸引当事人选择仲裁作为纠纷解决方式的原因所在,而合并仲裁制度恰好能够体现仲裁的这一特点:合并仲裁将先前相关联的仲裁程序予以合并,可以减少许多环节上无意义的重复。此外,合并仲裁可以有效避免矛盾裁决,使案件得到更为公正的解决。

从效果意义上言,修正案对普通仲裁程序的合并是对整个仲裁合并的完善。合并仲裁可以分为两种:一是合意合并仲裁,即当事人各方对于仲裁程序的合并达成了合意而向仲裁庭申请合并。二是非合意的合并仲裁,即当事人各方对于仲裁程序的合并没有合意时,进行合并仲裁。CAS仲裁法典修正案显然倾向于第一种,却未完全将合并的主动权交与当事人手中。虽然合并仲裁有违背仲裁意思自治之嫌,但现有CAS仲裁的合并可满足国际体育仲裁崇尚速度、追求效率的目的,避免产生不一致甚至矛盾的裁决。就被合并处理的争议之关联性质看,合并仲裁是在更深刻意义上的、更大范围内的当事人意思自治之贯彻体现。

2.庭审技术的革新

将多媒体技术运用于庭审,是各国诉讼与仲裁对现有技术发展的积极回应。CAS仲裁法典修正案也与时俱进,在第R44.2条中,修正案增加了"首席仲裁员可以'特别地'决定采用视频会议庭审,或者采用电话会议或视频会议听取证人和专家证言。"

依旧法典之规定,庭审方式有两种:书面审理和口头审理,并原则上以口头审理为主,书面审理为辅。程序正当之要义在于,纠纷当事人有充分陈述和表达观点的权利。口头审便于直接、集中呈现当事人的矛盾,并在相互诘问中厘清案件事实,更具效率性。而在国际体育仲裁中,由于体育运动的超国家性,当事人双方往往非同一国家,证人和为数不多的专家也可能距仲裁地国较远,在庭审中集中所有案件参与人,将花费巨大的财力和人力。尤其在案件情况比较复杂,需要多次、迅速开庭时,当事人将陷入更大的身心讼累。为此,修正案加入的"视频庭审"形式,对于CAS仲裁庭审具有革新的意义,通过新技术革命引领庭审方式的革命,CAS仲裁庭终于可能达到奥运精义所要求的"更高、更快、更强"的庭审效果。视频庭审的合理性主要有:首先,可以减轻仲裁庭审参与人的负担,通过运用视频会议系统,便利位于地球任何地点的当事人参与到庭审进程中来;其次,可以提高仲裁庭审质量。在体育仲裁中,即使当事人愿意出席庭审,由于距离太远,证人和专家不一定愿意出庭。在必须口头审理的案子中易使案件由于缺乏证据支撑而陷入僵局。视频庭审中,证人和专家不必经过舟车劳顿便可参与庭审,通过直接的言词交锋和严格的口头质证、辩论程序,将更有助查清事实,提高裁决品质。

(六)余论

CAS仲裁法典的修订基础主要源于两大积累:一是经验积累,二是技术积累。CAS仲裁法典的颁布及其若干年来的实践,一方面验证了它大部分规则的合理性,另一方面也揭示了其中存在的一些问题,如何调整这些规则以最大限度地积极回应实践的吁求,这是修订CAS仲裁法典的经验基础。与此同时,现代科学技术的发展,特别是远程视频技术的发展成就能够极大地克服体育界从业人士在时空方面的自然局限,尤其满足CAS对仲裁的高效性要求,这是修订CAS仲裁法典的技术基础。从此次修订的主要内容看,它旨在提高CAS仲裁的效率,而其主要表现则是强化仲裁员勤勉职责,强调CAS仲裁的独立管辖和自裁管辖,明确合并仲裁,革新庭审技术。这些修订内容对我国未来体育仲裁制度的构建均具有直接的借鉴意义。

第二章

CAS 仲裁协议专题研究

一、CAS 仲裁协议的强制性

国际体育仲裁是消解体育争议的有效方式,其运行基础完全决定于仲裁协议的有效性。包括 IOC、NOCs、IFs 等在内的主要体育组织都习惯于在其章程规范中插入 CAS 仲裁条款,此种做法使体育仲裁协议表现出强制性,并因直接冲犯仲裁自治精神和仲裁协议自愿原则而产生了合法性危机。附意合同理论、正当性补充理论、预期利益赠与理论、"有效解释"规则和"严格解释排除"规则,以及"有利于有效"的原则为强制性体育仲裁协议的正当性提供了坚实辩护。中国各体育协会的强制性仲裁条款因缺失基本的正义观念,无法通过这些原则予以正当化。CAS 仲裁条款的有效性对中国问题的解决提供了启示。[①]

考夫曼(Stephen A. Kaufman)曾虚拟过一个典型案例即博萨特(Bethart)案来检讨强制性体育仲裁协议的效力问题[②]。该案争议焦点之一便是,《美国田径协议运动规则》中格式化的 CAS 仲裁条款是否具有合法效力,博萨特的抗

---

① 本部分的删节版本以"强制性体育仲裁协议的合法性论证——CAS 仲裁条款的效力考察兼及对中国的启示"为题发表在《体育与科学》2011 年第 2 期。特此说明并致谢!

② Stephen A. Kaufman, Issues in International Sports Arbitration, *Boston University International Law Journal*, 1995(13), pp.527-549.

辩理由是该条款因具有强制性而不具有法律效力。博萨特案例虽然是假案例,但它包含着这样一个真问题,即争议前达成的强制性体育仲裁协议能否成为其无效的法定根据? 遗憾的是,考夫曼只是提问,但并未对该问题作出明确回答。本章将首先揭示强制性体育仲裁协议的反仲裁性,次之检讨 CAS 仲裁条款强制性的形成脉理,再正面回应其被正当化的法理依据,最后对我国体育仲裁现状予以评析并提出必要建议。

(一)强制性体育仲裁协议的反仲裁性

CAS 声称其管辖并不是强制性的,但 CAS 允许 IFs 和非政府间组织(Non-government Organization)在它们的章程规范中纳入格式化的 CAS 仲裁条款,接受该条款是加入这些体育组织的先决条件,加入这些组织则是参加相关体育竞赛包括奥运会赛事的先决条件。事实上,对运动员参赛具有直接的最大影响的体育组织,通常对厌讼、恶讼表现出比"公平地对待运动员"更大的兴趣。然而,此种强制性仲裁协议是否构成有效协议,这是一个必须从法理上得到透彻解决的问题,它直接决定 CAS 管辖的有效性,并连带影响其仲裁裁决的效力。

必须指出,体育仲裁本质上仍然隶属于仲裁的范畴,这就决定了它必得信守仲裁的基本规则和一般理念。国际体育仲裁不过是仲裁一般理念和规则在体育领域的延伸,它本应是国际仲裁的体育化,当然,体育仲裁也会有自己的独特性,具有不同于一般商事仲裁的风格,然而国际体育仲裁的某些个性似乎张扬得有些放肆,偏离了仲裁一般理念的逻辑框架,向强制性仲裁、公法仲裁接近。这一方面考验着仲裁的意思自治根基,另一方面则在意思自治的解释准则下出现了正当性退化的危机。国际体育仲裁协议作为整个体育仲裁活动的宪章①,尤其是体育仲裁个性特征得以展现和聚集的载体,因此,体育仲裁需要得到正当化论证的个性首要的便是体育仲裁协议的强制性,它关注的问题是仲裁的意思自治理念是否得到真正尊重。仲裁的本质得回溯到意思自治的程序化,②意思自治是仲裁的灵魂和枢纽,体育仲裁协议的签署即为当事人

---

① 仲裁协议被业内人士理解为仲裁制度的基石。Alan Redfern, Martin Hunter, *Law and Practice of International Commercial Arbitration*, London: Sweet & Maxwell, 1986, p.98.

② 张春良:《国际商事仲裁权的性态》,载《西南政法大学学报》2006 年第 2 期。

程序意思自治的体现。意思自治程序化是程序自由化的必然结果,而程序自由化是程序浪漫主义精神的现实化,也是程序民主和程序宽容的直接表现。在程序自由化的强劲进程中,诉讼中心主义的垄断性话语权被瓦解,诉讼甚至开始表现出契约化的迹象,①仲裁作为当事人自治的程序客体就是"自由之果",任何强制性力量的存在都是根本有悖于仲裁合意的基本精神,因而是反仲裁性的。

但在奥运会体育仲裁体制下,体育仲裁协议高度呈现为格式化的合同条款,体现在奥林匹克宪章、各国家奥委会章程、各国际单项体育联合会章程、奥运会参赛报名表、IOC与承办国签署的承办协议等规范之中。由于此类文件共同指向的CAS对奥运会案件的垄断仲裁不容许参赛团队或个人进行其他选择②,其强制性色彩非常浓厚,所有参赛组织及其会员因此都有一个"博萨特式的烦恼",他们在面对这一仲裁条款时都有一种无力感:没有任何协商或谈判的余地,接受或者拒绝是唯一的被动选择。然而,在CAS仲裁实践中极少会有当事人以仲裁条款的强制性为由对CAS仲裁管辖权提出抗辩的案例;即便有,也无一例外地被证伪。尽管如此,关于仲裁条款是否为强制性及其对仲裁协议效力,并进而对CAS仲裁管辖权将会造成何种影响,诸如此类关涉仲裁之根基的基本问题仍然需要在法理上得到澄清。它直指体育仲裁的立足之据,即体育仲裁是公法仲裁还是私法仲裁,其裁决性质如何,特别是,其裁决能否依据《纽约公约》得到承认和执行? 至少CAS仲裁实践已经表明,仅以仲裁协议的强制性本身作为抗辩其效力的依据,是并不充足的。因此,真正需要得到揭示的乃是,在强制性仲裁协议背后正当化其效力的因素何在。在回答这个问题之前,应当首先检讨体育仲裁协议如何走向强制性,其强制力量究竟渊源于何处?

(二)体育仲裁协议的强制化

应当指出,体育仲裁协议的强制性是通过三个环环相扣的环节逐步叠加积累而成,这首先是体育仲裁协议的条款化,其次则是体育仲裁条款的格式

---

① 张卫平:《论民事诉讼的契约化》,载《中国法学》2004 年第 3 期。

② 有观点将 CAS 奥运仲裁归纳为六大特征:垄断性、强制性、透明性、悬浮性、极速性和竞技性。参阅张春良:《论北京奥运会仲裁的法律问题》,载《体育科学》2007 年第 9 期。

化,最后才是格式化仲裁条款在特定因素的促成下产生了强制效应。

1.体育仲裁协议的条款化

仲裁条款是仲裁合意的一种表现形式,它依附在基础合同之中。体育仲裁条款在形式上也依附于国际奥委会章程、国家奥委会章程、各国际单项体育联合会章程以及奥运会的参赛报名表。它本身欠缺独立的表达形式,这种形式上的依附性是否会影响其法律效力,法国的立法转变揭示了两种不同态度。1925年以前法国立法曾经对仲裁协议的条款化作出否定性评价,而只承认独立仲裁协议的有效性。在此类立法框架下,仲裁条款和仲裁协议的区分就具有了决定性意义。条款化的仲裁协议无效之最主要的理由在于法国法对弱者利益的衡平保护,法国法倾向于将标准化合同中的仲裁条款理解为扭曲的仲裁合意形式,进而要求相关当事人必须在纠纷发生后重新确认或者缔结仲裁协议①,以确保当事人之间存在真实的合意。对仲裁合意吹毛求疵式的求证方式导致法国立法对仲裁合意的形式要件作出过度苛刻的要求,这一立法内容已然随着仲裁的发展而被废弃,迄今为止的国际和国内立法几乎无一例外地承认了非独立形式的仲裁条款的正当性和合法性,甚至于仲裁条款成为承载仲裁合意的主要表达方式。因此,国际体育仲裁协议条款化也具备相应的合法性基础,纠纷当事人可以通过仲裁条款形式将尚未发生的争议提交仲裁方式解决,事实上,奥运会CAS仲裁全部都以仲裁条款方式确定提交。由此可见,单独的条款化形式尚不构成体育仲裁协议的强制性,但仲裁协议的条款化也为其格式化,最终为其强制力之形成埋下了伏笔。

2.体育仲裁条款的格式化

合同格式化是现代商业精神发展的必然要求,它是有效降低谈判成本、提升合作速度的手段。合同格式化连带着将其中的仲裁条款也进行了格式化,对于提供格式合同一方当事人而言,其意志得到更全面和更透彻的体现,而相对人协商谈判的空间则通常受到不同程度的抑制,这就对所有条款因为格式化而造成了"真实性"困境。在实践中,合同条款如果出现格式化趋势,法院在审理案件时通常会求证其真实性,并在解释格式化条款时对格式条款提供者进行相对严格的审查,以衡平其中可能存在的形式合意而实质不合意情形。

---

① Philippe Fouchard, Emmanuel Gaillard and Berthold Goldman. Fouchard, Gaillard, *Goldman on International Commercial Arbitration*, Beijing: CITIC Publishing House, 2004, pp.194-196.

格式化仲裁条款同样如此。但应理性地看到,仲裁条款格式化本身并非构成否定仲裁合意真实存在的理由,相对于非格式化的仲裁条款而言,它需要的不是不加反思的否定,而是更为严格的审查,以确定真正的仲裁合意是否因为格式化而蜕变为"真实的谎言"。现代商事仲裁接受了格式化仲裁条款的合法性,一方面表现为对国际海上货物运输提单中的仲裁条款的支持,另一方面表现为对格式合同中的仲裁条款的支持。[①] 的确,仲裁条款的格式化更多的是仲裁协议形式的演变,相对于日本法允许当事人之间的仲裁合意以口头形式或者默示形式缔结的宽容态度而言,[②]格式化的仲裁条款更具备被接纳和信守的资格。因此,体育仲裁条款的格式化本身也还不能单独造就仲裁协议的强制力,真正的强制力渊源在于,此种格式化体育仲裁条款提供者占据了垄断性的地位。

3.格式化体育仲裁条款的强制性

格式化仲裁条款并不总是构成强制,在国际商业贸易中由于存在着充分竞争,格式合同提供方欠缺强制交易的基础和条件,此类格式合同更多的价值体现在提升交易效率方面,而不旨在迫使相对人被迫接受。但在奥运会仲裁体制下,由于奥运会赛事的全球性、权威性、公平性、独一无二性等特征,使得运动员把参与奥运会、夺取奖牌视作毕生至高无上的荣誉,是"实现梦想最重要的机会"[③],对参赛团体或运动员而言,不可能存在一个奥运会之外的替代选择赛事以弥补缺席奥运会的遗憾,甚至于因运动生涯的抛物线规律,他们也无法在不同时间举办的奥运会赛事之间进行从容选择。以经济学的观点和语言来说,在国际社会不存在与奥运会同等地位的竞争性体育赛事组织者,国际体育领域是由奥运会独家垄断的不完善市场。在垄断体制下,作为强势垄断者的奥运会主办方又排他性地通过格式化仲裁条款指定 CAS 作为仲裁服务提供者,并以此作为参与奥运会的先决条件。这就构成了一种准行业垄断,不管奥运会主办者是否主观上具有这样的故意,至少在客观上已经形成了垄断的效果,从而使参赛人员或团队与奥运会主办者形成紧张的强制关系而非充

① 刘想树:《中国涉外仲裁裁决制度与学理研》,法律出版社 2001 年版,第 64～65 页。

② Mauro Rubino-Sammartano, *International Arbitration Law and Practice*, Beijing: Citic Publishing House,2004, p.225.

③ Stephen A. Kaufman, Issues in International Sports Arbitration, *Boston University International Law Journal*,1995(13), pp.527-549.

分合意关系。在这个过程中,合意贫困化①到了如此地步,有体育界专家不无精辟地指出:以至于"在这儿奢谈合意的过程似乎是滥用语言"②。参赛运动员只可能行使两种选择权中的一种:第一,签署协议,因此同意仲裁条款并接受 CAS 的管辖;第二,拒绝签署协议,在电视机或座位席上袖手旁观。面对第二个不具吸引力的选择,多数运动员都会签署包含着格式化的 CAS 仲裁条款的合同,并且就像博萨特那般心怀侥幸地觉得自己永远不会援引这个可堪怀疑的条款。

但 ICAS 并不认为体育仲裁协议的强制性这一说法,ICAS 主席 Keba Mbaye 指出,并未要求当事人在任何案件中都诉诸 CAS。然而,他继而又指出,国内和国际体育协会可以在它们的章程中增加仲裁条款,以使运动员将任何无法解决的争议诉诸 CAS。在 IAAF 通过其章程条款的方式概括接受了 CAS 的仲裁管辖后,一位奥运会摔跤选手、律师和运动员顾问成员克雷斯·坎贝尔(Chris Campbell)回应道,"如果 IAAF 那样做,我将是第一个抗议的。这有违我的本性。它听起来带有强制性"。③ 然而历史趋势是,现今所有国际单项运动协会都承认了 CAS 的管辖权,并载入章程,这对于众多的 Campbell 和博萨特而言无疑的确带有强制的成分。

(三)强制性体育仲裁协议的效力依据

CAS 成功运作及司法机关的倾情合作史实在沉默地反击着任何以 CAS 仲裁条款的强制性而进行仲裁管辖抗辩的努力,因此,更重要的工作应当是探讨仲裁立法与司法实践对 CAS 强制仲裁如此宽容的理由何在。换言之,也就是去求证强制性体育仲裁协议的合法依据。笔者认为这可从五个方面予以合法性论证。

1.附意合同理论

附意合同的有效性为很多国家立法所认可。美国法律就将强制仲裁条款

---

① 棚濑孝雄提出"合意的贫困化"概念,它包含三方面的意义,即合意变质为同意、合意变质为好意、合意变质为恣意。详见[日]棚濑孝雄:《纠纷的解决与审判制度》,王亚新译,中国政法大学出版社 2004 年版,第 69~73 页。

② Jan Paulsson, Arbitration of International Sports Disputes, *Arbitration International*, 1993(9), p.361.

③ Steve Woodward, Arbitration Council Set to Handle Grievances, USA Today, June 24, 1994, at C3.

分类为"附意合同"（adhesion contract），即"接受—拒绝的建议，在此之下，相对于完全同意的唯一选择便是彻底的拒绝"[①]。尽管附意合同不能确保对于附意方当事人的绝对公平，但美国法院要求运动员能够提供更多的额外证据证明他们缺乏谈判合同条款的机会，而非仅仅是被仲裁条款所剥夺的不公平的谈判权力。在美国立法体制下，附意合同只有在满足"胁迫"和"违背公共政策"两个因素时，始得被撤销或确认无效。因此，格式化的体育仲裁条款的无效必须由作为附意方的运动员或体育协会证明该 CAS 仲裁协议是"因强迫而被迫订立的"，且违背了"最基本的道德和正义的观念"[②]。

可见，在附意合同理论下，对于格式体育仲裁条款采取的是推定有效规则，即在无相反证据的情况下，即认定该体育仲裁条款具有法律效力，除非相对方提出异议且提供具有说服力的反证，因此，反对方如果要提出异议则必须承担较为繁重的举证责任。此理论的核心是，强制性本身不足以构成断定仲裁条款必然无效的理由，端赖于该强制性是否有损附意方的根本利益，从而根本伤害最基本的道德和正义观念。

2.正当性补充理论

完美无瑕的仲裁合意是仲裁正当化最充足的理由，然而充分的仲裁合意通常在纠纷发生后难以取得，为确保仲裁能作为一种纠纷解决机制得以存在并发挥作用，就不得不在仲裁合意的取得和方案的承认这两个环节上都缓和对合意内容的要求，转而以获得较弱的合意为目标。仲裁实践中，此类被承认的"较弱的"仲裁合意获得方法包括仲裁条款格式、单方仲裁合意、附条件仲裁合意以及"正当性补充"。鉴于第一、二种仲裁合意多多少少流于形式，就有必要对这种合意加强"正当性"的补充制约，"只要不与公共秩序相抵触，合意内容就应该得到绝对的贯彻"。而"正当性的补充"就是对仲裁公正性由国家权力机关提供一个担保，以抵消仲裁合意向强制性仲裁条款转变的质变程度。

按照这一逻辑，强制性格式化的体育仲裁条款之所以能得以有效成立，在于"所谓仲裁合意的实质，并不是当事者对接受仲裁这样一种纠纷解决方式给

---

① 即"take-it-or-leave-it proposition... under which the only alternative to complete adherence is outright rejection."参阅 E. Allen Farnsworth，Contracts 312 (2d ed. 1990).转引自 Stephen A. Kaufman，Issues in International Sports Arbitration，*Boston University International Law Journal*，1995(13)，p.546.

② Transmarine Seaways Co. vs. Marc Rich，480 F. Supp. 352，358 (S. D. N. Y. 1979).

以合意的明确表示,而是因为对国家等公共权力机关作为保证仲裁正当性的组织背景这一事实的了解,是出于对这种正当性的一般信赖而表示的合意。……影响合意取得的与其说是可视性很低的程序方面,还不如说是仲裁机关的整体形象以及对支持着这种形象的组织背景抱有的一般信赖"①。换言之,正是当事人对 ICAS、CAS 的信赖,尤其是对支持着 CAS 的庞大国家司法机关群体的信赖,在此种正当性补充的情况下,CAS 强制性体育仲裁条款的仲裁合意之真实性方能得到有效解释和接受。

3.预期利益赠与理论

如果一项合意是基于强迫而形成,那么合意能否被立法认可就存在两种可能:一种可能是因违背公共秩序而被立法否定,另一种可能则是因为赋予相对人利益增量而为立法支持。合同法精神的当代发展将此类具有强迫性质的合约视作可撤销的行为,并将撤销权限委诸相对人。仲裁协议作为程序和实体问题的混合契约②,相对人对强制性仲裁协议也应享有自由取舍之撤销权。考虑到 CAS 强制性仲裁协议不但赋予参赛团体或人员以高质权威和客观公正的仲裁服务,而且 CAS 确立的机制使"争议的裁决正变得越发有利于运动员的利益"③。因此,强迫参赛成员接受额外的预期利益增量至少要比强迫他们接受附加义务正当得多,尽管它可能欠缺接受者的合意而表现为一厢情愿式的利益赠与,但其目的无可厚非。恶的目的使手段毫无任何正当化的理由,而目的的善则存在着赋予手段合理性的可能空间。对弱势一方施加利益赠与的目的之善,就为作为手段的强制性体育仲裁条款提供了正当化的理由。

（1）案例一:Besiktas vs. FIFA & SCFreiburg

CAS 仲裁倾向于保护运动员使其存在一种可得利益增量的预期,在仲裁实践中表现出一种反常的现象,即某些参赛成员甚至在缺乏 CAS 仲裁协议的情况下仍然强行主张将争议提交给该仲裁院管辖,由此足见运动员对 CAS 仲裁的信赖和倚重,Besiktas vs. FIFA & SCFreiburg 案就是一个典型。在该案

---

① ［日］棚濑孝雄:《纠纷的解决与审判制度》,王亚新译,中国政法大学出版社 2004 年版,第 105～109 页。

② 关于仲裁协议的性质问题,理论界存在着四种典型观点,即诉讼法上契约说、实体法上契约说、混合契约说和独立类型契约说。李井杓:《仲裁协议与裁决法理研究》,中国政法大学出版社 2000 年版,第 34～44 页。

③ Stephen A. Kaufman, Issues in International Sports Arbitration, *Boston University International Law Journal*, 1995(13), pp.527-549.

中,仲裁申请人 Besiktas 于 2002 年 10 月向 CAS 提起仲裁,要求 CAS 推翻 FIFA 作出的球员转会赔偿金的决定,FIFA 于 11 月 15 日提出管辖抗辩,它辩陈 CAS 对 FIFA 特别委员会作出的决定无上诉管辖权,根据 1997 年 10 月《FIFA 球员转会和身份规则》第 18 条第 3 款之规定,该决定是终局的。在答辩函件中,FIFA 也指出,它承认 CAS 于 2002 年 11 月 11 日后对与足球相关的争议享有管辖权,但是本案上诉决定是在 2002 年 9 月 18 日作出的,因此 CAS 无权管辖。

CAS 最终裁定无管辖权。事实是,Besiktas 呈交仲裁申请书时,FIFA 相关规则之中均未规定 CAS 具有相应管辖权,FIFA 只是在其章程中承认 CAS 对其 2002 年 11 月后作出的决定行使管辖权。[①]

(2)案例二:Bassani-Antivari vs. IOC

与此相类似的另一个典型案例则是 Bassani-Antivari vs. IOC 案,该案申请人是一个 23 岁的加拿大公民,她在加拿大国际滑雪协会(Canadian International Skiing Association,以下简称 CISF)支持下参赛。但至该案发生为止,加拿大奥委会(Canadian Olympic Association,以下简称 COA)并没有接受 CISF 要求成为其会员的申请。2001 年 8 月,CISF 主席向 COA 提交了本案申请人参加奥运会所需的相关资料,COA 没有将参赛申请表提交给盐湖城奥运会组织委员会(SLOC)。COA 告知 CISF,由于 CISF 不是 COA 成员,COA 将不会批准仲裁申请人参赛。为解决其参赛资格问题,仲裁申请人从朋友处取得参赛申请表,填好后将她及其教练的申请表直接提交给 SLOC。

2002 年 4 月 4 日仲裁申请人抵达盐湖城希望代表加拿大参赛,并在加拿大国旗下参加开幕式比赛。当她抵达盐湖城时即被 IOC 成员告知,COA 从未以她的名义向 SLOC 提交过参赛报名表。仲裁申请人向 IOC 提交一份申诉书,要求 IOC 撤销 COA 不允许她参赛的决定,并确认申请人参赛资格的适格性。IOC 根据《奥林匹克宪章》第 49 条第 1 款和第 41 条第 2 款的规定驳回了申请人的参赛要求,并进一步指出,在对其负责的国家奥委会未提交申请的情况下,个体是不允许参与奥运会赛事的,也不能强迫 COA 向奥运会提出参赛人员名单。申请人向 CAS 特设仲裁分庭提交仲裁申请,要求确认其参赛资

---

① Besiktas vs. Federation Internationale de Football Association & SCFreiburg, in *Digest of CAS Awards* Ⅲ (2001—2003), Edited by Matthieu Reeb, Estelle du La Rochefouchauld, Hague: Kluwer Law International, 2004, pp.90-96.

格。CAS特设分庭经审理后认为:第一,未经参赛者本国奥委会签署的奥运会比赛报名表属于不具法律约束力的单边文件,特别是不能援引其中仲裁条款的适用。第二,申请者无理由向CAS主张适用《奥林匹克宪章》第74条和参赛报名表中所载明的CAS仲裁条款。①

由上可见,CAS强制性仲裁条款显然地给予了运动员等相对人以增量利益的期待,参赛成员在无仲裁协议的情况下也表现出了要求CAS扩张仲裁管辖权的努力和愿望。这为CAS强制性仲裁条款提供了一种实践支撑与证明。

4.“有效解释”和“严格解释排除”规则之支持

所谓“有效解释”,是指若某条款能以两种不同方式进行解释,则使该条款有效的解释应优先于使该条款无效的解释被采纳。这已经成为公认的解释准则。② 而“严格解释排除”是指,应当排除那种认为“由于例外性法律规则应当严格解释,仲裁协议作为法院管辖权的例外,也应当遵守这种解释方法”③的观点,正如解决投资争端国际中心(The International Center for Settlement of Investment Disputes,以下简称ICSID)仲裁的一个案件中,仲裁庭指出的那样:“与任何其他公约类似,一份仲裁公约既不能被严格解释,也不能宽泛或自由地接受。而应当以导致当事人真实意志被确定和尊重的方式进行解释:此类解释方法不过是有约必守这一根本性原则的应用,该原则的确是一个对所有国内法制和国际法制都适用的原则。”④在“有效解释”原则和“严格解释排除”原则下,强制性体育仲裁协议应被解释成为合法性仲裁条款,因此具有正当性基础。

5.“有利于有效”(favorem validitatis)规则之支持

根据该本规则的精神,“对于合同中的仲裁条款,如果约定争议可以适用任何相关的法律通过仲裁解决,那么一个可以获得最广泛接受的解释应该是

---

① Bassani-Antivari vs. IOC,CAS ad hoc Division(OWG Salt Lake City 2002)003,in Digest of CAS Awards Ⅲ(2001—2003),Edited by Matthieu Reeb,Estelle du La Rochefouchauld,Hague:Kluwer Law International,2004,pp.585-591.

② See ICC Award 1434/1975.

③ Philippe Fouchard, Emmanuel Gaillard and Berthold Goldman. Fouchard, Gaillard, Goldman on International Commercial Arbitration,Beijing:CITIC Publishing House,2004,pp.254-261.

④ Southern Pacific Properties Lte. vs. Arab Republic of Egypt,3 ICSID Report,1995,pp.131-143.

仲裁员接受任何仲裁协议的法律有效性"①。仲裁界资深仲裁员杨良宜先生也说过:在现代仲裁日趋宽容的形势下,只要出现了"仲裁"二字,合理的做法乃是承认其效力。② 这一精神在 PILA 第 178 条第 2 款中得到反映,该款规定:"如果仲裁协议符合当事人选择的法律或符合调整争议实质问题的法律,尤其是符合调整主合同的法律或瑞士法中规定的条件,那么这一协议就是有效的。"通过增加可供适用的法律的数量,且只要仲裁协议满足任一法律之有效条件,则认定该仲裁协议即为有效,此种发展趋势即为"有利于有效"规则的适用现象。在国际商会(The International Chamber of Commerce,以下简称 ICC)仲裁实践中,仲裁庭指出:"……一个仲裁条款可能在其范围内有严格的解释。然而这个原则在理解仲裁条款的有效性时可能并不具备同样的效果。相反,当在合同中插入一个仲裁条款时,我们应认为当事人乐意通过仲裁条款确立一种有效的机制来解决争议。"③这些理论、规则与仲裁推理都指向同一个基本精神,即尽量使仲裁条款有效。在此种良苦用心的推动下,强制性体育仲裁协议也存在正当化的契机和依据。

CAS 越来越多的仲裁实例表明,强制性仲裁协议对相对人是否具有拘束力已经不再是问题的焦点,取而代之的却是越来越多的 CAS 仲裁相对人愿意接受此类强制性条款并反向形成一种渴望和需要。甚至可以认为,CAS 强制性仲裁协议已经被相对人自愿接受到如此地步以至于被强迫的似乎不再是相对人,而是作为仲裁条款提供者的 IOC、NOC、IFs 等体育组织。归根结底,形式是自由的天堂,然而在存在真实仲裁合意的情况下,仲裁协议形式上的强制性已经变得不再那么重要。

(四)余论:中国体育仲裁现状及其启示

独立的中国体育仲裁机制至今仍未建立。尽管 1995 年通过的《体育法》第 33 条明确规定,由国务院另行规定体育仲裁机构的设立办法和仲裁范围,但国务院迄今仍未对此作出回应。专业体育仲裁机构的缺失,使我国体育协

---

① W.Laurence Craig,William W.Park and Jan Paulsson, *International Chamber of Commerce Arbitration*, New York:Oceana Publications,INC./ Dobbs Ferry,2000.

② 杨良宜:《国际商务仲裁研究》,中国政法大学出版社 1996 年版,第 113~114 页。

③ Preliminary Award in ICC case 2321/1974,I ICC Awards 8,Accord,Interim Award in ICC Case 4145/1983,I ICC AWARDS 558.

会或组织在其章程之中转而采取内部仲裁机制。与国际体育协会的 CAS 仲裁条款类似，我国国内体育协会也以格式化的体育仲裁条款对其内部仲裁机制予以援引。但与 CAS 仲裁条款的有效性相反，此类强制性体育仲裁条款不具有法律效力。中国足球协会于 2009 年 6 月通过了《中国足球协会仲裁委员会工作规则》，这是我国体育协会之中建构内部体育仲裁机制最具典范的组织，现以该协会章程中格式化的仲裁条款为据予以评析。

《中国足球协会章程》第 61 条、第 62 条规定了两类格式化的仲裁条款：一类是 CAS 仲裁条款，一类是足协内部仲裁条款。由于中国足协同时也是亚足联、国际足联的协会成员，因此它同时接受亚足联、国际足联章程中所确立的 CAS 仲裁条款。为此，《中国足球协会章程》第 61 条第 1 款规定："本会会员协会、注册俱乐部必须保证遵守《国际足联章程》《亚足联章程》的规定，不将自己与国际足联、亚足联及其会员协会和俱乐部的任何争议提交法院，而同意将争议提交各方认可的仲裁委员会，并接受仲裁委员会的裁决。"该款所提及的"各方认可的仲裁委员会"也就是规定在亚足联、国际足联章程中的 CAS。这类条款具有法律效力，其理由已如上所述。

但《中国足球协会章程》第 62 条所规定的强制性仲裁条款则是无效的。该条共有 5 款内容，第 1 款确立了强制性仲裁条款："会员协会、注册俱乐部及其成员，应保证不得将他们与本会、其他会员协会、会员俱乐部及其成员的业内争议提交法院，而只能向本会的仲裁委员会提出申诉。"第 2 款内容是强调由足协内部仲裁委员会作出的裁决具有终局约束力，第 3 款是关于部分裁决的内部申诉规定，第 4 款突出强调了此类仲裁条款的强制性，即"会员协会和联赛组织应采取必要措施保证其管辖范围内的足球组织和个人严格遵守上述规定"。为强化该仲裁条款的威慑性，第 5 款紧接着规定，将对违反者予以处罚。这 5 款内容的核心是：强制性仲裁条款必须得到遵守，否则将会受到内部处罚。然而，与第 61 条的 CAS 仲裁条款相比，第 62 条所体现的"家规家法"在法律上是值得批判的，最根本的原因在于：中国足协内部仲裁机制不具有 CAS 的仲裁中立地位，并因剥夺当事人"接近正义"之基本权利而无效。

上述附意合同理论、正当性补充理论、预期利益赠与理论、"有效解释"规则和"严格解释排除"规则，以及"有利于有效"的原则都不能激活此种强制性条款的法律效力，因为这些基本原则都贯穿着一个基本的前提：不得违背基本的正义观念。CAS 仲裁条款之所以能够得到上述原则的支持，首先便在于它满足了这一基本前提。此处所谓的基本正义观念即确保任何人均有"接近正义"的机会。CAS 与中国足协内部仲裁机制相比,CAS 更具中立性,其解纷机制更具权威性①。中国足协内部仲裁机制作为其内部解纷机制虽具相对独立性,但其仍为足协的内部机构,这种"既是运动员,又是裁判员"的结构在根本上堵死了当事人接近正义的途径。因此,要使此类强制性仲裁条款如同 CAS 仲裁条款那般获得这些基本原则的支持而得以合法化,就必须改革体育仲裁的内部挂靠机制,在各体育协会之外建立独立的仲裁机制②。在确保这一前提的基础之上,足协等体育组织章程的强制性仲裁条款才具有法律上的有效性。

必须指出,决定强制性仲裁协议是否具有法律效力的终极判断尺度乃是,其是否满足基本正义的观念。在满足基本正义的前提下,强制性仲裁协议尽管不具有充分、完足的合意,而出现了不同程度的合意之"贫困化",但仍然可以通过附意合同理论、正当性补充理论、预期利益赠与理论、"有效解释"规则和"严格解释排除"规则,以及"有利于有效"的原则予以合法性救济。以此观之,我们不能否认各体育组织章程中格式化的 CAS 仲裁条款的强制性色彩,但其被消减的合意在不伤基本正义的基础之上有通过上述原则被补足化的根据。相反,包括中国足协在内的体育组织内部仲裁条款因缺失最基本的正义核心,就只有纯粹的强制性。这一现状的存在,其消极性在于指出了问题,其积极性也在于提出了问题:在反思此类强制性仲裁条款"如何才具有合法性效力"的追问之中,CAS 仲裁条款的有效性为解决这个问题提供了方向③。

二、CAS 仲裁协议的自治性

国际体育仲裁协议是体育仲裁机制的宪章,赋予其自治属性可据之免除司法机关的不当牵制而最大限度地维护体育仲裁协议之有效性。根据国际体

---

① 著名的 Gundel 案件就是一个有力佐证,该案中 Gundel 曾经以 CAS 是 IOC 的下属机构不具独立性而向法院提出上诉。为解决这个结构上的根本缺陷,新设了 ICAS 作为 CAS 的依托机构,避免 CAS 对 IOC 的直接挂靠。

② 例如日本、比利时、加拿大等国家便仿照 CAS 在其国内建立了统一且独立的体育仲裁机制。参见刘想树主编:《国际体育仲裁研究》,法律出版社 2010 年,第 49 页。笔者建议,可借鉴 CAS 的建制,在中国仲裁协会或者中华全国体育总会下设中国体育仲裁院。

③ 海德格尔说得好:"作为一种寻求,发问需要一种来自它所寻求的东西方面的事先引导。"[德]马丁·海德格尔:《存在与时间》,陈嘉映等译,三联书店 2006 年版,第 7 页。

育仲裁规则与实践,国际体育仲裁协议的自治性表现为管辖权自治、法律适用自治和地位自治。CAS作为国际体育世界的"最高法庭",以其权威实践诠释了体育仲裁协议的自治特征,实现了行业自治与接近正义精神的两全。[①]

国际体育仲裁协议是国际体育法律关系当事人于纠纷发生前或纠纷发生后,就与该体育性纠纷相关的争议提交某一常设或临时仲裁机构予以裁决之书面协议。[②] 因应国际仲裁理论与实践的发展趋势,国际体育仲裁协议逐渐展现出自治的特性,并具体表现为如下三方面,即管辖权自治、法律适用自治和地位自治。管辖权自治涉及的是仲裁协议的效力发生歧义时,仲裁庭能否自行裁断其有效性;法律适用自治涉及的是仲裁庭或者法院在裁断仲裁协议的效力时是否依据独立的规则,使其与调整实体问题和程序问题的法律规范区别开来;地位自治探讨的是仲裁协议在性质上与其他合同条款的关系问题,以及由此决定的效力状态。必须指出,国际体育仲裁协议是整个国际体育仲裁机制得以有效运转的基点,其效力直接影响着体育仲裁管辖的正当性、法律适用的合理性及裁决的可承认或执行性。赋予体育仲裁协议以相对独立的自治性,可有效降低乃至避免因将体育仲裁协议与其他问题相关联而易被连带否定之风险,进而可依"有利于有效"之仲裁理念最大限度地维护体育仲裁协议的效力。对于国际体育仲裁实践而言,诸如CAS等仲裁机构可据体育仲裁协议的自治性免除世俗司法机关的不当牵制,便利体育争议之合体育规律地专业化裁决,兼顾和两全了行业自治与接近正义之精神。

(一)管辖权自治

仲裁协议首先是有关管辖权的选择合同,它通常是体育争议当事人选择仲裁机构、排除法院干涉的协议,此即谓仲裁协议的抗辩碍诉力。但体育仲裁庭取得管辖权的前提条件是该体育仲裁协议为有效协议,由此在逻辑上必须首先判断该体育仲裁协议是否有效,只有得出肯定判断后,才能组建体育仲裁庭展开仲裁程序。而仲裁协议效力的判断在各国立法和实践中主要由国家法院和仲裁庭承担。在仲裁庭裁断仲裁协议效力的情况下存在一个循环论证,

---

[①]　本部分是在《论国际体育仲裁协议的自治性——特别述及国际体育仲裁院之规则与实践》一文的基础上调整而成,该文发表在《天津体育学院学报》2011年第6期。特此说明并致谢忱!

[②]　刘想树:《中国涉外仲裁裁决制度与学理研究》,法律出版社2001年版,第28页。

即仲裁协议的有效性是仲裁庭组建的根据,而仲裁协议有效性之判断却依赖仲裁庭这一主体。于此处可见国际体育仲裁庭采取的是推定有效原则,即首先假定体育仲裁协议有效,继而在这一假定基础之上再反证其效力。

在体育仲裁庭裁断体育仲裁协议的有效性,即裁断自己管辖权基础的情况下,该种制度称作自裁管辖权,或"管辖权—管辖权"制度[1],该制度以逻辑圆环的形式维持了体育仲裁制度的自治性和独立性。设立自裁管辖权制度可以有效防止司法机构对体育仲裁可能实施的不当否定,因为管辖权问题是关系到体育仲裁程序能否具体展开的前提性问题,如果体育仲裁庭的管辖权必须先决于司法机构,则仲裁程序尚未启动即可能面临司法机构的否定性评价,有损体育仲裁管辖权的独立性。

在 CAS 仲裁的许多案件中,当事人基于种种理由对仲裁协议的效力提出质疑,并据此提出管辖权抗辩,但 CAS 仲裁庭均行使了自裁管辖权,在司法机构之外独立判断仲裁协议的有效性。2000 年悉尼奥运会期间,在 CAS 奥运会特设分庭仲裁的鲍曼案件中[2],被申请人 IAAF 首先提出管辖权抗辩,因为 IAAF 的规章中并没有设立 CAS 仲裁条款以规定将体育争议提交 CAS 仲裁。因此,IAAF 认为其内部仲裁裁决即为终局的、具有拘束力的裁决。CAS 将其抗辩视作是对仲裁庭缺乏管辖权和基于既判案件而提出的答辩。仲裁庭认为,IAAF 作为奥林匹克运动的一个组成部分,应根据《奥林匹克宪章》第 74 条之规定,就与奥运会相关的争议接受 CAS 的仲裁管辖。换言之,尽管国际田联章程之中没有 CAS 仲裁条款,但其参与奥林匹克运动的事实就使存在于《奥林匹克宪章》中的 CAS 仲裁条款延伸拘束 IAAF,因此 CAS 奥运会特设仲裁庭据之获得了管辖权。除了 IAAF 仍然反对外,其他仲裁当事人均以行动事实性地接受了 CAS 的管辖。

在涉及 IAAF 的另一个案件中,仲裁申请人梅林特是罗马尼亚运动员,她是当时女子链球的世界纪录保持者。在她准备参加资格赛时,IAAF 官员告知她,其尿检呈阳性,竞赛资格被剥夺。梅林特随即向 CAS 特设分庭提交仲裁,请求保留竞赛资格,参与第二天下午举行的决赛。该决赛要求所有参赛运

---

[1]　W.Laurence Craig, William W.Park & Jan Paulsson, *International Chamber of Commerce Arbitration*, New York: Ocean Pub., Inc./Dobbs Ferry, 2000, p.283.

[2]　Gabrielle Kaufmann-Kohler, *Arbitration at the Olympics*: *Issues of Fast-track Dispute Resolution and Sports Law*, New York: Kluwer Law International, 2001, p.107.

动员必须最迟在次日清晨参加资格赛。由于时间紧急,庭审在申请提出后数小时内举行。IAAF 再次提出管辖权异议,但被仲裁庭以与鲍曼案一样的理由驳回。

在上述两案中,仲裁协议是否存在及其有效性由 CAS 自行管辖并裁决,这使仲裁庭具有很大的自主权。此种管辖权自治特征在一定程度上使仲裁庭摆脱了对司法机关的依赖,也是 CAS 仲裁机制更为有效运转的制度保障。

(二)法律适用自治

所谓仲裁协议法律适用自治,是指判断仲裁协议存在与效力的法律规则即准据法之确定和选择自成一体,不依附或受制于调整案件实体问题和程序问题的法律适用规则。由于国际体育仲裁协议涉及的体育争议具有跨国性,因而存在适用何国法律予以裁决的问题,即法律选择与适用的问题;又由于传统国际仲裁协议通常都由调整案件实体问题或程序问题的法律规范进行调整,从而使国际体育仲裁协议在法律适用上表现出相当程度的依赖性。但国际体育仲裁协议毕竟是不同于案件实体和程序问题的相对独立的问题,其个性特征要求发展出不同的法律适用规则,由此导致国际体育仲裁协议法律适用的自治倾向。

1.本因:仲裁协议的独特性质

仲裁协议在性质上不同于仲裁实体问题和程序问题,其性质的独特性决定了它应该具有独立的准据法,这是仲裁协议法律适用自治的本因。按照国际私法的精神,调整包括体育关系在内的涉外民商事关系的法律适用规则是以该关系的性质决定的,当萨维尼提出法律关系本座说完成了对巴托鲁斯以降的法则区别说之革命后,以法律关系性质而非法则本身性质决定法律适用规则的方法论就成为迄今为止最主流的调整方法。因此,对仲裁协议性质的不同界定将导致不同的法律规则被适用。学界对体育仲裁协议性质的界定主要有实体法上契约说、程序法上契约说、混合说以及独立类型契约说四种观点。笔者以为,体育仲裁协议首先是一个契约,其直接效果是程序性的,并通过程序选择产生间接的实体效果。正如某些学者所精辟论断,将仲裁协议并归合同并无不妥,但其也与后者存在某些质的区别,从而表现出程序性特征。这一属性决定了涉外仲裁协议的法律适用"是一个兼具实体性质和程序性质的问题,既会受涉外合同法律适用方法及其规则的影响,也会受国际私法中有关程序问题法律适用的一般原则制约,形成与其二元特性相对应的规则体系。

在这些规则中,'场所支配行为'原则即行为地法与'意思自治'原则即当事人选择的法律之间的矛盾和对抗、妥协与兼容得以凸显。从一定意义上讲,涉外商事仲裁协议的法律适用就是国家的属地主权与私法自治斗争与妥协的结果"①。

鉴于体育仲裁协议性质与体育案件实体问题和程序问题的性质之间的客观差异,其法律适用自治化也是当然之理。体育仲裁的程序性问题与实体性问题在国际层面并无一致认识,较为接受的共识是,诸如仲裁庭的组建与仲裁员的撤换,仲裁裁决的作出与对裁决的异议处理、仲裁裁决的承认与执行等通常都作为程序性问题;而对于除外之问题,特别是体育争议事实之认定,包括对有关体育章程或规则如《奥林匹克宪章》或反兴奋剂条例的解释就被识别为实体性问题。② CAS仲裁之实体问题即体育争议就主要包括两大类型:一是"纯粹的体育争议,如选拔与资格问题,包括反兴奋剂在内的纪律处罚问题";二是"商事争议"③。在二者之外,体育仲裁协议被单独对待,它既不属于单纯的实体问题,也不属于单纯的程序问题,这主要可从两方面得以直观证明:第一,在内容构成上,体育仲裁协议兼具实体与程序事项。如《奥林匹克宪章》第74条作为一个CAS仲裁条款就涵纳了实体与程序问题:其所涉实体问题是关联于或产生于与奥林匹克运动相关的所有争议;其所涉程序问题则以概括援引的方式转致给CAS仲裁法典与奥运会仲裁规则,后两者的内容构成奥运会仲裁的程序框架。第二,在功能效应,体育仲裁协议兼具实体与程序效果。一方面,体育仲裁协议的生效运行首先激活了体育仲裁机构的管辖、决定着体育仲裁庭的组建与补救,预设了仲裁庭审的实施,最终导致仲裁裁决的作出;不仅如此,有效的体育仲裁协议还直接支持着仲裁裁决的域外承认与执行④。此类效果即为体育仲裁协议的程序效力。另一方面,体育仲裁协议还在实体方面限定着仲裁庭的管辖范围即体育争议,决定着案件实体问题的法律适用,

---

① 刘想树:《中国涉外仲裁裁决制度与学理研究》,法律出版社2001年版,第75~76页。

② 刘畅:《国际体育仲裁程序性问题之法律适用》,载《天津体育学院学报》2010年第25(4)期。

③ Ian S. Blackshaw, *Sport, Mediation and Arbitration*, Hague: T. M. C. Asser Press, 2009, p.171.

④ 石现明:《略论申请撤销国际体育仲裁院仲裁裁决的理由》,载《天津体育学院学报》,2011年第26(3)期。

并据此决定着案件的实体效果。此种性质上的独特性是决定其法律适用个性化发展的内在根据。

2.助因:仲裁自治精神的逻辑延伸

意思自治是体育仲裁的基本精神。作为仲裁自治精神进一步延伸的逻辑结果,仲裁协议法律适用逐步从属地因素中解放出来,这是仲裁协议法律适用自治化的助因。无论仲裁协议作为实体契约还是程序契约,在萨维尼本座学说的规定下,仲裁地作为关键联结点发挥着重要的作用,它一方面作为一种标杆将仲裁地法与仲裁协议关联起来,另一方面则束缚了仲裁协议在法律适用上的弹性。仲裁自治精神的强力发展首先致力于对物理空间的突破,试图在世俗法律体制的空间范围内拟制出一片仲裁净土。在这一法律适用思潮的影响下,仲裁协议法律适用自治化意识得以培育并生长,它通过仲裁法律适用"非当地化"[①],即摆脱仲裁地法律规范的束缚而完成自身的第一次自治过程。在仲裁法律适用的非当地化,尤其是程序法律适用的非当地化进程中,仲裁协议与其他仲裁问题一起开始抵抗地域重力的吸引,"不再受制于特定的法律,并因此而飘浮"[②]。

CAS 仲裁法典就明确将其仲裁地确定在瑞士洛桑,使其法律适用脱开了事实仲裁地的法律干扰,表现出独立自治的特性。此种独特的仲裁地安排对于体育仲裁,尤其是对于奥运会仲裁而言意义重大:一方面,在法律效果上需要稳定的仲裁地,因为稳定的仲裁地将影响案件的法律适用、裁决及其国籍,其被承认和执行的程度[③];另一方面,在实践操作上则需要随赛场而变的仲裁地,"奥林匹克赛场仲裁安排证明了在复杂、多方、涉及多法律的争议中进行仲裁的力量与灵活性,很明显,这是由富有责任且业务精湛的专业人士所设计

---

① W.Laurence Craig, William W.Park & Jan Paulsson, *International Chamber of Commerce Arbitration*, New York: Ocean Pub., Inc./Dobbs Ferry, 2000, pp.129-132.

② Mauro Rubino-Sammartano, *International Arbitration Law and Practice*, Beijing: CITIC Publishing House, 2004, p.484.

③ 黄晖:《国际体育解纷机制的复级化及其正当性——基于 CAS 仲裁体制之研析》,载《天津体育学院学报》2011 年第 26(4)期。

的"①。在稳定性与浮动性这两个矛盾的要求之间,CAS仲裁制度智慧地采取了名义仲裁地与事实仲裁地的分离做法:将名义仲裁地确定在瑞士洛桑,并将事实仲裁地确定在各届赛场。参赛人员以其参赛行为及所签署的参赛表格、协议等方式与IOC就仲裁地之选定进行意思自治,并据此将体育仲裁中所适用的法律从仲裁地的事实进行地解放出来。

3.技术因:"分割论"思潮之兴起

法律适用精细化的发展及作为其产物的分割论方法的兴起②,促使体育仲裁协议从仲裁实体问题和程序问题中游离出来,为仲裁协议的单独法律适用奠定了基础,这是其法律适用自治化的技术原因。借助分割论的法律适用方法,人们对涉外法律关系包括体育争议的性质理解得越来越深刻,原来被一体对待的实体、程序问题开始不断地离析出来,即便是同一涉外法律关系也依其性质被分解为若干个不同的方面。调整对象的相对独立性为法律适用规则的独立化和自治化制造了空间,法律适用开始变得细腻和精准。在此背景下,体育仲裁协议也开始从原来对体育仲裁程序问题的依附中释放出来具备独立的身份,并终至于导向自治之途。按照分割论的逻辑,国际体育仲裁中的问题一分为三:国际体育争议实体问题、国际体育争议的程序问题及国际体育仲裁协议。每方面都有独立的法律适用规则,而且在一些仲裁实践中,仲裁协议尚可继续划分为体育仲裁协议当事人的能力问题、仲裁协议内容问题(诸如仲裁主题的可仲裁性)以及仲裁协议的形式问题。分割论方法的贯彻最大限度地将体育仲裁协议独立出来,成为独立主题被单独对待,CAS诸多判例证明了这一点,此即集中表现为法律适用的非当地化趋势。

4.集中表现:非当地化趋势

在国际体育仲裁中,对于仲裁协议法律适用似乎仍然沿袭传统的"场所支配行为"原则,即由仲裁地所在国法律作为调整国际体育仲裁协议的法律规范。尽管属地因素仍然在体育仲裁协议准据法的选择上占据了重要作用,但其自治化趋势仍然十分强劲,这可从体育仲裁协议三方面的法律适用上得出

---

① Gerry Tucker, Antonio Rigozzi, Wang Wenying, etc., Sports Arbitration for the 2008 Beijing Olympic Game, Ian S. Blackshaw, Bobert C. R. Siekmann, Janwillem Soek (eds.), The Court of Arbitration for Sport (1984—2004), Hague: T.M.C. Asser Press, 2006, p.178.

② 邓正来:《美国现代国际私法流派》,中国政法大学出版社2006年版,第36页。

这一结论。

(1)能力问题法律适用的脱法律化

在当事人缔结体育仲裁协议的能力或者资格的法律适用上,无论是 CAS 仲裁庭还是有关司法机关几乎都明示或者默示地不采取任何法律规则进行调整,而直接推定其有效。奥运会赛事参与者包括很多未成年人,尤其是诸如低龄化的体操之类的赛事,其参赛人员未成年化现象非常突出,如果按照法律选择规则或者实体规则,依当事人属人法或者行为地法等来判断当事人的缔约能力,即便他们签署了 CAS 仲裁协议,也会因为不具备行为能力而被确认为无效的体育仲裁协议。但迄今为止 CAS 和相关司法机构颁布的资料显示,尚无一例因参赛人员属未成年人而宣布其缔结的仲裁协议无效的情况。更普遍,也更广为接受的做法是,"如果不考虑未成年运动员签署的仲裁协议的问题,我们认为绝大多数情况下,此类仲裁条款都应当是合法有效的"[①]。简言之,在体育协议当事人缔约能力的法律适用问题上,仲裁庭或司法机关几乎奉行的是"无规则的规则",法律适用自治化达到了"脱法律化"的状态,此为仲裁协议自治化表现最极致的方面。

(2)形式问题法律适用的有效推定

在体育仲裁协议形式的法律适用方面,体育仲裁庭与法院表现出不同的态度。CAS 仲裁庭在解释体育仲裁协议的形式时总是倾向于依据其仲裁规则而非仲裁地等客观联结点指向的法律作出有效认定,只要有一个不无效的理由,该体育仲裁协议的效力即告有效,其判断准则可归结为"有利于有效"。而司法机关在确认形式有效性时,则倾向于按照仲裁地的法律进行判断,在 R. vs. FIBA 的案件中,R.首先向 CAS 申请仲裁国际篮联对其作出的处罚性决定。在 CAS 维持原处罚决定后,R.继续向对 CAS 仲裁庭之裁决拥有适格管辖权的瑞士联邦最高法院提起诉讼,要求撤销 CAS 仲裁裁决。法院在审理案件时,对仲裁协议形式有效性作出解释。它根据仲裁地法即 PILA 第 178 条之规定,指出仲裁协议可以是书面的、电报或者传真等能够予以确认的形式,这并不要求在当事人签署的契约性文件中一定包括仲裁条款,对于仲裁协议的有效性适用瑞士法。[②] 事实上,国际仲裁领域中,仲裁机构采取仲裁规

---

① [英]布莱克肖:《体育纠纷的调解解决——国内与国际的视野》,郭树理译,中国检察出版社 2005 年版,第 112~113 页。

② 黄世席:《奥林匹克赛事争议与仲裁》,法律出版社 2005 年版,第 22~23 页。

则,而司法机关采取本国冲突规范选择准据法的二元格局一直存在,不同的判断主体及其所采取的标准不同,这为二者的冲突埋下伏笔。尽管瑞士联邦最高法院倾向于以仲裁地法判断体育仲裁协议的形式有效性,但从其司法精神来看,仍然表现出比较明显的"支持自治"动机,在理解和解释相关问题时着眼于国际体育精神予以培育和维护。

在很多案例中,瑞士联邦最高法院虽然以仲裁地法即瑞士法判断仲裁协议的形式有效性,但瑞士法院明显地在尽可能的范围内按照自治精神来最大限度地容忍体育仲裁协议形式的独特性。在上述 R. vs. FIBA 的案件中,法院进一步根据瑞士法规定的诚实信用原则,并考虑到该争议的具体情况后认为:第一,当事人对某全球性体育组织的章程性文件的同意可以解释为接受了该文件中所含有的 CAS 仲裁条款;第二,一般地讲,可以推定的是,如果某当事人毫无保留地接受了一个全球性组织的章程文件,则表明他熟悉其中包括的仲裁条款并且同意该仲裁条款的内容;第三,还可以推定的是,一个运动员如果申请参加某体育协会举办的一般比赛或者获得比赛的许可,他应当被视为了解该体育协会的规范内容,并愿意接受这些规范的约束。[①] 通过上述判决推理,法院将其国际私法典中第 178 条关于仲裁协议形式的要求大胆而巧妙地扩展开来,用以引证和合法化 CAS 体育仲裁协议的形式。

在与此案类似的另一个案例中,原告签署了一份格式化协议,表明其应当遵守国际马术协会(International Equestrian Federation,以下简称 FEI)的有关规则,在 FEI 有关规则之中就含有 CAS 仲裁条款,但是该格式化协议并没有具体说明其中的 CAS 仲裁条款的要求。仲裁地所属法院需要解释的问题是,这样一种协议是否应当认为是概括地援引了 CAS 仲裁条款,该概括援引是否符合 PILA 第 178 条要求的形式。受理案件的瓦特州法院认为,仲裁条款的形式有效性问题必须接受仲裁地法即《瑞士联邦国际私法法》第 178 条的约束,并应根据当代大多数国家的仲裁实践,在仲裁条款的形式问题上,不需要过于严格的限制。法院据此依第 178 条第 1 款之规定,仲裁协议是以书面、电报、电传、传真或者其他能够以文字证明该仲裁协议的通讯方式订立的,即在形式上有效;根据《司法组织法》第 63 条第 2 款结合相关证据和事实可认定

---

① 黄世席:《奥林匹克赛事争议与仲裁》,法律出版社 2005 年版,第 22～23 页。

该仲裁条款形式具有有效性。[①]

（3）实体问题法律适用的法理化

在仲裁协议的内容方面，其法律适用也开始摆脱属地因素的控制，转而适用一般性法理。体育仲裁协议的内容是否合法，其中最敏感的问题是其可仲裁性问题。由于专业性或竞技性体育仲裁主题事项通常是针对体育组织作出的处罚性决定，具有行政化色彩，其可否仲裁尤其取决于准据法的择定。CAS仲裁庭和瑞士联邦最高法院等司法机关均通过判例肯定了可仲裁性问题法律适用的自治性。

在CAS仲裁的R. vs. FIBA案中，涉及对吸食违禁物质之处罚决定的可仲裁性问题。仲裁庭明确裁定："在作出裁决过程中，本庭认为大麻的使用范围应当受到限制，也认为体育管理机构有权将服用大麻的运动员驱逐出赛场。但是如果体育管理机构希望增加国家机关立法确定的制裁措施，必须采取明确的方式。然而体育管理机构并未如此行为。本庭裁定，从伦理和医学观点来看，服用违禁物质是一个社会关注的严重问题。然而CAS并不是一个刑事法院，既不能颁发也不能适用刑法。本庭必须在体育法范围内作出裁决，且不能创造从未出现过的限制或制裁措施。"[②]即按照CAS仲裁庭的意见，该仲裁协议的主题内容是否合法取决于体育法的判断，而此处的体育法更多意义上是指国际体育一般法律原则。

在Gundel vs. FEI案中，上诉人就指出，根据PILA第190条第2款的规定，鉴于争议事项具有刑事处罚性，CAS无权处理该类争议。受案法院则认为："通过建立在当事人意思自治基础上的契约来规定某一种处罚措施的做法，是能够为法律所接受的。"换言之，对于该事项的可仲裁性问题依赖于当事人间的契约，从而在法律适用上表现为高度的意思自治[③]，不受确定的法律规则之限制。

此外，按照CAS体育仲裁法律适用的一般精神看，要求摆脱地方属性构

---

① ［英］布莱克肖：《体育纠纷的调解解决——国内与国际的视野》，郭树理译，中国检察出版社2005年版，第210～212页。

② Robert C. R. Siekmann, Janwillem Soek(edn.), *Arbitral and Disciplinary Rules of International Sports Organisations*, Hague：I.M.C. Asser Press，2001，p.3.

③ ［英］布莱克肖：《体育纠纷的调解解决——国内与国际的视野》，郭树理译，中国检察出版社2005年版，第210～212页。

建全球一体化争议解决机制和全球化体育法制精神的趋势日益明显①；实体问题通过适用一般法律原则而导致全球化、程序问题通过适用仲裁地瑞士法而实现非当地化。这一趋势及其代表的法律适用精神所形成的仲裁自治化信仰，也必然延伸影响仲裁协议法律适用的规则架构和发展态势。因此，可以合理推断，随着体育法制全球化进程的推进，包括仲裁协议在内的体育仲裁法律适用必然超越任何地域性法律之限制，在全球层面形成自治的格局。

(三)地位自治

体育仲裁协议地位自治，是就仲裁协议本身与作为仲裁协议载体的体育合同或体育协会章程中其他合同或章程条款的关系而言，它有别于体育合同或协会章程其他条款而自成体系，此即为体育仲裁条款的独立性问题。国际体育法律关系当事人通常都是在相关合同文本中列示仲裁条款，而不是签订单独的体育仲裁协议。这一条款与该体育合同中的其他条款之关系如何，一直都是国际体育仲裁理论和实务界所关注的问题，究其实质，它探讨的是合同其他条款之存在及其效力是否会影响以及在何种程度上影响仲裁条款的效力。但凡坚持仲裁条款独立于合同其他条款、不因其他条款效力状态之拘束而保持超然独立之地位者，即赋予仲裁协议地位自治的属性。应当指出，体育仲裁协议本身并非当事人缔约之目的，它只是当事人之间预先采取的一种救济性制度安排，当事人甚至"希望自己永远不用援引这个值得怀疑的条款"②，而让该条款永久性地成为一种摆设。如学者所言："该条款订立于纠纷发生之前，存在于有关合同之中。同时，它又具有与该合同的其他条款不同的性质和效力，其他条款的无效，并不必然引起仲裁条款随之无效。"③仲裁协议，尤其是仲裁条款与当事人签订的其他条款存在的此种关联性是否足以将二者的命运关联为一体，其他条款因其存在或瑕疵而发生效力危机时是否足以影响仲裁协议，对此问题的不同回答形成了关于体育仲裁协议地位的两种理论。

---

① James A.R. Nafziger. Lex Sportiva and CAS. Ian S. Blackshaw, Bobert C.R.Siekmann, Janwillem Soek(eds.), *The Court of Arbitration for Sport*(1984—2004), Hague：T.M.C. Asser Press, 2006, p.409.

② Stephen A. Kaufman, Issues in International Sports Arbitration, *Boston University International Law Journal*, 1995, Fall (13), p.527.

③ 黄世席:《奥运会争议仲裁》,法律出版社 2006 年版,第 34 页。

1.主从合同论

根据合同法通理,依据不同的标准可将合同分为不同的类别。主从合同的划分就是依据合同相互间的主从关系进行的。所谓主合同,指无须依赖其他合同即可独立存在的合同;所谓从合同则指不能独立存在,而尚须依附主合同的合同。合同的这种分类,其法律意义在于:从合同以主合同存在为前提;主合同消灭,从合同也将随之消灭。[①] 持此论者认为,仲裁条款是含有该条款的主合同的不可分割的一部分,是该主合同的从合同。主合同无效,合同中的仲裁条款作为从合同当然也无效。英国曾流行这一理论。无论是主合同,还是作为从合同的仲裁条款,当对其最初存在或有效性产生争议时,以及对主合同最初缔结时有效,后因不法性导致无效而产生的争议,均主张由法院解决,而不能交由仲裁庭解决。[②] 具体到 CAS 仲裁条款之存在形态而言,它在形式上并非单独存在,而多由体育组织的章程性规范予以援引。《奥林匹克宪章》第 74 条即此种表现形式。此类援引是将 CAS 仲裁条款列作为章程规范中的某一条款,竞技运动员在加入体育协会或者参加奥林匹克运动会时并不会单独就该 CAS 条款进行签署,而是对包括该仲裁条款在内的全部条款进行签署或者整体接受。这就产生了 CAS 仲裁条款是否与其他条款区分开来单独处理其效力的问题。主从合同论的观点即认为,CAS 仲裁条款是从属于此类章程的从合同,其他条款导致的章程性规范无效,则 CAS 仲裁条款也将无效。

主从合同论的缺陷在于否认 CAS 仲裁条款的独立性,主张 CAS 仲裁条款因主合同的失效而失效,这显然违背了体育仲裁的价值取向,也与当代国际体育仲裁实践相背离。这种传统观点在许多国家越来越多地受到批评。无论合同或章程性规范无效的原因如何,当事人将体育争议提交 CAS 仲裁的意愿是真实且一贯存在的;而且在仲裁过程中,一旦争议涉及合同或章程规范无效的问题,根据传统观点,CAS 仲裁条款的有效性便成为疑问,仲裁机构的管辖权也将受到挑战,但仲裁机构在这种情况下放弃管辖权无论是对当事人还是仲裁庭来说都是不合理的。[③] 在某种意义上,CAS 仲裁条款的有效运作正是以主合同的无效或不存在为前提的,此种"连锁"关系深刻揭示了 CAS 仲裁条

---

① 彭万林等:《民法学》,中国政法大学出版社 1999 年版,第 619 页。

② 韩健:《现代国际商事仲裁法的理论与实践》,法律出版社 2000 年版,第 100 页。

③ 赵威等:《国际仲裁法理论与实务》,中国政法大学出版社 1995 年版,第 126 页。

款与其载体之间并非一种简单的主从关系,而带着平行且背反的对生关系。[①] 展言之,体育仲裁协议效力的现实发挥必须以其所立足的合同、参赛报名表或章程中的其他条款出现问题为前提。以奥运会仲裁为例,IOC 与参赛国及参赛运动员之间的 CAS 仲裁条款主要是以《奥林匹克宪章》中的第 74 条表现出来的,当该宪章其他条款所指向的事项发生争议,不论该争议是涉及其他条款的存在性问题,还是效力问题,它并不影响第 74 条 CAS 仲裁条款的存在性与效力,而应首先推定其存在且有效,再由 CAS 仲裁庭通过自裁管辖权的行使来判断其存在性与效力。此种做法即在《奥林匹克宪章》第 74 条与其他条款之间维持了一种区别对待的做法,在二者之间插入了一道防火墙以此隔开其他条款可能存在的瑕疵对第 74 条产生的干扰。但这并不意味着要完全区分开第 74 条与宪章其他条款的关系,如果真是要维持二者之间的此种隔绝关系,则第 74 条之设立就完全失去了存在的价值。换言之,第 74 条更类似于一种具有免疫力的监护性条款,它在豁免于其他条款的消极干扰的前提下能够积极地发挥其功效以解决这些条款可能出现的危机。因此,在此意义上而言,宪章第 74 条与其他条款之关系就既不是主从关系,也不是毫无关系,而是平行且背反的对生关系。

2.自治论

仲裁协议的自治理论是建立在对传统观点的反思和尊重仲裁实务发展的需要之基础上的。国际体育仲裁参与者希望他们之间的国际体育纠纷按照他们事先预定的 CAS 仲裁程序予以消解,无论他们对于其他条款的合意是否足以构成有效的约定,至少当事人达成的 CAS 仲裁合意是真诚的。根据私法领域的意思自治原则,仲裁协议的地位应当不同于其他条款,并与它们效力无涉,形式上的连带关系不能转化为效力上的连带性。仲裁协议自治论代表了当今国际体育仲裁发展的方向,"仲裁协议被认为是独立于包含它的合同的。这种仲裁条款的自主权或可分性是国际仲裁一个观念上的奠基石"[②]。事实上,赋予仲裁协议以独立的地位和自主的权利不仅是当事人意思自治精神的体现,也是仲裁协议自我实现的需要,它还是仲裁效率价值得以发挥的根据,

---

① 刘想树、张春良:《关于仲裁条款独立性的两个问题》,载《西南政法大学学报》2001年第 16(6)期。

② W.Laurence Craig, William W.Park & Jan Paulsson, *International Chamber of Commerce Arbitration*, New York: Ocean Pub., Inc./Dobbs Ferry, 2000, p.368.

从而构成整个仲裁制度的基石。① 斯蒂芬·西魏博（Stephen Schwebel）在考察国际仲裁的立法和实践之后得出这样的结论②：第一，这一理论是可靠的；第二，实际上，该原则得到了包括国际公法、国际仲裁及国内仲裁等方面的仲裁惯例、规则以及法院判例的明示和暗示的支持；第三，对该原则的学术上的支持是广泛且显著的。仲裁协议地位的自治赋予它以无因的属性，无因原则可以有效维护法律交往的方便性和安全性③，基于这一原则，CAS仲裁条款一经成立生效便独立于基础合同之外，而无论基础合同之情况如何，它将仲裁条款自治理论提升到更远、更高的程度。在CAS业已仲裁的一些判例中表明，即便CAS仲裁条款所立足的基础文件不存在或在未经签署的情况下，也不影响该仲裁条款的存在与效力，而可据之首先启动CAS仲裁程序，2002年由CAS仲裁庭所管辖并裁决的Bassani-Antivari一案就说明了CAS仲裁条款的此种自治地位。

在该案中，申请人是一位23岁的格林纳达（Grenada）国民，她自1998年即开始代表该国参加国际滑雪竞赛，且都是在格林纳达国际体育基金会（Grenada International Sports Foundation，以下简称GISF）的赞助下参与比赛。在2001年8月，GISF向格林纳达国家奥委会（Grenada Olympic Association，以下简称GOA）提交了申请人参加盐湖城冬奥会所需资料，但GOA并未将参赛报名表提交给冬奥会组委会，且在同年9月通知组委会该国将不参加此次竞赛。GOA在次年1月通告GISF，GOA无权禁止申请人参与比赛，因为GISF在组织关系上并不隶属于GOA。申请人为解决参赛资格问题而从其朋友处得到了一份参赛报名表，填写完毕后直接提交给了盐湖城冬奥会组委会。但当申请人于冬奥会开幕式赶赴参赛地点之日，IOC通知并裁定她不能参赛，因为该参赛报名表未经GOA签署。申请人不服该裁定而向CAS奥运会特设分庭提起仲裁申请，CAS奥运会特设仲裁分庭主席指定了三名仲裁员组成合

---

① 刘想树：《仲裁条款的独立性问题》，载《现代法学》2002年第24（3）期。

② Stephen Schwebel, The Severability of the Arbitration Agreement, *International Arbitration*, 1987, (1): 60.

③ ［德］迪特尔·梅迪库斯：《德国民法总论》，邵建东译，法律出版社2000年版，第176～178页。

议制仲裁庭受理了案件。①

　　该案中 CAS 仲裁条款存在于其基础合同即参赛报名表之中,按照 IOC 的规范,参赛报名表必须要由参赛国的国家奥委会签署方为有效,因此,该案中的参赛报名表由于未得 GOA 之签署而并不产生法律效力。但这并不影响报名表中 CAS 仲裁条款的存在和有效性,正因为此,CAS 仲裁庭才得以成立。从传统主从合同论的立场看,只要作为基础合同的主合同即参赛报名表无效,其所载的、作为从合同的 CAS 仲裁条款也就当然无效。在 CAS 仲裁条款无效的情况下,CAS 奥运会特设分庭就不能受理案件,也不能组建仲裁庭进行仲裁。CAS 特设分庭的做法显然并没有采取此种立场,而是采取了 CAS 仲裁条款地位自治的观点,将该仲裁条款之存在及其效力与作为其存在基础的参赛报名表之存在与效力区分开来,区别对待,赋予 CAS 仲裁条款以自治性。这种实践使 CAS 仲裁条款与其他条款之间表现出一种无因性,即无彼此因果关联性。但如果强调仲裁协议的无因性则似乎走得过远。首先,它虽然强调了 CAS 仲裁条款的独立性,却割裂了 CAS 仲裁条款与基础合同的联系,没有看到两者之间的制约关系,即 CAS 仲裁条款发挥作用的前提是基础合同的运行发生了障碍。换言之,CAS 仲裁条款之于基础合同并非"无因",而是"生死攸关"的互异程序。此学说与主从合同论犯了同样的逻辑错误,都在强调某一方面的同时,漠视或牺牲了事物的另一面。其次,根据无因原则理论,"如原因行为有瑕疵,则在原因行为当事人之间的关系上,无因原则并不能产生取得人虽无有效的原因行为也能保留其所取得权利之后果"②。这句话放在 CAS 仲裁条款与基础合同关系中去理解,就是指基础合同若存在瑕疵,如不存在或者欺诈等,则 CAS 仲裁条款的当事人(同时也是基础合同当事人)不能依无因原则保持该仲裁条款的有效性。其得出的结果有悖于创造此论的初衷。因此,无因性在诸如合同的转让与承受,代位权的行使等方面可发挥其应有的价值。但在基础合同关系当事人之间却有着致命的先天痼疾。为此,应当采取一种附条件的自治理论来定位和理解国际体育仲裁协议的自治地位。

---

　　① See Arbitration CAS ad hoc Division(OWG Salt Lake City 2002) 003, Bassani-Antivari / International Olympic Committee(IOC), award of 12 February, 2002, pp.585-587.

　　② [德]迪特尔·梅迪库斯:《德国民法总论》,邵建东译,法律出版社 2000 年版,第 176～178 页。

（四）结语

CAS的仲裁立法与实践对该原则的千锤百炼使国际体育仲裁协议的自治性再难受到挑战,迄今没有一例纠纷当事人或者司法机关质疑或者否定过体育仲裁协议的自治性。当然,这与体育仲裁协议的存在形式和特征密切相关。在商事仲裁领域中,仲裁协议独立性问题相对突出,这是因为商事仲裁协议形式上的依附性,以及仲裁协议依附的基础合同经常面临无效、失效状态。而在国际体育仲裁领域,仲裁协议几乎都是载于各体育协会章程中的制度化格式条款,此类制度化格式条款所依附和针对的母体即体育协会章程等是不可能如同商事合同一样处于无效或者失效的状态,这一特征弱化了体育仲裁协议独立性的需要。弱化并不等于排除,相反,必须揭示并承认国际体育仲裁协议的独立性地位,并且不仅在体育组织章程背景之中去考察并维护其中的仲裁条款之自治性,更具实践意义的是,应当在国际奥林匹克宪章的背景之中去考察并维持其中的CAS仲裁条款之自治性。只有肯认CAS仲裁条款的自治性,才能最大限度地从各国的地域性司法管辖权之争夺中解放并巩固CAS的管辖权之适格性,进而最大限度地发挥CAS仲裁机制排解纠纷、建构国际体育清明秩序之功效。在此意义上可认为,体育仲裁协议的自治性是解放CAS生产力的前提和保障。

三、CAS竞技争议可仲裁性

可仲裁性是法定与约定之间的临界点,唯具可仲裁性的争议事项方能提交仲裁合法解决。可仲裁性主要是指客体可仲裁性,由此延伸出的主体可仲裁性是其辅助判断标准。客体可仲裁性表现为彼此包容的应然态、法然态和实然态三种形式。竞技体育争议是非平等者之间的具有纪律处罚性的争议,依仲裁法理不具可仲裁性。CAS仲裁规则及其实践承认了"与体育相关"的具有"纪律处罚性"的竞技体育争议的可仲裁性。这不是对传统仲裁理念的违背,而是因应体育个性进行的仲裁理念之革新。①

---

① 本部分是在《论竞技体育争议之可仲裁性——立足CAS仲裁规则及其实践之考察》一文的基础之上经调整而成,该文发表在《武汉体育学院学报》2011年第10期。特此说明,并致谢忱!

(一)可仲裁性之界定

无论国际商事仲裁还是国际体育仲裁,它们在本质上皆为公权力和私权利的结合,最集中体现仲裁这一属性的方面即为争议事项的可仲裁性问题,它反映了公权与私权之间的博弈,是"在各国公共政策所容许的范围内通过仲裁解决争议的界限"①。在司法与仲裁实践中,可仲裁性问题还常与仲裁庭的管辖权混淆在一起②,尽管逻辑上二者互为前提,但是可仲裁性仅仅限于法律对仲裁范围的设限,与仲裁庭的管辖权问题显属两类不同范畴。

可仲裁性问题具有层次性,最典型的分层法是将可仲裁性划分为主体可仲裁性(subjective arbitrability)和客体可仲裁性(objective arbitrability)③。主体可仲裁性涉及主体要素是否具备提交仲裁解决争议的适格问题,又称属人理由的可仲裁性(arbitrability ratione personae),它尤其关注特定的主体,诸如国家奥委会、地方权力机关或其他公共机构因其地位或功能是否具备申请仲裁的主体资格;客体可仲裁性涉及仲裁争议事项能否以仲裁的方式予以消解,又称属物理由的可仲裁性(arbitrability ratione materiae)④。

一般意义上的可仲裁性问题仅指客体可仲裁性,即仲裁争议事项的可仲裁性,它关涉的是争议事项作为仲裁主题在法律上的适格问题。主体可仲裁性是对客体可仲裁性的延伸分析,因为从严格的逻辑上讲,国际体育仲裁能否进展关键取决于各国立法对争议事项的确认与限制,作为仲裁主体要素的当事人只要具备辨别是非、理智而清醒的判断能力即可。换言之,只要当事人签订的仲裁协议是出于自身的理性欲求,是两个自由意志的偕同,是主体自己为自己立法的真实结果,则他们的地位、功能、状态通常不在考虑之列,侧重考虑

① Alan Redfern, Martin Hunter, *Law and Practice of International Commercial Arbitration*, London: Sweet & Maxwell, 1991, p.137.

② First Options of Chicago. Inc. vs. Kaplan, 1995. 514 U.S. 958. W.Laurence Craig, William W.Park and Jan Paulsson, *International Chamber of Commerce Arbitration*, New York: Oceana Publications, 2000, p.60.

③ 赵秀文:《国际商事仲裁及其适用法律研究》,北京大学出版社 2002 年版,第 61～72 页。

④ Philippe Fouchard, Emmanuel Gaillard and Berthold Goldman. Fouchard, Gaillard, Goldman on International Commercial Arbitration, Beijing: CITIC Publishing House, 2004, pp.312-313.

的则是他们之间的争议是否具有商事或体育方面的可仲裁性。

　　鉴于国际仲裁实践中,判断某一争议是否具有商事性或体育性并非易事,因此需要引申出一些辅助判断标准,在这一逻辑进程中,主体的地位和功能成为判断客体性质的辅助线,从而形成主体可仲裁性问题。主体可仲裁性是客体可仲裁性的延伸评价指标,它的功能在于,在错综复杂的仲裁实践中辅助判断客体属性;主体可仲裁性功能的发挥及其存在应归结和立足于客体可仲裁性,在仲裁实践的具体操作中必须为客体可仲裁性进行立体综合的评价,而不得独立自为。在这一意义上,有学者将主体可仲裁性和客体可仲裁性还原为当事人的仲裁适格性(parties capable of arbitration)和争议的仲裁适格性(disputes capable of arbitration)①,二者是同一问题的两面。下文将立足于客体可仲裁性对竞技体育争议的可仲裁性问题进行专题考察。

　　(二)竞技体育争议的可仲裁性

　　对于国际体育争议的可仲裁性问题,笔者倾向于将其理解为三个层次,即应然态可仲裁性、法然态可仲裁性以及实然态可仲裁性。

　　1.应然态可仲裁性

　　应然态可仲裁性,是指从伦理和道德的深层出发,能够提交仲裁化解争议的当然适格性。它脱离国别体育伦理个性,直指为各国所公认的、可通过仲裁方式予以解决的资格或能力。它构成法然态和实然态可仲裁性标准的标准,是批判和指引后两者更替和变革的超越性指标,它表征的是体育仲裁争议事项的理想设定。

　　2.法然态可仲裁性

　　法然态可仲裁性,是指各国立法、条例、国际条约通过肯定或否定、直接或间接的方式容许当事人提交仲裁的体育争议事项,它是一般意义上的可仲裁性概念。法然态可仲裁性是公意与私意叠合的产物,它是在应然态可仲裁性基础上根据各立法者的意志作出的保守调整,是附加国别或地区的现实考虑后对应然态可仲裁性进行的实证修正。它同时也为体育争议当事人圈定了仲裁自治的具体界限,在法然态可仲裁性框架内当事人之间的实然态可仲裁性得以可能。法然态可仲裁性是衔接理想与现实的过渡环节。在国际体育仲裁

---

　　①　Mauro Rubino-Sammartano, *International Arbitration Law and Practice*, Beijing:CITIC Publishing House,2004,pp.171-269.

实践中,法然态可仲裁性主要体现在体育领域最具影响和威望的《奥林匹克宪章》第74条之中,同时CAS仲裁规则也对仲裁争议事项的范围问题作出概略的指示。《奥林匹克宪章》第74条对仲裁主题范围作出正面但宽泛的界定,对比CAS仲裁规则相关规定可看出,后者在仲裁争议事项的范围上比《奥林匹克宪章》之规定更为确切。在ICAS/CAS《与体育相关的仲裁法典》第1条、第27条、第47条所构成的规则体系中,体育仲裁的争议事项范围被大致勘定,它们构成理解国际体育界法然态可仲裁性的必要参考。

3.实然态可仲裁性

实然态可仲裁性,是指体育争议当事人在纠纷产生前后实际约定提交仲裁的争议事项,也就是当事人通过仲裁协议或仲裁条款所具体约定提交仲裁解决的具体问题。它不能逾越法然态可仲裁性范围,后者构成了前者的极限。由于仲裁本身作为一种自治性救济制度,将哪些争议或争议的哪些方面提交仲裁均完全由当事人自主决定,当事人实际约定的仲裁争议事项也就构成仲裁庭行使管辖权的范围,任何逾越仲裁争议事项、擅自扩大仲裁范围的仲裁裁决将引起各国立法和司法的否定性评价。此种否定性评价在国际上常存两种做法:一是明确规定,撤销整个裁决中超越管辖权的那一部分,其余部分有效;二是未作明确规定,法院可自由裁量撤销整个仲裁裁决或者撤销部分仲裁裁决。① 由于瑞士联邦法院作为最具权威的、受理质疑和挑战CAS仲裁裁决的管辖法院,它在评价CAS裁决合法性时所适用的PILA立法态度如何,将左右着CAS裁决的命运,因此有必要进一步考察该法相关内容。PILA第190条规定,裁决超出提交仲裁的请求范围,可请求法院撤销该裁决。该规定明确了仲裁庭在仲裁案件时的可仲裁范围,以及超越实然态可仲裁性时的法律后果。我国《民事诉讼法》第260条第1款也规定:"裁决的事项不属于仲裁协议的范围或者仲裁机构无权仲裁的",当事人可请求法院裁定不予执行。

由是观之,体育争议的可仲裁性递进性地包括应然态(A)、法然态(B)及实然态(C)三个维度,三者的关系应为(A≥B≥C)。应然态可仲裁性立足体育仲裁之本质对可仲裁的争议事项作了最宽泛的圈定;各国立法或判例在此基础之上考虑本国特殊处境而对可仲裁的争议事项作了国别限制,形成具体的立法规定或司法判例;在法然态可仲裁性标准内,当事人在仲裁协议或条款

---

① 刘想树:《中国涉外仲裁裁决制度与学理研究》,法律出版社2001年版,第205~206页。

中所确定的争议事项即为实然态可仲裁性。对受理体育争议的仲裁庭而言，它们必须从两方面考察争议事项的可仲裁性以决定仲裁协议是否有效、仲裁管辖是否合法：一方面，应确保该争议事项具有实然态可仲裁性，即所受理体育争议属于当事人约定提交的范围；另一方面，应确保该争议事项具有法然态可仲裁性，即便该争议属于当事人约定提交的范围，也必须遵守所适用的法律所限定的范围。应然态可仲裁性一般不需要在具体仲裁实践中进行考虑，只是在仲裁裁决的域外承认与执行过程中才有可能对之进行考察，也就是说，应然态可仲裁性并不影响体育仲裁的具体进行，而只是影响体育仲裁裁决的承认与执行。

（三）可仲裁的竞技体育争议之特征

体育仲裁实践中据以评价体育仲裁协议是否有效的标准是法然态可仲裁性，它须得满足两个特征，即与体育相关（sports-related），并且具有处罚性（disciplinary）。第一个特征标识出体育争议有别于商事争议的个性，第二个特征则标识着竞技体育争议有别于一般商事性体育争议的个性。一般的商事争议及商事性体育争议之可仲裁性限于平等者之间的争议，唯有竞技体育争议的可仲裁性才要求其仲裁对象具有非平等者之间的处罚属性。

1.相关规范

对体育仲裁争议事项可仲裁性两个要件的理解需着眼于对以《奥林匹克宪章》为核心的规范体系的整体解读。《奥林匹克宪章》是国际体育领域的基础性文件，它的精神和内容是理解和解决一切问题的阿基米德点。根据《奥林匹克宪章》第74条的规定，CAS受理并展开仲裁必须依据ICAS/CAS之《与体育相关的仲裁法典》，该法典第1条明确规定：为通过仲裁解决与体育相关的争议，由此设立ICAS和CAS两个机构，此类争议尤其包括反兴奋剂纠纷。法典第27条和第47条进一步对此类争议作出界定。

第27条规定：一旦当事人同意将与体育相关的争议提交CAS仲裁，该法典的程序规则应予适用。此类争议包括两类：一是产生于含有仲裁条款的合同或产生于事后仲裁协议确定的事项之争议；二是在各体育协会、联合会或体育机构立法或规章许可的情况下，或在特定上诉仲裁协议有约定的情况下，针对上述机构内部所属纪律机构（disciplinary tribunals）或类似机构作出之决定而提起的上诉争议。第47条有关上诉仲裁的规定基本上重复了第27条的内容："只要体育协会、联合会或体育机构立法或规章许可，当事人一方可对上述机构所属纪律处罚庭或类似机构的决定提起上诉,或者在缔结了特定仲裁协议情形下,当事人一方根据上述机构之立法或规章穷尽法律救济后可提起上诉。"

可见,对可仲裁的竞技体育争议事项的界定是由三级规范构成的:《奥林匹克宪章》+《与体育相关的仲裁法典》+各体育协会之章程。具体言之,第一级是《奥林匹克宪章》的总括性规定,该规定在性质上属于一个转致条款,其本身对于仲裁争议事项的可仲裁性并未明示,而是借助对《与体育相关的仲裁法典》之指引来充实和完成,后者则构成判断可仲裁体育争议事项的第二级规范。在法典上述三条款中,可提交 CAS 上诉仲裁的主题得到初步明确,即必须"与体育相关",并且是"针对纪律处罚庭或类似机构作出的处罚性决定"。但对于纪律处罚庭或类似机构作出的处罚决定之范围与界限,法典没有,也不可能作出完整界定。为弥补这一不足,法典也借助了转致艺术,即能够上诉到 CAS 的体育类处罚性决定之性质和种类,取决于受仲裁条款或特定仲裁协议约束的体育协会、联合会或体育机构的章程或《奥林匹克宪章》之规定。因此,对体育仲裁争议事项可仲裁性的判断进一步延伸并被泛化到各奥运类或受特定仲裁协议拘束的非奥运类体育机构之立法或规章中,并构成界定可仲裁竞技体育争议的第三级规范。

这三级规范体系采取层层递进的演绎方法,一方面,保证了范围界定的严谨和圆融,消除了体系内可能存在的重叠与空白;另一方面,它维持了可仲裁竞技体育争议事项的动态和开放,各体育机构可对自身纪律处罚决定的类型予以动态调整。尽管争议事项可仲裁性之界定流于宽泛,但我们仍然能够结合国内、国际规范以及仲裁实践对"与体育相关的处罚性决定"进行深度考察。

2.与体育相关(sports-related)

体育界对体育纠纷的认识仍然处于探索之中。有观点认为,体育纠纷是因从事体育活动的主体之间的利益分配、权利义务争议而引起的一种紧张的社会关系,更具体地说,它是在体育活动中以及解决与体育相关的各种事务中,各种体育活动主体之间发生的,以体育权利义务为内容的社会纠纷。[①] 该观点是一种广义的概念,包括但不限于竞技性体育争议。在奥林匹克赛事领域,权威的官方文献对体育纠纷最精确的界定是 ICAS/CAS《与体育相关的仲

---

① 郭树理:《体育纠纷的多元化救济机制探讨——比较法与国际法的视野》,法律出版社 2004 年版,第 47 页。

裁法典》第 27 条第 2 款的规定,该款指出:"此类纠纷涉及与体育相关的原则性问题,或者涉及影响体育,以及一般地关系或关联于体育之任何活动的实践或发展的金钱或其他利益问题。"相对于《奥林匹克宪章》"与体育有关"的抽象规定,法典的阐述表达了它对这一概念具体化所进行的力所能及的努力,它将体育纠纷分解为三类主题,即与体育相关之原则性问题(principles matter)、金钱问题(pecuniary matter)和其他相关的利益问题(interests matter)。但与其说法典明确化了体育纠纷的内涵,毋宁说它打开了一个潘多拉魔盒,它用本身亟待具体化的、同样抽象的概念在堆砌着一个循环界定,即"sports-related"就是"sport and activity related or connected to sport"。

应当注意到,尽管奥林匹克规范体系以及 ICAS 仲裁法典对体育纠纷的具体类型并未明示,但都毫无例外地特别强调了体育领域中反兴奋剂问题属于可仲裁的竞技体育争议。体育运动,尤其是竞技体育运动本身就富含竞争性、对抗性,运动员或参赛团体为了追求功名利禄,或为了超越极限、刷新纪录等原因而服用兴奋剂药物,从而根本摧毁奥林匹克"为世界人民带来和平并造福人类的理想"[1]。兴奋剂问题在国际体育领域泛滥成灾并非危言耸听,有观点甚至认为"奥运会是兴奋剂和腐败的组合"[2]。

兴奋剂服用问题很可能牵涉各国刑事立法问题。希腊、法国等国家法律就如此[3],我国刑法将服用特定类型兴奋剂药物作为一般违法行为,尚未列入刑事犯罪的范畴。无论何种定位,都将影响此类争议的可仲裁性,因为具有可仲裁性的事项必然具有一定程度的可自由处分性,而刑事问题和违法问题不具有此种特质,因而存在可仲裁性的危机。然而仲裁实践却无可置疑地确认了兴奋剂问题作为竞技体育仲裁主题的适格性,CAS 通过仲裁裁决明确认定:"运动员与体育协会之间的法律关系具有民事性质,不存在刑法适用的空间。对于'疑罪从无'(in dubio pro reo)原则、罪刑法定原则(nulla poena

---

① C. Christine Ansley, International Athletic Dispute Resolution: Tarnishing the Olympic Dream, *Arizona Journal of International and Comparative Law*, 1995 (12), p.277.

② Richard McLaren, International Sports Law Perspective: the CAS Ad Hoc Division at the Athens Olympic Games, *Marquette Sports Law Review*, 2004, (15), p.175.

③ 黄世席:《奥林匹克赛事争议与仲裁》,法律出版社 2005 年版,第 81 页。

sine lege)和……无罪推定(presumption of innocence)规则而言尤其如此。"①在另外一个仲裁案件里面,仲裁员对运动员服用大麻的行为进行了评价,并对自身的权力作出限定:"仲裁庭认为,从伦理和医学角度而言,服用大麻是社会严重关注的问题,然而,CAS 并不是一个刑事法院,它不颁布也不适用刑法规范。本庭必须在体育法的关系范围内作出裁决,并且不会作出从未有过的制裁或处罚。"②仲裁庭的意见清晰地传递出如下信息,即仲裁庭保持自己的独立判断,兴奋剂问题尽管可能关涉刑事立法,但仲裁庭有权在体育关系限度内作出裁决,它具有体育法上的可仲裁性。

CAS 的仲裁实践以及相关规范体系对反兴奋剂问题的态度促使更多类似案件提交 CAS 裁决,以至于"在国际体育运动领域因使用兴奋剂而引起的争议是国际体育仲裁院仲裁的争议中最主要的类型。……兴奋剂争议变成了国际体育仲裁院上诉仲裁分院和奥运会特别仲裁分院仲裁的主要争议"③。以 2000 年悉尼奥运会与 2004 年雅典奥运会为例进行纵向量化比较,可以统计得出兴奋剂的发展态势及其在体育仲裁主题范围中的权重。2000 年悉尼奥运会 CAS 特设分庭审理的 15 个案件中,涉及兴奋剂的案件有 4 个④,约占26.67%;在 2004 年雅典奥运会中,兴奋剂问题一跃成为 CAS 特设分庭的三大主题,"雅典奥运会产生了空前规模的兴奋剂案件。在以往的夏季与冬季奥运会中,运动员曾被发现使用禁止药物,但与雅典奥运会的结果却无法相比。在奥运村开放与闭幕式结束的期间内,有超过 20 名选手被指控兴奋剂犯罪。这导致相关运动员被剥夺了 3 枚金牌、1 枚银牌与 3 枚铜牌。其他兴奋剂违规团体获得奖牌的运动员,受到了取消比赛结果并禁止参加奥运会的处

---

① Arbitration CAS 2000/A/317, A./Federation Internationale des Luttes Associees (FILA), award of 9 July 2001. in Digest of CAS Awards Ⅲ(2001—2003). Edited by Matthieu Reeb, Estelle du La Rochefouchauld, Hague: Kluwer Law International, 2004, p.159.

② Gabielle Kaufmann-Kohler, *Arbitration at the Olympics: Issues of Fast-track Dispute Resolution and Sports Law*, New York: Kluwer Law International, 2001, p.101.

③ 黄世席:《奥林匹克赛事争议与仲裁》,法律出版社 2005 年版,第 81 页。

④ Gabielle Kaufmann-Kohler, *Arbitration at the Olympics: Issues of Fast-track Dispute Resolution and Sports Law*, New York: Kluwer Law International, 2001, p.101.

罚"①。兴奋剂控制与消除问题必将成为全球体育领域共同攻关的难题,也将是 CAS 等机构进行体育仲裁的重大主题。尽管它同时也构成某些国家刑法打击的对象,但由于其"与体育相关"的属性而具有当然的可仲裁性,这是竞技体育仲裁对传统仲裁的突破和发展。

　　3.处罚性(disciplinary)

　　作为与国际民商事仲裁事项截然对立的一个特征,国际竞技性体育争议属于更具行政性质的处罚性决定,其结果直接导致仲裁庭在法律适用上的行政化,即合同法规则较少得到适用,行政法的基本思维和规则渗透到竞技体育仲裁之中。CAS 在 2002 年的一个裁决中就认为,作为被申请人的国际泳联违背了行政法领域的比例原则,罚责不当,应予衡平。② 竞技体育争议的行政性表现为其处理结果的处罚性,对此应作如下反面排除。

　　(1)平等关系排除

　　平等主体之间的关系即为民商事关系。民商事纠纷是平等主体之间的私益对抗,根据"平等者之间无管辖权"原则,当事人任何一方无权命令和制裁另一方。此类纠纷不具处罚性,它一般地属于国际商事仲裁的主题范畴,而根据《与体育有关的仲裁法典》第 47 条的规定,能够作为 CAS 上诉仲裁事项的是由体育协会内部所属纪律处罚庭或类似机构作出的决定。正如学者所言:"在与体育实践直接相关的争议中——排除产生于与体育相关的商事合同的争议——适用的一般原则并非源于国际商事仲裁中的合同法,而是更多地建立在刑法或行政法的基础之上。"因此,"公法和刑法原则(如罪刑法定、处罚的比例性、行政事务中的善意原则、规范文本解释原则),而不是与国际合同法相关的原则(如当事人自治、有约必守、善意、当事人的正当期望)在奥运会特设分

---

　　①　Richard McLaren, International Sports Law Perspective: the CAS Ad Hoc Division at the Athens Olympic Games, *Marquette Sports Law Review*, 2004 (15), p.175.

　　②　Arbitration CAS 2001/A/337, B./Federation Internationale de Natation (FINA), award of 22March 2002. Arbitration CAS 2000/A/317, A. / Federation Internationale des Luttes Associees (FILA), award of 9 July 2001. in Digest of CAS Awards Ⅲ (2001—2003). Edited by Matthieu Reeb, Estelle du La Rochefouchauld, Hague: Kluwer Law International, 2004, pp.206-225.

庭仲裁中发挥作用"①。

(2)技术规则排除

为防止过度涉入竞技体育从而影响竞赛进程中裁判员的独立地位和判断能力,并防止仲裁员僭越其职能而质变为赛事裁判,CAS 为自己颁定了一条法则,即涉及技术规则运用的"赛场裁决"(field of play decision)不在仲裁庭管辖和审理之列;此外,技术规则的运用方式则不能豁免于仲裁庭的审查监督。由此,CAS 仲裁庭作为"裁判的裁判"明确了自身有所为和有所不为的界限,它在维护赛事裁判独立性及在必要的时候予以介入二者之间设定了完善和成熟的平衡,使自身不致被纠缠于在理解和运用竞技规则上的技术性和专业性难题,而能在适当的距离和位置上从容和客观地评价赛事裁判运用技术规则的方式是否背离正义精神。在理解"技术规则排除"此一准则时应把握如下要点。

其一,"赛场裁决"是竞技规则的典型运用,因此不具有体育法上的可仲裁性。在加拿大某运动员诉国际赛艇联合会(International Rowing Federation,以下简称 FISA)案中,该案涉及对"赛场裁决"的界定,从而确定案件是否具有可仲裁性。加拿大选手就其因在半决赛中妨碍相邻航线的南非赛船而被罚出决赛,该项处罚意味着加拿大选手将不能参加该赛事中的任何后续比赛,其不服该裁判决定而上诉至 FISA 执行委员会。在执行委员会维持了原裁定之后,加拿大选手将争议提交到 CAS 特设仲裁庭。

加拿大选手需要证明的第一个问题就是该案所针对的事项非属"赛场裁决",以此证明其争议具有可仲裁性。加拿大选手认为,上诉事项并非赛场裁定,而是执行委员会的裁定。CAS 特设分庭认为,执行委员会适用规则正确,它在制裁方面享有广泛的裁量权力,且该裁定属于依其规则所赋予的权力范围。特设分庭指出,仅在委员会专横行动或越权的情况下,它才可以依据裁量权审查该裁定;执行委员会在本案中运用规则并无错误,仲裁员因此不得再次管辖并评审理定。

本案的意义在于它强调了所有 CAS 仲裁中的两个重要原则:一是不干涉裁判的裁定。裁判在赛场上是最有资格也是最有权力作出赛场裁定的人士,

---

① Gabielle Kaufmann-Kohler, *Arbitration at the Olympics: Issues of Fast-track Dispute Resolution and Sports Law*, New York: Kluwer Law International, 2001, pp.100-101, 108.

仲裁员仅应在裁判违背诚信裁决的前提下才进行干涉。二是仲裁员不应仅为了其自身所认为的公正结果,而依裁量权推翻一项裁判的裁定。仲裁员仅在该裁定是武断作出,或超越权限的情况下,方能审查赛场裁判所作出的裁定。在这两类案件中,主张裁定不当的人将承担举证责任①。

与此案类似,在CAS特设分庭裁决的另一个案件中②,朝鲜国家奥委会诉国际滑雪联合会,认为后者所属纪律委员会剥夺朝鲜滑雪运动员参赛资格的决定应予撤销,因为主裁Hewish的裁决受公众压力的不当影响是"有违公认的社会规则且专断的"。CAS特设分庭在审理案件过程中重申了以下两点:第一,CAS仲裁庭对于公断人、裁判员或其他官员在竞技场上作出的"赛场"裁决不作审查。这些公断人、裁判员或官员有权力适用特定的比赛规范或规则。第二,仅在有证据——通常为直接证据——证明恶意的情况下,仲裁庭才得审查赛场裁决,在此情况下,例如"随意""违反职责",或者"不良意图"等任一用语都意味着存在某种对特定参赛团队或参赛者的偏向或歧视③。

其二,技术规则或竞技规则的运用不具有可仲裁性,但此类规则运用方式上的瑕疵,诸如腐败等恶意(bad faith),或被恶意适用(malice),或被专断或违法适用(arbitrary or illegal)④,则具有可仲裁性。较早确立这一准则的典型案

---

① Richard McLaren, International Sports Law Perspective: the CAS Ad Hoc Division at the Athens Olympic Games, *Marquette Sports Law Review*, 2004, (15), p.175.

② Arbitration CAS ad hoc Division (OWG Salt Lake City 2002) 007, Korean Olympic Committee(KOC)/International Skating Union(ISU), award of 23 February 2002. Arbitration CAS 2000/A/317, A. / Federation Internationale des Luttes Associees (FILA), award of 9 July 2001. in Digest of CAS Awards Ⅲ (2001—2003). Edited by Matthieu Reeb, Estelle du La Rochefouchauld, Hague: Kluwer Law International, 2004, pp.611-616.

③ Arbitration CAS ad hoc Division (OWG Salt Lake City 2002) 007, Korean Olympic Committee(KOC)/International Skating Union(ISU), award of 23 February 2002. Arbitration CAS 2000/A/317, A. / Federation Internationale des Luttes Associees (FILA), award of 9 July 2001. in Digest of CAS Awards Ⅲ (2001—2003). Edited by Matthieu Reeb, Estelle du La Rochefouchauld, Hague: Kluwer Law International, 2004, pp.611-616.

④ Bernardo Segura vs. International Amateur Athletic Federation, reported in CAS Awards-Sydney 2000, p.131.

件当数 Mendy vs. AIBA[①] 案[②]。该案发生在 1996 年 7 月亚特兰大奥运会期间,法国拳击运动员 Christophe Mendy 不服国际业余拳击协会的处罚决定而向 CAS 特设分庭提出申请。国际业余拳击协会因其在比赛中击打对手腰部以下而取消其竞赛资格。虽然被申请人并没有提出仲裁争议事项的可仲裁性问题,但仲裁员依职权主动提出了该问题。这一争议的核心是一个纯粹的技术问题:申请人是否击打对手腰部以下。仲裁庭创设了如下规则,即一切产生于体育事项的争议均可仲裁,而无论其主题为何;但当争议涉及竞技规则或技术规则的适用时,仲裁庭应当避免干涉竞技场上裁判、公断人或其他官员的裁定,除非此类规则被不当适用。瑞士联邦最高法院也一直坚持认为,对技术规则或者游戏规则提起的是否违法之诉不能由法院或者仲裁庭进行审查,因为游戏规则不属于法律范围。[③] 据此,CAS 特设分庭以不可仲裁为由驳回了申请人的仲裁请求。

其三,竞技规则是确保竞赛和竞争正确过程的规则,它不同于法律规则,后者不得豁免于仲裁和司法审查。WCM-GP Limited vs. FIM[④] 案[⑤]涉及技术性规则(technical rules)或赛事规则(game rules)的解释,尤其是涉及赛事规则与法律规则之间的比较分析,从而有助于理解和判断争议主题是否具有可仲裁性。在该案的审理过程中,仲裁庭明确了赛事规则与法律规则之间的区别:所谓"比赛规则",是指意在确保比赛和竞争正确过程的规则,除了在极例外的情况下,此种规则的适用不得进行任何司法审查;所谓"法律规则",则是在比赛或竞赛过程之外发生的,能够影响行为人司法权益的成文法规则或

---

① 国际业余拳击协会,Association International deBoxe Amateur,以下简称 AIBA。

② Digest of CAS Awards(1986-1998). Edited by Matthieu Reeb,Switzerland:Editions St Aompfli SA,1998,p.409.

③ Gabrielle Kaufmann-Kohler, *Arbitration at the Olympics:Issues of Fast-track Dispute Resolution and Sports Law*,New York:Kluwer Law International,2001,pp.113-115.

④ 国际摩托车协会,Federation Internationale Motorcycliste,以下简称 FIM。

⑤ Arbitration CAS 2003/A/461 & 471 & 473,WCM-GP Limited / Federation Internationale Motorcycliste(FIM),award of 19 August 2003.Arbitration CAS 2000/A/317,A. / Federation Internationale des Luttes Associees (FILA),award of 9 July 2001. in Digest of CAS Awards Ⅲ(2001—2003). Edited by Matthieu Reeb,Estelle du La Rochefouchauld,Hague:Kluwer Law International,2004,pp.559-569.

判例规则,基于这个原因,它必须接受司法审查。①

需要指出的是,不受审查的竞技规则范围近年来正在缩小,"竞技规则不可审查"的原则受到挑战,一些学者对竞技规则和法律规则之间的区别提出质疑,认为体育不能也不必游离于法律范围之外。CAS对此的态度是谨慎介入并保持克制,因为相比于仲裁员,体育裁判更了解事实,并且更加熟悉如何运用技术规则,裁判在决定技术问题时比法律专家处于更为有利位置。因此,裁判的决定优先是有意义的,除非该决定明显侵犯了运动员的权利,或者以仲裁员的话来说,它是"法律上的错误,一个错误的或者恶意的行为"②。

(四)小结

综合衡量上述因素,对可仲裁的竞技体育争议之界定可借鉴国际商事仲裁领域对"商事"进行鉴定的方法,采取非穷尽列举、附加正反两面界定的方式,即它是直接关联于或产生于体育领域的处罚性争议,该争议一般针对体育协会所属纪律处罚机构的决定而提起,涉及与体育相关的原则性问题,或者涉及影响体育,以及一般地关系或关联于体育之任何活动的实践或发展的金钱或其他利益问题,包括但不限于运动员或团体参赛资格确认、奖章的归属与返还、裁判或其他官员恶意执法等问题,尤其包括反兴奋剂问题,但不包括与体育有关的民商事争议、裁判等执法人员在竞技场上依据"竞技规则"作出的赛场决定。根据该定义,具有可仲裁性的竞技体育争议事项含有如下四个特征。

(1)它直接地,而非一般地关联于或关系于体育或运动实践。此一特征将它与一般地产生于体育或运动实践的民商事体育纠纷剥离开来。

(2)宏观层面上,它主要包括三类法律关系,即与体育相关的原则性问题、金钱问题和其他利益问题,由此展开形成体育仲裁的三大主题群。

(3)微观层面上,上述三类法律关系具体展开为参赛资格确认问题、体育

---

① Arbitration CAS 2003/A/461 & 471 & 473, WCM-GP Limited / Federation Internationale Motorcycliste(FIM), award of 19 August 2003. Arbitration CAS 2000/A/317, A. / Federation Internationale des Luttes Associees (FILA), award of 9 July 2001. in Digest of CAS Awards Ⅲ (2001—2003). Edited by Matthieu Reeb, Estelle du La Rochefouchauld, Hague: Kluwer Law International, 2004, pp.559-569.

② Gabrielle Kaufmann-Kohler, *Arbitration at the Olympics: Issues of Fast-track Dispute Resolution and Sports Law*, New York: Kluwer Law International, 2001, *pp.* 113-115.

管理特许权授予问题、反兴奋剂问题等,但不限于上述典型纠纷类型。

（4）可仲裁的竞技体育争议明确排除民商事体育类纠纷、技术规则的适用纠纷,但裁判类执法人员诸如恶意地适用竞技规则时,其执法方式具有可仲裁性。

第三章

CAS 仲裁程序专题研究

一、CAS 庭审证据规则

证据是诉讼程序的脊梁,仲裁是否也必须遵循严格的证据规则,或者是否必须适用和尊重诉讼证据规则,仲裁理论、立法和实践并未作出明确的回答。CAS 作为体育世界的最高法庭,其仲裁规则和庭审实践所展现出来的相对完整和稳定的证据规则成为袖范国际体育仲裁立法和实践的最高尺度。归纳 CAS 庭审证据规则可概括为:举证重心倒置下的共同举证规则、交叉质询下的查证规则、仲裁庭自由裁量主导下的采证规则。[①]

(一)引言:仲裁证据与 CAS 的庭审证据规则

证据是诉讼程序的脊梁,裁决者对案件事实的构成和认识皆以证据为基础,并以此为据进行法律加工,得出裁决结论。仲裁裁决作为事实判断和法律判断之综合,也以证据为逻辑起点,通过单个证据形成证据链条,通过若干证据链条形成证据网络,并通过证据网络形成案件的事实判断,最终结合应予适用的法律规范形成仲裁庭的法律判断。在这一递进的逻辑进程中,证据成为不可或缺的决定性因素。规范证据之提交、查实和接纳的制度即为证据规则,

---

[①]　本部分是在《论国际体育仲裁院(CAS)庭审证据规则》一文的基础上经调整扩充而成,该文发表在《武汉体育学院学报》2010 年第 7 期。特此说明,并致谢忱。

它也因其内容而主要地概括表现为举证规则、查证规则和采证规则。

诉讼必定涉及严格的证据规则,而仲裁是否也需要遵循硬性的证据规则,或者是否必须适用和尊重诉讼证据规则,这一问题并未得到深入的探讨。有观点认为诉讼证据规则不应干涉仲裁证据的收集和运用,"对仲裁来说,从最初的法院管制,明确要求仲裁员去依照证据法,不可以去依赖'不被接受的证据'(inadmissible evidence),否则是'不良行为',直至今天在联合国示范法〔Aiticle 19(2)〕与 1996 年英国仲裁法〔Section 31(2)(f)〕已明确说明仲裁员再也不必理会证据法……仲裁员今天是可去接受研究所有有关争议的文件与其他证据,然后去给予一个恰当的重量。而在这方面的工作,是法院管不了。即使确实是这仲裁员给的重量完全不对,这仍非是一个法律的问题(matter of law),不可以去上诉"①。即便仲裁可以不依诉讼证据规则行事,也不能据此认为仲裁证据之运用不存在一定的规则,作为仲裁证据最高的规则似乎是一个无规则的规则,即由仲裁庭全权裁量。而事实上仲裁要维持无规则的规则状况是不可能的,首先,某些证据之运用涉及一国公共政策,仲裁庭必须注意裁决地国或裁决将会寻求承认和执行地国在这一方面的感受和态度;其次,在机构仲裁的情况下,案件之仲裁并非如同临时仲裁一样,对于后者,任何一个案件不过是孤零零的一个断点,而机构仲裁下的案例是一个个连续的序列,仲裁机构必须提请仲裁庭注意其举证、查证和采证服从于这一序列的整体需要,以遵循先例的形式构成一种证据规范,避免证据之运用表现出截然不同的理数。

CAS 仲裁法典以简约的条文规范给予我们在证据规则上的有限启示,它同时以建构仲裁庭之强势地位的方式间接地确定了仲裁庭在这方面的全权自由裁量权限。给予当事人提交证据并对对方证据进行评价的权利是正当程序之要义,然而在体育仲裁的时间性框架下,仲裁程序被迫极限压缩,仲裁进程中的证据程序要完整和全面地铺展开来几乎是一种奇迹,在悉尼奥运会仲裁的 Melinte 案就必须在数小时内予以裁决,仲裁庭仅在听取和审阅了申请人 Melinte 提交的事实和理由之主要观点后即作出了裁决②。奥运会体育仲裁重新厘定了正义的概念,它重塑了仲裁的价值观,倡导的是"时间即正义",从

---

① 杨良宜:《国际商务仲裁》,中国政法大学出版社 1997 年版,第 478 页。

② Gabrielle Kaufmann-Kohler, *Arbitration at the Olympics*: *Issues of Fast-track Dispute Resolution and Sports Law*, U.S.A.: Kluwer Law International, 2001, p.39.

而构成体育仲裁领域的"相对论"。奥运会以外的体育仲裁体制下,时间变得相对充裕,正义的观念得以从高密度的仲裁程序中释放出来,对证据程序的尊重成为程序正当的必要指标。CAS 仲裁法典设定的是与奥运会特别仲裁相平行和衔接①的上诉仲裁程序,它的时间性要求低于奥运会特别仲裁,仲裁庭在案件审理实践中得以展现出相对稳定和完整的证据规则形态。

(二)举证重心倒置下的共同举证规则

1.CAS 仲裁法典之规定

CAS 仲裁法典首先设定体育争议双方当事人均具有共同的举证责任,法典第 51 条规定上诉申请人在提交上诉摘要书时应当附具所有证据及其他证据的说明;第 55 条规定被上诉申请人应在答辩书中附具相关证据以及其他证据的说明。在共同举证的架构下,举证重心存在向被申请人偏转的倾向,表现为举证倒置的现象,其根源始于体育上诉仲裁的准行政诉讼性质。按行政诉讼法理,当申诉人与行政机关就科处负担的基础事实发生争议,举证责任也各负,即谁主张,谁举证,但是,申诉人负较低的举证责任,行政机关负加重的或严格的举证责任,其结果就是,行政机关要以优势的或令人信服的无可怀疑的证明标准才能获胜,行政机关证明力度不够,或比较之下证明程度旗鼓相当之时,行政机关败诉。② 仲裁法典第 44 条第 3 款还规定了仲裁庭组织下的举证程序,该条款规定:一方当事人可以向 CAS 仲裁庭提供证据线索,要求对方当事人予以提供,但证据线索提供方必须证明该证据可能存在且具有关联性;仲裁庭在认为适当的情况下,还可以随时命令当事人提交证据资料或者询问证人、专家;专家证人之委任应当征求当事人的意见,其本人应该披露其独立性情势。由此可见,仲裁庭在举证程序中发挥着主导性作用,而双方当事人在仲裁庭的命令下均负有共同举证的责任。

笔者倾向于把体育仲裁举证责任之配置分为三个层面,即事实层面、程序层面和法律层面。在体育仲裁双方当事人就案件事实问题发生争议时,双方承担平等的举证责任,而对于程序瑕疵和法律适用瑕疵问题,由被申请人承担主要的举证责任,即申请人只需要提出形式或表面的证据证明处罚程序和法

---

① 奥运会特别仲裁程序在特定情况下可转入赛后的 CAS 上诉仲裁程序。See Article 20 (a) of Arbitration Rules for the Olympic Games.

② 刘善春:《诉讼证据规则研究》,中国法制出版社 2000 年版,第 687 页。

律根据之选择、理解与运用存在错误或不当,被申请人则需提出优势证据确证自身处罚的合法性和合理性。鉴于体育仲裁当事人地位的不对称性,作为被申请人的体育组织拥有更多的资源、更多的主导权,申请人举证责任的配置可以呈现出一定程度的弱化趋势,即他可以提出证据线索,对形成处罚决定的任何环节进行攻击,他可以只毁灭、粉碎或解构处罚决定,无须结构出一种坚定的事实和理由,而被申请人则必须以翔实的证据和严谨的逻辑来建构、形成处罚决定。也即申请人可以采取单纯的攻势瓦解被处罚决定,而被申请人则必须进行防御和答辩,如果他仅仅化解了申请人的凌厉攻势,但没有确立自身处罚决定合法性和合理性,则被申请人的举证责任之完成指向失败。概而言之,体育仲裁双方当事人地位的悬殊性使举证责任在整体上呈现出一种倾斜,此种倾斜因当事人地位的不对称转变为一种实质层面的衡平,在这一意义上,倾斜不是正义的颠覆,而恰是正义的捍卫。

2.举证规则运行的实例考察

举证规则还包含一个流动的秩序安排,它是一个不断流转的动态过程,双方当事人的举证责任相互转换和推移,直到证据提举完毕。举证过程的起点既可能是申请人首先提交证据,在申请人只对处罚决定提出异议而并未提交证据的情况下,举证责任也可能首先由被申请人承担,其后举证责任在当事人之间循环往来,最终抵达举证过程的终点。CAS 仲裁庭在 2001 年 10 月 22 日裁决的 L. vs. IOC 案件就涉及举证责任及其流转问题。

(1)案情简介

该案申请人德国运动员 L. 在 2000 年 9 月 30 日悉尼奥运会上举行的一次男子自由摔跤赛事中获得第一名。作为前四名选手,L. 自动地需在决赛后立即进行一次兴奋剂检测。尿样收集后即送交 IOC 认证的检测机构进行分析。从兴奋剂控制中心移交到检测机构过程中,尿样以三种类型的存储方式构成一个存储链:一是兴奋剂控制运输方式,二是兴奋剂控制实验室建议方式,三是检测机构样本存储方式。这些方式显示 L. 的尿样存储在安全运输包裹中,并于 2000 年 9 月 30 日下午 9 点 50 分送达到检测机构。A 样本检测结果呈阳性,检测机构于 10 月 4 日在德国国家奥委会参赛队队医和德国国家摔跤队队医,以及 IOC 医药委员会和世界反兴奋剂组织的代表在场的情况下打开 B 样本进行分析,结果仍然显示为阳性。IOC 医药委员会主席要求 L. 和三位德国代表参与该委员会在洛桑举行的庭审。在 IOC 医药委员会建议的情况下,IOC 执行委员会作出如下裁决:①因服用违禁物质,剥夺德国队队员

L. 的参赛资格,并逐出本届奥运会赛事。②据此责令德国国家奥委会撤回并返还 L. 获得的金牌和获奖证书。③本裁决立即生效。

L. 遂向 CAS 提交上诉陈述书,在随后的上诉摘要书中 L. 提出了五大观点:①报告文件存在分歧,pH 值及其浓度使尿样存储方式及其尿样的真实性存在严重问题。②由于 B 样本的开启和分析并未给予申请人以亲自通知,IOC 不能依赖样本分析结果。③IOC 必须证实兴奋剂违纪的主观和客观因素,不得依赖严格责任原则。④样本违禁物质的超标浓度不足以在科学上提供可信赖的证据,以支持申请人服用该类违禁物质。⑤样本检测出的违禁物质浓度可能是由于身体受伤后作出的自然反应或受污染食物、医疗方法导致的。

IOC 在答辩书中也提出五个观点:①证据表明,申请人而非其他人士被提取了尿样。②IOC 开启和分析 B 尿样时遵循了相关立法所要求的通知之义务。③严格责任原则适用于兴奋剂违纪。④违禁物质的超标浓度是证明兴奋剂违纪之肯定和可依赖的证据。⑤没有证据证明违禁物质的超标浓度是由于身体受伤后的自然反应或受污染食物、医疗方法导致的。

仲裁庭在审理案件后得出结论:①《奥林匹克反兴奋剂运动章程》(OMAC)第二章第 2 条第 2 款明确规定,对于使用兴奋剂适用严格责任原则。运动员体内含有违禁物质是使用兴奋剂的客观要件,对此 IOC 具有首要的证明责任。如果 IOC 履行了其证明责任,依据严格责任原则可推定存在使用兴奋剂的行为,此后证明责任转而由反驳该推定的运动员承担。

②从纯科学的角度看,的确存在人体本身含有的 19-norandeosterone 浓度高于 2 ng/ml 的可能,对此有必要进行进一步的研究。然而,在缺乏相反的专家意见的情况下,体育仲裁院没有理由质疑该领域专家从事的研究的可靠性,以及得到 IOC 授权的实验室得出的经验。

③在本案中,运动员未能推翻对其使用兴奋剂的推定:a.未能证明与兴奋剂管制文件上记载的尿样量存在任何不符;b.未能证明(尿样的)保管出现漏洞;c.未能证明开启和检测 B 瓶尿样在程序上有任何不规范之处。不应认为个别微小的不规范影响了整个检测的有效性。①

---

① CAS. Arbitration CAS 2000/A/310,L./International Olympic Committee(IOC),award of 22 October 2001. Matthieu Reeb,Digest of CAS Awards Ⅲ(2001—2003),Kluwer Law International,2004,pp.127-147.

（2）扼要评价

从上述攻防转换过程来看，仲裁庭在本案中明确了双方当事人的举证责任及其流转，以及举证不力导致的法律结果。按照仲裁庭的意见，举证责任首先应当进行倒置，即首先由 IOC 承担举证责任，证明申请人存在兴奋剂违纪的主观和客观要素，鉴于兴奋剂违纪之认定采取的是严格责任制，即 IOC 无须证明主观要素，只要能证明申请人体内存在过量的违禁物质即可。IOC 完成此项证明后，举证责任发生流转，申请人须提出证据证明：违禁物质不存在、不过量或过量是基于正当理由造成的，但当事人的疏忽或他人的过错不能作为违禁物质过量的免责理由。IOC 很好地履行了自身的证明责任，而申请人则举证不力，最终导致其在仲裁上诉中的败诉。

（三）交叉质询下的查证规则

1. CAS 仲裁法典之规定

CAS 仲裁法典并未对查证程序作出明确界定，其第 44 条第 2 款有关庭审的内容中仅规定，仲裁庭可以聆讯当事人、证人以及专家，并听取当事人的最后陈述。归纳诉讼和仲裁实践的做法，可以认为，CAS 仲裁庭对证据之查实一般采取交叉质询方式，通过对当事人提供之证人进行交叉询问、对当事人提供之资料进行交叉质疑，最终对证据的真实性和关联性作出判断。在交叉质询秩序下，一般地由提供证人或者证据资料一方首先对证人进行询问或者对证据资料进行陈述，之后由对方当事人对证人或证据资料进行询问或评价，最后再由提供方当事人进行询问或陈述。这一过程被概括为主询问、反盘问、再盘问，这一程序后，仲裁员可以询问证人或针对证据资料向当事人询问。[1]为避免当事人将交叉质询程序技术化，从而使仲裁作为追求真理的场所质变为斗智的勾当，在进行询问或质证时，尤其是在对证人进行询问时应当对当事人的询问方式和范围进行必要的限制。

2. 查证规则之运行

在主询问阶段，问答活动在一方当事人和与其持有相同立场的证人之间进行，其询问应当尊重的规则可借鉴民事诉讼法理，主要包括[2]：（1）直接询问应仅限于与案件具有关联性的事实；（2）当事人不得以反询问或其他方式质疑

---

[1]　杨良宜：《国际商务仲裁》，中国政法大学出版社 1996 年版，第 205～209 页。

[2]　刘善春：《诉讼证据规则研究》，中国法制出版社 2000 年版，第 464～465 页。

或攻击自己的证人;(3)不得进行诱导性询问;(4)询问不得以导致答复的问题为依据。

在反盘问阶段,反盘问在揭示证人证言的矛盾性、澄清事实和迫使对方证人同意自己的观点方面具有重要意义。[①] 同样地,反盘问的方式和内容在英美法的判例中也发展出一些应予尊重的规则[②]:(1)反询问不限于在主询问中证明的事实,能针对一切争执中的事实或有关联性的事实以及尽管没有关联性,但可以用来质疑证人信用或可靠性的事实;(2)导致答复的问题可以提出,证人必须答复;(3)反询问应针对事实,而不是针对论据;(4)不反询问证人可能等于接受他对某一事实的陈述;(5)强人所难或无关联的问题,裁判者可予以阻止。

再盘问阶段,提供证人一方当事人可集中精力对反盘问方询问的问题进一步展开,通过证人的陈述清晰呈现双方当事人在某一问题上的分歧与对立。此阶段的盘问方式同样适用主询问阶段的方式,在再盘问内容上则以上述两阶段对抗性较强的部分进行有针对的阐述。

再盘问结束后,仲裁庭可对其认为比较重要的问题求得证人的再次确证,也可对证人遗漏的或陈述薄弱的部分发问。仲裁庭发问时不应当带有感情色彩,而应以中立的态度询求案件的客观情况;仲裁庭也不应当对证人发言进行评价,避免对证人的陈述发生潜在或直接的影响;仲裁庭尤其不得对证人的人格或尊严进行攻击,即便仲裁庭认定证人存在明显的偏私,也只能通过询问的方式或者采证上的排除对其言辞进行诘问或否定。

从完整的意义上讲,每一份重要的证人证言或者证据资料都应当完成这一顺序,然而CAS仲裁法典一方面授权仲裁庭拥有完全的权力查明事实和法律,另一方面授权仲裁庭全面设计和筹划庭审程序,这使得查证程序的展开方式、步骤和幅度决定性地掌控在仲裁庭手中,当仲裁庭认为查证已经充分时,征求当事人意见后即可终结此一程序。

(四)仲裁庭自由裁量主导下的采证规则

1. CAS仲裁法典之规定

CAS仲裁法典贯穿始终的一条经线是仲裁庭强盛的自由裁量权限,这也

---

① 杨良宜:《国际商务仲裁》,中国政法大学出版社1996年版,第206页。
② 沈达明:《英美证据法》,中信出版社1996年版,第38页。

当然地体现在采证规则之中。具体而言,仲裁庭在取舍证据及其程度时可以发挥较大的能动性,并在较大程度上倚赖"心证",采证问题上的自由裁量并不意味着仲裁庭的恣意和肆意,自由裁量之行使必须满足基本的法律原则和自然正义。尽管 CAS《仲裁法典》第 57 条赋予仲裁庭确立案件事实的充分权力,但对于此一权力的行使方式和相对清晰的行为规范却并无确切阐释,有学者对 CAS 奥运会特设分庭在确定准据法之内容时如何行使自由裁量权限作了分析,认为仲裁庭对准据法内容之确定具有完全的自由裁量权,但必须在如下框架内行使该裁量权:(1)国内法的查实必须由当事人如同事实一样地加以证明,例外的情形是,若某位仲裁员恰好属于该国国民,仲裁庭因而很容易获得该法律。(2)国际法律规范的内容、奥林匹克宪章的解释,以及诸如《奥林匹克运动反兴奋法典》、各 IFs 规章之类的、具有跨国性质的体育性规范由仲裁庭根据当事人的建议和仲裁庭自身考察予以确立。(3)如果仲裁庭自身考察,则应当赋予当事人以机会对考察结果进行评价,无论何时这一要求均是合理的,除非在奥林匹克仲裁的时间压制下,给予当事人陈述的机会可能并不总是可行。[1] 归纳仲裁庭在确定准据法时行使自由裁量权应予尊重的基本规则,似可概括为:仲裁庭和当事人相互配合,当事人负有基本查证义务,仲裁庭亦有较大的查证权力;仲裁庭独立查证的结果应当接受当事人的评价。

鉴于仲裁庭对待准据法的态度等同于对待案件事实,根据国际私法中外国法查明的理论与实践,很多国家将准据法的性质等同于事实,并按照查明事实的方法查明准据法。CAS 仲裁实践具有此种倾向,它要求当事人如同事实一样地证明准据法之内容。[2] 因此仲裁庭在运用自由裁量权限确证准据法时,其精神和逻辑也应当适用于案件事实之采证。要而言之,仲裁庭在自由行使采证权限时应当遵循如下基本规则:(1)仲裁庭应按照同一认定规则和优势证据规则进行采证。(2)仲裁庭亦可按照仲裁认知和仲裁推定规则进行采证。(3)仲裁庭在认知和推定时,应当充分考虑案件争议当事人提供的相关证据及其意见。

2. 采证基本规则

(1)同一认定规则

同一认定是指仲裁庭应当采信双方当事人一致同意的证据,并对该证据

---

[1]　Gabrielle Kaufmann-Kohler, *Arbitration at the Olympics: Issues of Fast-track Dispute Resolution and Sports Law*, U.S.A.: Kluwer Law International, 2001, p.29.

[2]　刘想树:《国际私法基本问题研究》,法律出版社 2001 年版,第 58 页。

支持下的事实予以肯定。它需要满足两个条件:一是须有双方当事人对同一个或几个事实的书面或者口头陈述;二是当事人双方对同一个或几个事实的陈述必须完全一致。[①] 同一认定是最理想的采证状态,它根本上消除了当事人之间在某一事实上的分歧,有利于降低仲裁进程的阻力,而且通过仲裁庭和当事人共同致力于同一认定范畴的扩大化,也显著增加了当事人进行和解的可能,使仲裁的干戈之气得到抑制。同一认定作为仲裁领域最佳采证规则,其过于浓烈的理想主义色彩决定其在实践之中总是很难抵达,因为实践总是以残缺的姿态出现。仲裁案件中更多和更常态的表现是,双方当事人所提供的证据发生较为尖锐的对抗,并据此形成不同的事实状况,这就需要引入第二个查证规则,即优势证据规则。

(2)优势证据规则

优势证据要求对证据的个体和整体分别进行判断和采证,在证据个体层面,优势证据要求采取盖然性或者概率更大的证据,舍弃概率较小的证据;在证据整体层面,优势证据则要求正反两方提供的,且经逐个审查的证据所构成的两大证据集团在对抗之中,以证明程度之强弱为采证标准。优势证据规则放弃了追求案件事实绝对正确之完美主义,转而实践盖然性规则之现实主义,它多多少少地带有对人类认识能力过度自负的清醒反思和对所谓客观绝对之"真"的后现代解构。对于优势证据规则之运用存在大陆法系和英美法系两种具有相对微弱区别的模式,有学者概括为英美法系的"盖然性占优势"标准和大陆法系的"高度盖然性"标准。[②] 所谓"盖然性占优势"标准,即"当一事实主张被陪审团确信为在证据上具有占优势的盖然性,存在的可能性要大于不存在的可能性时,那么,此项事实主张就被认定为真实"[③]。而大陆法系的高度盖然性标准要求产生一种近似确然性的可能,并排除合理怀疑。高度盖然性标准比优势盖然性在证据的优势性方面要求更高,由于仲裁以当事人的自主和自治为主导,仲裁庭也并不具有国家法院那样强大的权力和资源去收集和查实证据,加之体育仲裁的时间性要求,这些因素导致优势盖然性更适合作为仲裁采证上的优势证据规则。

---

① 陈彬:《中国仲裁制度》,成都科技大学出版社 1997 年版,第 149 页。

② 刘善春:《诉讼证据规则研究》,中国法制出版社 2000 年版,第 632~635 页。

③ Steven L., Howard M. Rossen, Wilton S. Sogg, Civil Procedure, West Publishing Co., 1977，p.184.

（3）仲裁认知规则

其一，仲裁认知范围之厘定。

仲裁认知是诉讼证据采证规则"司法认知"的延伸产物。有观点主张，可以将司法认可原则转喻到仲裁范畴而成"仲裁认可"制度。[①] 司法认知以"显著之事实，无须证明"为正当性基础，对于如何判断"显著"的标准，应当理解为一个理性之人，尤其是一个理性的法官根据其知识结构、经验履历和职务能力理应明白之常理。英美法系以判例法的形式确定了一个相对稳定的司法认知范围，而大陆法系则采取抽象弹性的界定，运用之妙，发乎一心。

英美学者迈考密克先生将可司法认知的事项划分为五类：a.常识事项；b.易于确认的事项；c.因法官职责而认知法律以及有关司法组织、管辖区域、人事以及记录；d.因法官负有依法执行政府公共政策的职责，须认知有关政府的事项；e.因法官解释法律须认知有关社会、经济、政治、科学方面的事实。

另一学者麦克威则将司法认知事项概括为：a.必须认知事实；b.有关政府事项；c.有关科学事项；d.其他一般公认事项；e.属于法院自由裁量而得予以认知的事项。[②] 仲裁员作为民间法官，逻辑上也具有进行仲裁认知的能力和必要。与司法认知不同，仲裁认知的条件应当更为宽容和富有弹性，而且两者在认知事项上也具有不同的基础，因为法官只是一个理性之人加法律之人，而仲裁员除了具有法官的特质外，还具有专业法官的属性，他还是一个专业之人。仲裁员的这一身份决定其在仲裁认知时更具有专业优势和专业深度，能够依赖更多和更纵深的科学原理和专业常识。尤其是专业色彩更为浓厚的体育仲裁，兴奋剂争议大量涉及医学常识和医学伦理，非兴奋剂争议也常常伴随专业问题，如 CAS 在 2003 年 8 月 19 日裁决的 WCM-GP Limited vs. FIM 一案[③]，就具有非常纯正的专业味道，它需要仲裁庭判断参赛车辆是否属于原型车，这进一步涉及对车辆动力设备的基本构件之判断，诸如汽缸、缸盖、活塞、曲柄连杆及其改装和改装程度，因为根据《国际摩托车联盟公路赛世界冠军国际汽车大奖赛规则》第 2 条第 2 款第 1 项之规定，其目的十分清晰，即意在对国际汽

---

① 吴焕宁、李敏：《国际商事仲裁中证据的获取和法院的协助》，载《法律通讯》1997年第 6 期。

② 刘善春：《诉讼证据规则研究》，中国法制出版社 2000 年版，第 595 页。

③ CAS. Arbitration CAS 2003/A/461/471/473，WCM-GP Limited/Federation Internationale Motorcycliste(FIM)，award of 19 August 2003. Matthieu Reeb，Digest of CAS Awards Ⅲ(2001—2003)，Kluwer Law International，2004，pp.559-569.

车大奖赛类别与超级摩托车、超级运动赛车系列赛之间作出明确区分。因为国际汽车大奖赛允许原型摩托车的参赛,而超级摩托车与超级运动赛车系列赛仅允许改装摩托车参赛。原型车与改装车可根据摩托车的核心部件,如曲轴柄箱、气缸或气缸头来进行区别,一旦这些部件产生于工业改装,则不能视为是原型车。

对于仲裁认知范畴之厘定,有学者归纳为五个方面:一是众所周知的常识性事实;二是根据法律或者已知的事实,推定出的另一事实;三是经过公证书确认的事实或者经过认证的事实;四是具有预决力的法律文书所确认的事实;五是仲裁庭依自由裁量权认定的事实。[①] 除此而外,体育仲裁员可径行认知的事项还应当包括根据其体育中人之身份应当知悉的事实,包括体育常识和医学常识等。CAS仲裁的众多兴奋剂案例几乎都承受了当事人对检测方法科学性和可靠性的质疑,但仲裁庭将检测方法判定为是科学常识,是公众接受的常识性问题,对其结果直接予以采证。CAS在2003年11月19日裁决的IAAF vs. MAR and B. 一案就是这一方面的经典案例。

其二,仲裁认知之实例考察。

该案案情如下:B. 在2002年8月参加IAAF举办的一次大奖赛前接受了赛外兴奋剂检测。国际兴奋剂控制办公室提取了血样和尿样。对血样的检测需要分析三个指标,每一个指标中某种物质的含量值都设定了一份正常与否的临界点,若血检结果显示此类指标值超过临界点,IAAF将认定运动员体内存在r-EPO这一违禁物质,尿样检测将同于确证该物质是否存在。B. 的血检结果表明,三分之二的指标超过临界值。血检后,尿检前,B. 参加了该赛事,并刷新了世界纪录。根据IAAF规则,创设世界纪录的运动员必须接受兴奋剂检测并提供尿样。B. 随后提取了新的尿样,上次尿样则未进行检测。尿样检测结果表明B. 体内存在违禁物质,然而B. 所属体育组织MAR拒绝裁定B. 兴奋剂违纪。MAR向IAAF陈述其理由:

a.在2002年8月15日提取尿样和血样时,运动员没有得到通知,他有权在一名代表的陪同下被采样,这违背了IAAF程序指南第2条第9款。

b.在A样本检测结果没有通知运动员情况下,对B样本进行了分析。

c.MAR的代表被拒绝参与8月15日的B样本检测,这违背了IAAF程序指南。

---

① 刘想树:《国际私法基本问题研究》,法律出版社2001年版,第127页。

d.没有提供与运动员血样相关的结果。

e.r-EPO 检测方法未得科学证实,或未得国际科学界所承认为有效。

f.检测机构未得国际标准化组织授权进行 r-EPO 的检测。

g.运动员否认使用了 r-EPO。

针对这些理由,IAAF 向 CAS 提交的上诉申请文件逐一反驳了这 7 大观点,B. 和 MAR 作为被申请人。IAAF 要求仲裁庭裁定 B. 兴奋剂违纪,并裁决其禁赛两年,禁赛期间获得的奖彰予以剥夺。

仲裁庭审理案件后就检测方法的科学性问题进行了解释,按照仲裁庭的意见,由实验室使用的直接尿检法是确定尿液中 r-EPO 存在的有效和值得信赖的方法(被申请人没有对 IAAF 提出的证据进行有效质疑,即 80% 的指标是足以排除该违禁物质被误判的合理分界点);直接尿检法已经充分获得国际社会之接受以检测 r-EPO 存在。[①] 因此,仲裁庭最终径自认知了 B. 存在兴奋剂违纪。

当事人对检测方法的科学性,以及仲裁庭依赖该检测方法进行常识性认定的可靠性进行了频繁的攻击,在 CAS 于 2002 年 1 月 28 日裁决的 M. vs. Swiss Cycling 案中[②],申请人就认为,使用的检测方法和与其相关的分析方法存在问题,由其不能得出确切结论。仲裁庭则认为,直接检测方法,即结合双重免疫缺陷等电位测试,直接检测受测者尿样中的重组(人造)EPO(r-EPO),这种方法的基础在于人工合成的 r-EPO 与人体自身产生的 n-EPO 在电场中运动方式不同,从而可对两者进行分辨;该检测方式的另一个基础在于,使用人工合成的荷尔蒙将减少自然产生的荷尔蒙,许多类固醇即如此。原则上,直接检测 r-EPO 的方法得到了足够的科学证实。仲裁庭由此认知,在运动员尿样中测得 r-EPO 成分表示该运动员服用了禁药。

---

① CAS. Arbitration CAS 202/A/452,International Association of Athletics Federations(IAAF)/Federation Royale Marocaine d Ahtletisme(MAR) and B.,award of 19 November 2003.in Digest of CAS Awards Ⅲ(2001—2003). Matthieu Reeb,Digest of CAS Awards Ⅲ(2001—2003),Kluwer Law International,2004,pp.440-453.

② CAS. Arbitration CAS 2001/A/345,M./Swiss Cycling,award of 28 January 2002(translation). Matthieu Reeb,Digest of CAS Awards Ⅲ(2001—2003),Kluwer Law International,2004,pp.238-249.

CAS仲裁庭于同年11月29日裁决的 L. vs. IOC 案①也受到当事人对检测方法的科学性和可依赖性进行的质疑,申请人认为,有关违禁物质 darbepoetin 检测方法是实验性质的而并未在法律和科学上得以公认,仲裁庭不能据之作出兴奋剂违纪的裁定。但仲裁庭裁决,血检尿检相结合的检测方法之可靠性得到了证据支持,现有的检测 EPO 为天然或是人工合成的方法可以不加修改地运用于对 darbepoetin 的检测,基于现有的证据,仲裁庭认为对红细胞生成素和 darbepoetin 的检测方法具有科学性,检测结果是可信的。

基于科学常识而形成的仲裁认知尽管承受了来自当事人的长期反对和挑战,但仲裁庭一以贯之地执着实践使得该规则成为 CAS 仲裁兴奋剂案件时主要的采证规范。尽管科学总是以探索者的姿势出现,在此意义上也就无所谓科学的常识,然而在科学常识被刷新之前,仲裁庭具有更大的理由去相信常识通常代表着更高程度的盖然性,也因而更具有被接纳的正当性。

(4)仲裁推定规则

其一,仲裁推定规则之界定。

与仲裁认知不一样,仲裁推定以过去的经验为依凭对未来的事实进行推断。司法意义上的推定是人们对司法经验法则的运用,这种司法经验法则的确定基础是根据事物之间的常态联系,而这种常态联系使人们通过日常生活中长期、反复地实践和运用而取得的一种因果关系经验,这种因果关系是事物的现象之间体现出的一种内在的必然性联系,即每当一种现象实际存在,另一种现象必定出现,具有相应的伴生性,它包括事实的推定和法律上的推定。②仲裁推定也以仲裁员的经验为基础,对当下审理的案件事实和法律问题进行延伸判断。事实上,仲裁在很大意义上隶属于经验判断活动,仲裁员的经验和阅历在决定仲裁裁决方面起着非常重要的作用,在兴奋剂案件中仲裁推定甚至起着决定性的作用。在涉及兴奋剂违纪的领域,CAS 奉行的是严格责任制,即只要被处罚者被证实体内存在违禁物质,仲裁庭即推定其涉嫌兴奋剂违纪,被处罚者必须提出证据洗清自己的违规嫌疑。

兴奋剂违纪的推定过错规则在某种意义上属于有罪推定,而与现代文明

---

①　CAS. Arbitration CAS 2002/A/370,L./International Olympic Committee(IOC),award of 29 November 2002. Matthieu Reeb,Digest of CAS Awards Ⅲ(2001—2003),Kluwer Law International,2004,pp.273-285.

②　刘善春:《诉讼证据规则研究》,中国法制出版社 2000 年版,第 579~587 页。

社会盛行的"无罪推定"或"疑罪从无"原则相悖逆,有侵犯人权之嫌。然而其正当性危机已经 CAS 仲裁庭在若干案件中提出的理由予以消解。其理由主要有二:一是服用违禁物质的主观无过错不能以损害体育活动之公平竞技为代价,后者处于更加优先的地位;二是被处罚者可以提出证据证明自己的清白,他有权利陈述观点和见解,如果主观确实无过错,则剥夺其参赛资格或成绩,并减轻或免除其处罚,使他不会因无过错服用违禁物质而付出更为高昂的代价,也能顾全公平竞技的体育精神。

CAS 在 2001 年 7 月 9 日裁决的 A. vs. FILA[①] 案中[②],仲裁庭指出,运动协会规定不论运动员过错如何,其在服用某种违禁药物后在比赛中获得的成绩都必须被取消,这种规定显然无可厚非,这是与其他参赛者公平竞技的应有之义;运动员无过错则不受惩罚的权益必须让步于所有参赛者机会均等的原则;如果该协会能够确定使用兴奋剂的客观因素,则运动员被推定存在过错,但是,推定过错原则并不将运动员置于丧失必要保护的境地,因为他有权反驳此种推定,例如,证明其体内含有违禁物质并非他本人的任何故意或过失。仲裁实践中,被处罚者还常常以教练或者他人的过错而非自身之故意或者过失为由对体育组织的处罚决定提出抗辩,CAS 仲裁庭在 2003 年 5 月 27 日裁决的 D. vs. FINA 案即表明,如果一个受违禁物质影响而参加比赛的运动员通过申请由于医生或教练的失误、无法行为或者恶意而成为不知情的受害者,由此被许可赦免并继续恢复竞赛,那么反对兴奋剂的战争也将会受到很大的挫败,这是在公平运动中对运动员遵守规则的信赖,而不是对医生和教练这些在衡量问题时最有优先权的人的信赖,如果在体育竞赛的规则中允许这种违反,那么很明显大多数服用兴奋剂的运动员都会虚构自己不知情的证词寻求庇护。[③]

仲裁推定以既往之经验确证当下或未来之事实,在过往与未来之间的紧

---

① 国际业余摔跤协会,Federation Internationale des Luttes Assoiees,以下简称 FILA。

② CAS. Arbitration CAS 2000/A/317,A./Federation Internationale des Luttes Associees(FILA),award of 9 July 2001. Matthieu Reeb, Digest of CAS Awards Ⅲ(2001—2003),Kluwer Law International,2004,pp.159-172.

③ CAS. Arbitration CAS 2002/A/432,D./Federation Internationale de Natation(FINA),award of 27 May 2003. Matthieu Reeb, Digest of CAS Awards Ⅲ(2001—2003),Kluwer Law International,2004,pp.419-430.

张造就了一种必须得承受的失败的风险,毕竟经验回溯于过去,而相对于经验而言,当下的案件事实则指向未来。为降低仲裁推定结论的风险至情理法所能接受的范围,对仲裁推定赖以进行预测的基础性经验事实之品质进行高规格的设定则属必然的选择。何种基础性经验事实在何种程度上得以依靠,这并无确切规则可以援引,然而毫无疑问的则是,显著之事实当可作为仲裁推定的基础性事实。在这一意义上,仲裁认知乃是仲裁推定的逻辑起点,二者于此处发生契合。仲裁认知之外、能够作为仲裁推定的经验性基础之尺度则系属于仲裁庭自由裁量之心证范畴,如果说此种自由裁量在其始端尚趋于恣意,那么仲裁庭在后续的案件审理和裁决过程中必然会展现出内在一贯的脉络。此种内在规范分化为两个层面:一是仲裁推定不得武断;二是仲裁推定应以案件个性为根据充分考虑相关要素。

仲裁推定不得武断,即仲裁庭不得仅靠主观意见或者经验"一看便知"。仲裁庭的自信有助于推动程序展开的速度,有助于提升仲裁裁决的权威性,然而如果不对仲裁庭的自信施加必要的限制,则自信的过分化很可能使其堕落为毫无根据的狂妄,导致仲裁庭滥用推定。CAS仲裁员作为理性和成熟的裁判人员,有着丰富的仲裁经验,这虽然降低了他们滥用仲裁推定的风险,但在相对的意义上,充足的经验以及经验运用过程中的成功的经历也加重了仲裁员对自身经验的依赖和自信,这又使仲裁推定处于一种被滥用的不定状态。然而CAS仲裁员的遴选程序和标准足以确保他们具有必要的反思和判断能力,CAS仲裁庭也在案件审理过程中非常清晰地表达了不得武断推定的思想,不过,仲裁庭是通过对兴奋剂检测人员在检测结果的判定上进行评价的方式来表露自己的心迹的,在CAS仲裁庭于2002年1月28日裁决的UCI vs. H. 一案即如此。

其二,仲裁推定之案例考察。

该案案情与绝大多数兴奋剂案件一样,一位运动员经复杂的采样和检测程序后被认定涉嫌兴奋剂违纪,然而本案的个性之处在于,申请人是UCI,而被申请人则是涉嫌兴奋剂违纪者,与一般兴奋剂案件中双方当事人的地位完全相反。造成这一诉辩格局的原因在于,申请人认定被申请人兴奋剂违纪,而被申请人所属的丹麦国家奥委会和丹麦运动协会则认定被申请人没有兴奋剂违纪。申请人遂向CAS提起仲裁请求,要求撤销丹麦国家奥委会和运动协会的裁定,并对被申请人处以6个月到1年的禁赛以及相应的罚金。案件审理结果为何在这里并不重要,重要的是仲裁庭在审理过程中点明,"实验人员不能根据其主观意见或经验'一看便知'从而认定尿样呈阳性或者阴性;实验人员必须运用可靠、可证实的检测标准,使第三方对所得结果有客观了解"①。

仲裁推定的积极应用是对案件的具体情况进行考虑,经过充分考察相关因素后得出综合判定,A.,B.,C.,D. and E. vs. IOC 一案中,仲裁庭就采取"要素分析法"的方式进行仲裁推定。该案案情的起因是一位工人在清洁房屋时发现一个装有血液注射器械以及多种药物的包裹,适逢 2002 年冬季奥运会闭幕式期间。该包裹被移交给警察局,并被转交给盐湖城奥运会组织委员会。组委会将药物移交给一家机构进行检测,并将相关情况通知了 IOC。调查发现,包裹遗留地曾经在运动会期间出租给一个国家队,运动员在比赛期间也进出该地。IOC 通知了相关国家奥委会,并要求后者作出解释。同时,IOC 任命了一个调查委员会负责查实该案,并将结果告知 IOC 的执行委员会。调查委员会在洛桑举行了一次听证,参与人士包括 A.、B.以及国家队的其他成员。听证会显示,A.为其儿子 B.实施了所谓的"UV 血液注射"治疗,A.还为 C.进行了一次相同的治疗。A.认为该方法是正当的,因为这种血液疗法是唯一可以用之缓解 B.因其疾病而导致的痛苦的方法。调查委员会决定有必要延伸考查 D.和 E.的行为。经全面调查后,调查委员会认定兴奋剂违纪,并由 IOC 执行委员会分别作出相应的处罚。五位申请人分别向 CAS 提出上诉陈述书,要求认定 IOC 执行委员会裁决错误,并撤销这些裁决。申请人列举的理由包括:a.奥林匹克运动反兴奋剂法典对血液兴奋剂违纪的界定并不清晰;b.通过血液注射而构成兴奋剂违纪的情况难以想象;c.IOC 执行委员会认为 A.实施的血液疗法属于兴奋剂违纪,这一认定是错误的,主要原因在于,此类疗法无助于运动效果的提高,且该方法在本案情况下属于一种正当合法的治疗方法。

IOC 则要求仲裁庭驳回申请人的请求,IOC 指出,所发现的药物不仅用以 A.所说的 UV 疗法,而且被用着"典型"的血液兴奋剂违纪物质,即在早期阶段将血液抽取出来,并随后再次注入体内以提高氧气传送能力或降低某种血液指标。仲裁庭采信如下事实,A.承认其对 B.进行了四次 UV 血液注射,也对 C.进行了一次相同的血液注射。UV 血液注射的确是一种血液疗法,其过程可分为提取、处理、再注射三个阶段。A.对这一方法进行了解释:运动员

---

① CAS. Arbitration CAS 2001/A/343, Union Cycliste Internationale (UCI)/H., award of 28 January 2002. in Digest of CAS Awards Ⅲ(2001—2003). Matthieu Reeb, Digest of CAS Awards Ⅲ(2001—2003), Kluwer Law International, 2004, pp.226-237.

躺卧在一个磁场垫上,然而从其体内抽出45～50毫升的血液;经过3分钟的紫外线处理,对血液进行过滤,并根据具体情况在血液中加入维生素或其他添加物;将血液再次注射入运动员体内。

根据奥林匹克运动反兴奋剂法典之规定,血液兴奋剂包括运动员自身的血液在内。认定血液兴奋剂无须考虑抽取和再注入的血量,也不管这样做是否会损害运动员的健康和/或能够提高其运动成绩。仲裁庭需要判断的是本案中的血液疗法是否属于该法典所界定之血液兴奋剂违纪。因为在一定条件下某种可能被视作兴奋剂的医疗方法被证明是正当的,这些情形确属例外,因此需要由运动员或实施此种医疗的人加以证明。仲裁庭需要推定该疗法是否正当和合法,为此,仲裁庭考虑了以下要素以判定某一医疗方法是否符合《奥林匹克反兴奋剂运动章程》:a.该医疗方法是治愈特定运动员伤病所必不可少的;b.在特定情况下,没有不属于兴奋剂类型的有效医疗方法作为替代;c.该医疗方法不会提高运动员的成绩;d.该医疗方法是根据对运动员的先前的诊断实施的;e.该医疗方法由适当的医疗机构中有资格的医护人员谨慎实施;f.该医疗方法有重组记录备查。[①]

依据上述要素结合本案具体情况进行判断,在本案中,UV输血是在私人处所由教练实施的,没有医疗支持,也没有向队医、国际奥委会医疗委员会以及运动队管理层披露或接受监督,这一UV输血甚至没有适当地记录在案。仲裁庭最终得出推定,该医疗方法是不合法的,该次输血应当被视为血液兴奋剂违纪行为。

二、CAS竞技争议程序法治

自治是行业自律的表征,敞开是国家法治的需要。自治性与敞开性使体育解纷程序表现出内部化和外部化两种形态。内部仲裁程序在结构和形式上的先天瑕疵必须接受外部程序的正义性矫正而不得故步自封,体育行业应当步出行业自治以接近正义,这是行业法治的必然要求。必须在行业自治与程序法治之间探求一个黄金分割点,并以"穷尽内部救济原则"作为衔接行业自

---

① CAS. Arbitration CAS 2002/A/389,390,391,392 & 393, A.,B.,C.,D. & E./International Olympic Committee(IOC),award of 20 March 2003. Matthieu Reeb, Digest of CAS Awards Ⅲ(2001—2003),Kluwer Law International,2004,pp.361-365.

治与外部程序的技术性规则。[①]

自治是行业自律的表征,敞开则是国家法治的需要。任何行业总是天然地倾向于自治,究其原因可能有二:一是行业有其独特的发展逻辑,行业自身的特质需要行业团体提出契合自身发展规律的治理措施,而行业外人士对此种特质和规律难以有深刻的认知;二是垄断利益的存在。竞争前提是存在独立自由的多元主体,而行业发展的必然结果是导致竞争主体的单调化,从而带来行业垄断。IFs或类似机构具备有利的自治条件,它们以某项运动项目为中心在全球范围内纵横联合,并在其运转过程中表现出强烈的排外性,特征之一即试图垄断内部纠纷的管辖权,使纠纷解决程序出现内部化趋势。但国家法治精神允许任何人持有接近正义的希望,这就迫使IFs等行业团体必得跨出柏拉图式的自我封闭的洞穴,[②]接受法治精神之普照。在纠纷解决机制上则是一个外化的过程,此即为正义的接近和正义的透明过程,即接近透明正义之征程。

(一)行业自治:内部仲裁机制

一切体育机构为自治化一个有序的团体,增强自身的凝聚力量,都必然在其章程或类似的纪律性文件中设定相应的行为规范,以及对违反行为规范者给予的处罚,并由此对不服处罚者设计出一系列的程序机制进行救济,此类救济程序依靠行业的集体力量予以实施,使纠纷经"内部消化"后复归于宁静的秩序。此类内部救济程序是一种自助式的准仲裁程序机制,其程序特征表现为如下几个方面。

1.管辖的推定性

各体育协会对内部纠纷行使管辖权的根据是其章程性文件中的管辖条款,该管辖权条款本质上是一个类似于悬赏广告之类的开放性要约,通常无须当事人签署。实践中以两种方式作为判断相关人员接受该开放要约的承诺:一是当事人作为某一体育协会成员的身份本身就足以反向推定他已经接受这一管辖权条款。这是该体育协会行使管辖权的主要依据。

[①] 本部分是在《论竞技体育争议的程序法治——行业自治与接近正义的关系视角》一文基础上经调整而成,该文刊登在《体育与科学》2012年第2期。特此说明,并致谢忱!

[②] 柏拉图:《国家篇·柏拉图全集》,王晓朝译,人民出版社2003年版,第510～515页。

　　二是当事人参与某一运动项目竞赛的事实可作为管辖的正当根据。这是 CAS奥运会特设分庭取得管辖权的主要根据。依《奥林匹克宪章》第74条的规定,任何产生于或关联于奥运会的争议应排他性地提交 CAS 依据《与体育相关的仲裁法典》进行仲裁。CAS 仲裁庭在悉尼奥运会期间仲裁 Baumann vs. IAAF案件时指出:"IAAF作为奥林匹克运动的一个组成部分,应根据《奥林匹克宪章》第74条之规定就与奥运会相关的争议接受 CAS 的仲裁管辖。"①国内有学者也持相同观点认为,CAS管辖权的取得是基于 IFs 致力于奥林匹克运动及参加奥运会的原因,应认为它们已经接受了《奥林匹克宪章》中的仲裁条款。② 在后续的 Melinte 案件中,仲裁庭依据相同的逻辑肯定了自身的管辖权。基于参赛事实而构成某一体育协会的临时成员,并当然地受制于该协会的内部救济程序规则的约束,这一结论由 CAS 奥运会特设分庭的如下观点得以成立。"仲裁庭一直认为,根据《奥林匹克宪章》第74条规定,由于各 IF 密切接近奥运会的整体框架,它对它们拥有管辖权。换言之,作为国际运动协会参与奥运会的必然结果就是,该协会接受了章程中设定的仲裁条款。这一结论为《奥林匹克宪章》第29条进一步证实,该条规定:"协会的地位、实践与活动必须遵守奥运会章程。"③

　　在另一个类似的案件中,司法机关以参赛事实为由支持了体育协会章程中的 CAS 仲裁条款拘束相对方当事人。该案案情大致如下④:N.是一名住所在瑞士境外的职业马术运动员,他是一家地方马术俱乐部的成员,该俱乐部是一个马术组织的会员,而该马术组织又是该国国家马术协会的成员,后者又是 FEI 的成员。N.参加了一次国际马术比赛,次年6月,FEI 司法委员会认定 N.的马匹尿样含有违禁物质,取消比赛成绩,命令其返回奖牌和奖金,并禁赛6月。N.遂向法院提起诉讼。FEI 则以其章程中的 CAS 仲裁协议进行管辖权抗辩。本案在形式上看,N.与 FEI 并没有直接的组织隶属关系,N.严格地说并不算是 FEI 的成员,他们之间存在很多次转折:FEI 直接管辖该国国家马

　　①　Gabrielle Kaufmann-Kohler,*Arbitration at the Olympics*:*Issues of Fast-track Dispute Resolution and Sports Law*,London:Kluwer Law International,2001,pp.15-24.
　　②　黄世席:《奥运会赛事争议与仲裁》,法律出版社2005年版,第8～15页。
　　③　Gabrielle Kaufmann-Kohler,*Arbitration at the Olympics*:*Issues of Fast-track Dispute Resolution and Sports Law*,London:Kluwer Law International,2001,pp.15-24.
　　④　[英]布莱克肖:《体育纠纷的调解解决——国内与国际的视野》,郭树理译,中国检察出版社2005年版,第206-212页。

术协会,国家马术协会直接管辖当地一个马术组织,该马术组织直接管辖当地一个俱乐部,而 N.是该俱乐部的成员。因此,N.在形式上并不是 FEI 的成员,他原则上并不接受国际马术协会章程,包括其中仲裁条款的直接调整。但 N.在 1993 年 1 月 25 日签署了一份示范协议,表明他将遵守 FEI 的有关规则。法官在审查 FEI 的抗辩时注意到了两个事实:一是 N.签署的示范协议承诺遵守 FEI 的相关规范,二是他参与了 FEI 在圣马力诺举行的马术比赛的事实。法官对第二个事实的分析得出的结论是:如果原告没有接受仲裁协议,他就不会获得参加比赛的许可证书,因此也不能够参加在圣马力诺举行的马术比赛。法官据此肯定了 FEI 确定的争议解决条款有效。

2.审级的多级化

大多数 IFs 在其章程中设定了二级处理机制,这些 IFs 内部准仲裁程序涉及的机构包括处罚机构和申诉机构,处罚机构一般是体育协会内部的纪律委员会或执行委员会,而申诉机构通常是体育协会内部的上诉委员会或上诉庭,纪律委员会或执行委员会对违纪行为进行处罚,上诉委员会则主持申诉程序。在《国际足球协会章程》中就采取了二级处理机制,其司法机构包括纪律委员会和上诉委员会,纪律委员会包括一名主席、一名副主席和必要的成员,主席需具有法律相关资格,其功能在于实施 FIFA 执行委员会制定的规章,也可以对国家协会、俱乐部、官员、成员、教练或运动员的违纪行为或者违反体育精神的行为进行处罚;而上诉委员会则包括一名主席、一名副主席和必要的成员,主席也应当具有法律资格,其功能在于对纪律委员会作出的处罚决定提起上诉的案件进行审理,其裁决是终局和不可撤销的。而 FINA 设立的准仲裁程序相对复杂一些,它不仅要区分争议是否属于兴奋剂性质,而且还设定了不同的上诉机构,处罚机构一般是 FINA 的执行委员会,兴奋剂违纪的处罚决定由 FINA 反兴奋剂小组作出;被执行委员会处罚的个人或成员可向 FINA 的特定上诉局提起申诉,对 FINA 反兴奋剂小组作出的决定则没有内部上诉机制,它只能向 CAS 提起外部仲裁。

还有一些 IFs 设立了更为复数化的解纷机制,如《国际体操协会章程》中设定了三级处理机制。[①] 该申诉机制涉及的机构包括技术委员会、纪律委员会和上诉庭,其中纪律委员会成为一级申诉机构,主持一级申诉程序,它由一

---

① Robert C.R.Siekmann, Janwillem Soek, *Arbitral and Disciplinary Rules of International Sports Organizations*, Hague: I.M.C.Asser Press, 2001, pp.161-162.

名主席和两名非国际体操协会(International Federation of Gymnastics,以下简称 FIG)官方成员构成,其功能包括审理并裁定针对技术委员会之裁决提起的上诉、审理并裁定协会成员对技术委员会作出之裁决提起的上诉、调查并裁定由 FIG 任何官方机构提交给它认定的违规行为等。上诉庭负责二级申诉程序,它也包括一名主席和两名成员,其中之一必须是律师,它的功能是审理并裁决针对纪律委员会之裁决提起的上诉、审理并裁决协会成员针对纪律委员会之裁决提起的上诉、审理并裁决针对纪律委员会之其他裁决提起的上诉。如果加上 CAS 外部仲裁的衔接,FIG 设定的纠纷解决机制具有四级处理程序。

3.地位的非中立

体育协会内部仲裁机制在组织、财政、人事方面与作为纠纷一方当事人的体育管理机构存在密切的关联,这也是它饱受指责的重要原因。[①] 体育协会内部仲裁机构的成员一般包括主席、副主席和若干成员,这些成员具有固定性,即便此类人员不是全部都来源于协会,也都由协会选定。其裁决程序规则概由协会官方机构设定,并在协会资助下运行。事实上,除了在显失公平极端化的情况下,内部准仲裁机构几乎都维持了协会的处罚决定。[②] 尽管近年来各体育协会致力于改善内部救济机制的独立性和客观性,但"由于内部仲裁机制毕竟是一种体育行会内部的纠纷救济制度,其中立性往往存在疑问,特别是在纠纷一方当事人为体育行会自己的时候,这一问题容易引起诉讼案件"[③]。一般认为,裁判者应当保持利益超然和情感超然的中立立场,但裁判者做到这一点还不够,他至少还应当在形式上保持一种超然的印象,体育协会内部仲裁机构中立性受到质疑或许更多的并不是他实质性上的偏袒,而是他形式上的不中立,这违背了裁判者和运动员隔离的正当程序原则。仲裁程序的内部化无论怎样在实质问题上改善中立性,如果它不在形式上同时跟进,则它的中立性就是不饱和的,也就无法真正实现救济机制的自治和自助,但是体育协会内部仲裁机制在结构上无法脱离对协会的依托,这一先天局限决定了体育协会

---

① Matthieu Reeb, Digest of of CAS Awards (1986—1998), Switzerland: Editions Staempfli S.A, 1998 pp.79-91.

② Richard McLaren, The CAS AD HOC Division at the Athens Olympic Games, *Marquette Sports Law Review*, 2004(15), p.175.

③ 郭树理:《体育纠纷的多元化救济机制探讨——比较法与国际法的视野》,法律出版社 2004 年版,第 204～207 页。

的内部仲裁更多意义上被当作纠纷当事人无可逃避的仲裁"热身",对纠纷当事人而言,真正的正义裁决还得诉诸外部救济。

4.复审的全面化

仲裁审查坚持采取全面审,且不受技术性规则和非技术性规则区分的影响。内部仲裁的审查范围不局限于法律规则的运用,它同时审查技术性规则的运用,[①]它不仅审查处罚性决定的"合法性",也审查该决定的"合理性"。此点已经得到 CAS 判例的肯认。

在 CAS 于 2002 年 3 月 19 日裁决的 S. vs. FIG 案件中,CAS 肯定了 FIG 内部上诉庭对案件事实进行全面审查的权力。该案中,作为体操主裁的仲裁申请人被 FIG 内部上诉庭禁止参与一年赛事裁判活动。申请人不服而向 CAS 提起上诉仲裁。CAS 仲裁庭庭审后提出两点意见:其一,国际体联有权力对在欧洲锦标赛中违法,并有义务适用国际体联评分和技术规范守则的裁判员进行管辖,并作出处罚;其二,在审查范围上,根据国际体联的规定和纪律守则,任何上诉都意味着管辖权转移给上诉机构,国际体联上诉庭有权力对案件的事实和法律问题进行全面的复审。[②]

5.裁决的非终局性

裁决传统上具有终局性,但逐步向外部救济程序敞开。目前,所有 IFs 均接受了 CAS 的管辖,这使各 IFs 内部仲裁裁决不再具有终局性,但在传统上各 IFs 均通过其章程以明确的措辞和强硬的态度肯定了自身仲裁裁决的终局性,这一做法仍然在其他一些体育协会中延续着,即便是在 IFs 体制下,也并非所有争议均不具有终局性。根据 IAAF 接受 CAS 管辖的制度安排,IAAF 仅将与兴奋剂相关的争议提交 CAS 管辖,而对于兴奋剂之外的包括参赛资格等问题仍然适用《国际田联章程》第二部分第 21(4)条之规定:"(内部)仲裁庭的裁决是终局的,并对所有当事人、IAAF 所有成员具有拘束力,不得对仲裁庭裁决提出任何上诉。"但 CAS 凭借其权威性逐步取得了对各体育协会的影响力,各 IFs 纷纷接受 CAS 的外部管辖充分说明了体育协会内部裁决机制的终局性必然将转变为一个历史的记忆,向外部敞开是内部仲裁机制的历史

---

① Mattieu Reeb, Digest of CAS Awards Ⅲ (2001—2003), Hague: Kluwer Law International, 2004, pp.489-502.

② Mattieu Reeb, Digest of CAS Awards Ⅲ (2001—2003), Hague: Kluwer Law International, 2004, pp.478-488.

宿命。

(二)接近正义:外部程序之衔接

法治以透明为要义,以敞开为路径。尽管各体育协会努力维持其行业自治地位,但内部仲裁程序因有悖于正当程序的架构而与正义格格不入。学者指出,没有公开则无所谓正义。[①] 即便是以私密为特征的仲裁,也必须维持必要和适当的程序公开性,毕竟透明是程序正义的表现之一。

体育行业的敞开性直接与其自治性要求相冲突,行业在何种程度上依恋自治就在相反的程度上拒绝行业敞开的尺度。然而体育行业毕竟不是悬浮在世俗国家体制之上的存在,它必须认可国家的法治进程并在法治化进程所涉的范围内调整自身的自治姿态。考察当代体育协会内部仲裁程序的敞开格局,它主要包含两方面的衔接:一是衔接外部仲裁程序,二是衔接司法程序。

1.衔接外部仲裁程序

最主要的外部仲裁程序是指 CAS 上诉仲裁机制,此外,包括 AAA 在内的其他中立仲裁机制也常为有关体育协会所援引。CAS 凭借它与 IOC 之间的历史渊源,被后者确定为唯一的适格机构以专属管辖与奥运会相关的体育争议。IOC 作为体育世界范围内最为重要的柱石,其所辖组织和赛事极其广泛,CAS 管辖的臂膀伴随整个世界涉入奥林匹克运动的程度而逐步拓展。包括 IAAF 和 FIFA 在内的所有 IFs 均进入了 CAS 的一体化仲裁制度安排,而无游离其外者。IFs 向 CAS 敞开的主要方式是在其章程中将仲裁协议制度化为章程条款,一旦相关成员或组织参与其举办的赛事活动或者成为其成员,则 CAS 作为独立的外部仲裁方式就向他提供了接近正义的最高保证。《国际体操协会章程》第 21 条设定了 CAS 仲裁条款:"由上诉庭作出的任何决定均可排他性地提交瑞士洛桑 CAS 仲裁,由其根据《与体育相关的仲裁法典》裁决争议。"《国际业余摔跤协会章程》第 38 条第 3 款规定,FILA 与其成员之间或其两个成员之间发生之争议提交 CAS 仲裁,不管相关国家在管辖权问题上作何立法;CAS 作为最后一级上诉机构将裁决提交给它的所有有效上诉;上诉人必须排他性地遵守国际体育仲裁院章程与规章及其裁决。而《国际业余游泳协会章程》第 20 条也作了类似的规定,在 FINA 与其成员之间或各成员之

---

① Michael D. Bayles, *Procedural Justice*, London: Kluwer Publishing Company, 1990, p.42.

间发生的争议可提交瑞士洛桑 CAS 仲裁;CAS 作出的任何裁决都是终局的,对当事人产生拘束力。通过诸如此类仲裁条款,各 IFs 原来紧闭的程序机制降格为 CAS 的下级程序,CAS 则成为凌驾于 IFs 之上的终端救济机制,[①]它与各内部仲裁程序组成一个仲裁金字塔,而 CAS 则处于金字塔的塔尖。

应当指出,各 IFs 向 CAS 仲裁程序敞开使其自治理念在当代法治化进程中得以保全。当 CAS 成为各内部仲裁程序的终端救济机制时,CAS 同时作为一个终点锁定了各 IFs 继续向外敞开的程度。尽管从理论上讲瑞士联邦最高法院仍然可以对 CAS 的裁决行使司法监督的权力,但瑞士司法机关在过往案例中对 CAS 裁决既判力和终局性的维护非常鲜明地流露出《与体育相关的仲裁法典》第 59 条第 3 款规定之精神,即仲裁裁决是终局的,对当事人具有拘束力;当事人在瑞士无住所、惯常居所或营业机构且仲裁协议或随后所签之协议,特别是在仲裁开始时签订的协议,已明示排除所有撤销程序时,不得通过撤销之诉对裁决提出异议。CAS 之所以能达到“敞开的收敛”之效果,[②]关键在于各 IFs 通过放弃内部仲裁机制的非中立性,而将纠纷自治的道德正当性转交给更具独立气质,且经受住司法机关考验并赢得司法尊重的 CAS 之肩上。至此,各 IFs 完成了从自治到敞开,并通过敞开而抵达收敛之效果,最终实现自治精义的现代革命。而 CAS 则凭借其与各内部仲裁机制之间的距离获得了中立的地位,赢得了纠纷当事人、各 IFs,尤其是司法机关的尊重和认可,从而阻止了司法机关对体育行业可能的不适当介入,在体育界的整体行业自治与司法系统之间设立了一道“防火墙”。因此,各 IFs 向 CAS 敞开的全部意义和价值可高度概括为一句话:以整体自治置换个别自治。

2.衔接国家司法程序

各体育协会内部仲裁程序向外敞开的第二种方式是向司法程序敞开。向司法程序敞开是最为彻底的自治精神之流失,它同时也必然获得更高程度的法治补偿。尽管奥林匹克委员会项下各协会均以接受 CAS 管辖条款的方式选择了向 CAS 的敞开道路,但是仍然有很多体育协会或机构游离于 CAS 的仲裁制度框架之外,对于它们而言,很可能仍然在固守着高度的自治理念。然而其内部仲裁或准仲裁程序先天结构的畸形倾斜难以满足司法机关的审美品

---

① Robert C.R.Siekmann, Janwillem Soek, *Arbitral and Disciplinary Rules of International Sports Organizations*, Hague: I.M.C.Asser Press, 2001, p.3.

② 刘想树主编:《国际体育仲裁研究》,法律出版社 2010 年版,第 190 页。

位,也就不足以赖以维持其自我封闭的要求。对于此类协会的内部救济程序
而言,它们将直接裸露在司法机关的审美评判之下,纠纷当事人完全可就内部
仲裁程序的正当性瑕疵诉诸法院,即便该类体育协会赋予内部仲裁裁决以终
局性效力,但此类承诺不过是一种痴人说梦式的自语,不具有法律上的拘束
力,德国体育协会的实践与德国司法机关的态度即这方面的典型。在德国,每
个体育协会内部一般都存在三层纠纷解决机制,一个体育纠纷首先需要经过
协会的主席等类似的官员解决,其后则向协会内部某一委员会上诉,最后则可
向协会成员大会组建的最终裁决委员会上诉。尽管大多数协会均规定经过终
局裁决后,不得再提交其他纠纷解决机制重开讼事,有的甚至明确约定禁止向
法院诉讼,然而由于协会内部仲裁程序难以达到标准仲裁裁决的规格,德国法
院明确认为,体育协会章程条款不能排除法院的司法管辖权,此类禁止当事人
向法院起诉的条款是无效的。① 可见,体育协会内部自助式救济机制由于缺
乏真正仲裁裁决所必需的中立性品质,它要维持自我封闭就难以可能。如果
体育协会没有跟随 IFs 等机构的做法,为自己的内部救济程序选择一个适格
的、真正中立的仲裁程序作为实现自我法治化的手段,那么法院的司法介入就
无可阻挡了。

　　同时应当提及的是,即便纠纷当事人选择了诸如 CAS 之类的独立仲裁程
序作为敞开的对象,法院仍然存在介入的可能,但法院在判断是否需要介入的
时候考虑得最多的仍然是此类仲裁机构是否是真正地保持了与纠纷当事人之
双方超然中立的立场。如果 CAS 之类的仲裁机构仍然具有"附属"或"依附"
的奴性,则法院仍然会揭开体育协会收敛自我的面纱。在 Gundel vs. FEI 的
案件中,申请人 Gundel 就以被申请人为 IOC 所属协会,而 IOC 对作为裁决者
的 CAS 提供了财政资助和组织支持为由,质疑 CAS 的独立性,瑞士法院尽管
维持了 CAS 的裁决,但仍然表明了其态度,即只有真正独立的仲裁机制才能
作为法治精神的承载者,从而中止体育协会继续向外敞开的进程。有观点进
一步指出,当一个人受到某一组织的决定的影响,而该个人并非该组织的成
员,只有机构或拟制的法人才能成为该组织的成员,而该个人可能仅仅是该组
织下属的某一机构的成员,该个人应当有权就该组织的决定提出异议,或是向
法院起诉其遭受的该组织对其施加的处罚,在涉及处罚的案件中,司法保护的

---

① 郭树理:《体育纠纷的多元化救济机制探讨——比较法与国际法的视野》,法律出
版社 2004 年版,第 204～207 页。

权限范围应当扩展到那些并非该组织成员的个人,只要该个人也必须遵守该组织的有关规则;此外,该组织的有关决定必须是公开的,必须接受独立的司法监督,该监督可能由一个仲裁庭来实现,条件是该仲裁庭必须是真正的仲裁庭,而不能是对纠纷处理结果有利益的该组织的某一组成机构。[①]

可见,内部仲裁程序之所以需要敞开,关键在于纠纷当事人是否得到了真正中立的对待和关照,客观中立的救济程序是否向当事人敞开,并为当事人接近它提供了机会和可能。该中立救济程序既可以是诉讼程序,也可以是外部仲裁程序。当然,从"司法监督不容剥夺"的精神出发,[②]任何一种纠纷,包括体育纠纷无论经过何种程序的救济和处理,它终极性地将接受法院的审查,即便是独立权威如CAS者也必须接受瑞士联邦最高法院依据公法上诉进行的司法监督和审查,因此,体育协会内部救济程序的敞开最终仍然是向司法程序的敞开。但从裁决既判力角度出发,中立仲裁裁决具有法律赋予的既判力,一旦有效作出即具有终结程序的逻辑结果。在这一意义上,外部仲裁程序仍然具有接受内部仲裁程序敞开自我的正当资格。无论如何,对于是否敞开的话题已经没有多少探讨的余地,体育协会内部救济程序向外衔接已然是无可逃避的历史命运,关键的问题是如何衔接,及其幅度与方式。

(三)程序法治:行业自治与接近正义之关系

1.黄金分割:竞技规则例外

体育行业毕竟有其独特的规律,它向外界的衔接并非是毫无保留的开放和透明过程,在敞开与自治之间必须设定一黄金分割点,才能在恰当的比例上体现正义之治。一般认为,体育行业内部救济机制可以保留其在技术性规则上(rules of game)的自治权限,至于非技术性规则,尤其是指法律性规则(rules of law)必须接受中立机关的司法审查和复核[③]。

之所以在技术性规则和非技术性规则之间划上一条界线,作为体育协会行业自治的空间和天堂,主要原因在于外部仲裁机构或司法机关在技术性问

---

① [英]布莱克肖:《体育纠纷的调解解决——国内与国际的视野》,郭树理译,中国检察出版社 2005 年版,第 186 页。

② Mauro Rubino Sammartano, *International Arbitration Law and Practice*, Beijing:CITIC Publishing House,2003,p.356.

③ Gabrielle Kaufmann-Kohler, *Arbitration at the Olympics:Issues of Fast-track Dispute Resolution and Sports Law*, London:Kluwer Law International,2001,pp.15-24.

题上的相对劣势。的确,相对于专业的赛场裁判而言,正如波斯纳法官(Richard Posner)指出的那样:"在确定运动员资格的合格性或确定合格性的程序方面,很多机构都比法院更为合适……"①对赛场裁判员在技术规则上的理解、运用及其作出的裁判进行尊重,这不仅是遵守比赛规则的规定和精神,也是CAS一贯坚持的要求,即掌控比赛的裁判人员之权力不应受到破坏。②禁止对裁判的实体问题进行裁决,可以有效免除仲裁员不当地作为第二个赛事裁判③,除非此类裁判方式存在恶意、专断等不当行为④。CAS特设分庭于悉尼奥运会仲裁的Segura、Kibunde和Neykova三个案件都涉及这一问题,仲裁庭重述了如下规则:所有体育事项中产生的争议(当然应为仲裁协议所包括),无论其所指事项为何,均可仲裁。但当争议涉及竞赛或技术性规则时,仲裁庭不得干涉裁判员在竞技场上作出的决定,除非这些规则被不诚实地(如贿赂)、恶意地或独裁、非法地滥用。⑤

敞开与自治的界限反映了法治精神的宽容,它一方面给予体育界足够充分的自由去根据自身特质发展和促进体育行业,另一方面也为体育行业的自治划定一个正义的框架和平台,使体育行业在正义的舞台上自由行动而不恣意放纵。

2.衔接前提:穷尽内部救济

体育行业的敞开并不是无条件的,行业自治的尊荣再次通过一项技术性原则得到强化,即"穷尽内部救济"原则。穷尽内部救济原则要求体育行业的救济程序应当在耗尽之前不对外衔接,此项技术性原则通过各体育协会内部救济程序在上诉级次、步骤和条件设定上的"递进"机制所保障。各体育协会一般都要求当事人首先将争议提交内部仲裁庭裁决,在其作出裁决后,方可就

---

① 〔英〕布莱克肖:《体育纠纷的调解解决——国内与国际的视野》,郭树理译,中国检察出版社2005年版,第4~5页。

② Mattieu Reeb, Digest of CAS Awards Ⅲ(2001—2003), Hague:Kluwer Law International,2004,pp.489-503.

③ James A.R.Nafziger, Arbitration of Rights and Obligations in the International Sports Arena, *Valparaiso University Law Review*,2001,35(2),pp.357-377.

④ Mattieu Reeb, Digest of CAS Awards Ⅲ(2001—2003), Hague:Kluwer Law International,2004,pp.611-616.

⑤ Gabrielle Kaufmann-Kohler, *Arbitration at the Olympics*:*Issues of Fast-track Dispute Resolution and Sports Law*,London:Kluwer Law International,2001,pp.7-8.

该裁决寻求外部救济。这里的问题是,如何界定内部救济是否穷尽。一个独立且中立的外部仲裁程序经体育协会章程援引后,是否应当算作内部救济程序而必须被耗尽方可诉诸法院;另一个问题则是,外部仲裁机构在接受仲裁的时候,是否需要当事人以"穷尽内部救济"为条件,换言之,穷尽内部救济原则是否同样适用于体育协会内、外仲裁程序之间。此处分两步论述之。

(1)外部中立仲裁程序经体育协会内部规章援引后能否算作内部救济?对于这一问题的回答或许参考如下案例具有启发意义。1993 年美国弗吉尼亚地区法院审理的 Barnes vs. IAAF 案表明,外部中立仲裁程序在经过内部援引后应算作内部救济程序,且必须穷尽该仲裁程序后方可向司法机关起诉。案情大致如下:美国田径运动员 Eric Barnes 是铅球选手,在 IAAF 举办的一次赛事中被查出服用违禁品而被美国田径协会反兴奋剂委员会(Track Anti-Doping Committee,以下简称 TAC)禁赛两年。TAC 规定的内部救济程序是,当事人首先得向 TAC 上诉,如果对其裁决不服,则根据《美国业余体育法》向 AAA 下属仲裁机构提起仲裁。Barnes 向 TAC 上诉后,径自绕过 AAA 而向法院提起诉讼。法院认为"穷尽内部救济"原则没有得到尊重,原告应当先向 AAA 提起仲裁。Barnes 认为,国家立法并未明确确立该原则,AAA 程序无法提供救济,且自己有可能遭遇歧视等不公正待遇。法官指出,该原则已经通过判例得以确立;原告如果采用 AAA 仲裁程序解决争议并不会因为拖延时间而遭受不利司法判决,也不存在所谓的歧视或偏见。最后法官驳回了原告的请求。[①]

该案将 AAA 这一外部中立仲裁机构的救济也视作内部救济,因而要求当事人必须首先穷尽这一程序。法院的做法一方面可以解读为是尊重行业自治,另一方面法院也注意到了 AAA 尽管是一个中立的外部仲裁程序,但经过 TAC 的内部援引条款后,AAA 已被援引为内部救济程序的延伸,但是法官的这一做法面临着一个悖论:一方面如果 AAA 救济程序是体育协会 TAC 的内部援引条款所致,则法官以未能"穷尽内部救济"原则驳回原告的诉讼请求似乎并不妥当,更为合适的做法应该是以当事人之间存在仲裁协议为由拒绝行使管辖权,因为真正的仲裁协议本身即具有碍诉抗辩权。[②] 另一方面,如果法

---

① 郭树理:《体育纠纷的多元化救济机制探讨——比较法与国际法的视野》,法律出版社 2004 年版,第 190~193 页。

② 邱联恭:《仲裁契约之妨诉抗辩效力》,载《台大法学论丛》1992 年第 22(1)期。

官以未能"穷尽内部救济"为由拒绝行使管辖权,则是否意味着当事人在利用AAA程序之后,法院即可以当事人已经"穷尽内部救济"为由进行救济,但这样一来,由于AAA是独立之仲裁程序,则其作出的仲裁裁决具有既判力,法官不得再次受理。换言之,本案法官即便不利用"穷尽内部救济原则"也能更加正当地以仲裁协议之有效存在或仲裁裁决具有既判力为依据而拒绝行使管辖权;如果法院在AAA作出裁决后继续行使管辖权,则可能违反了中立仲裁裁决具有既判力之原则。

(2)外部中立仲裁机构作为救济主体是否也必须尊重"穷尽内部救济原则"？一般情况下,外部仲裁机构行使管辖权需要以有效的仲裁协议为前提,如果体育协会将中立仲裁程序制度化为章程仲裁条款,则此时该体育协会通常会对内部救济程序与该中立仲裁程序之顺序进行设定,在此种情况下,仲裁机构没有必要运用该原则,只需遵守体育协会设定的顺序即可。

如果体育协会没有制度化外部仲裁程序的仲裁条款,则当事人之间无论是另外签署的书面仲裁协议还是以行为形成的仲裁合意,均是外部仲裁机构取得管辖权的根据,而此时外部仲裁机构是否需要建议当事人首先穷尽内部救济呢？笔者以为,当事人于纠纷发生后签署仲裁协议即表明当事人默示放弃内部救济程序的运用,此时仲裁机构没有必要运用该原则而要求当事人去进行烦琐而累赘的内部仲裁程序。

至于体育协会虽然规定了外部仲裁条款,但却没有对内外部救济程序的顺序进行设计,此时当事人如果径直选择向外部仲裁机构提请仲裁,而对方当事人则要求按照内部救济程序进行救济,此时仲裁机构能否受理;如果能够受理,是否需要当事人满足穷尽内部救济原则。笔者以为,对于此种情况,外部仲裁机构应当行使管辖权,而不应受"穷尽内部救济"原则之拘束,因为内外部救济程序在未设定顺序的情况下,则一般认为是选择性的,体育协会制定的仲裁条款形成一个开放要约,一方当事人选择向外部仲裁机构提请仲裁即一种有效的承诺行为。因此,在内外部救济机制未设定顺序的情况下,外部仲裁机构一般无须要求当事人"穷尽内部救济",除非该外部仲裁机构的仲裁规则明确地自我限定,要求行使仲裁管辖权需"穷尽内部救济"为前提,CAS仲裁规则即如此。CAS非常谨慎地在仲裁规则中明确设定该原则以强调其对体育协会内部救济程序的尊重,CAS《仲裁法典》第47条即规定:"当事人可以就纪律委员会或协会、联合会或体育组织的类似机构所作的决定提出上诉,只要前述体育机构的章程或条例如此规定或当事人达成特别仲裁协议且上诉人在上诉前已根据前述章程或条例穷尽其可适用的法律救济。"CAS立法的规定不过是在展示一种姿态,通过以退为进的方式进一步巩固自己管辖权取得的适格性,以此避免来自体育协会的、可能的对其管辖权的抗辩。

总结而言,"穷尽内部救济原则"作为衔接体育协会内外部仲裁程序的技术性规则,它一方面有助于捍卫行业尊荣,体现自治精神的现代延伸;另一方面也可以促进行业透明,给予行业生命以法治关怀。但该原则也可能产生负面的消极因素,最大的弊端即在于该原则很可能使内部救济程序变成垃圾程序,即当事人不想经历、但不得不经历的程序,它唯一的产物是贬损解纷效率,并使内部救济机制的案件分担功能形同虚设。鉴于该原则承载的是司法对体育业的体贴与呵护,因此程序上的某些潜在消极影响还是可以容忍的,更何况体育协会内部救济程序一般耗时不多,且历经内部过滤之后的体育纠纷在事实和法律上经过初步处理后将更有利于提高外部救济程序进行深度加工的效率。

三、CAS 竞技体育仲裁程序

CAS的竞技体育仲裁机制是其核心竞争力。它包含仲裁诉答、仲裁推动、审前筹划、仲裁庭审和仲裁裁决五个子程序,并根据竞技体育的独特性进行了因应调整。建设独立的中国竞技体育仲裁机制的有效路径之一即实现CAS的中国化而成中国体育仲裁院(Chinese Court of Arbitration for Sports,以下简称CCAS)。CAS程序构造上的两阶化的诉答程序、强势的仲裁庭、科学的案件管理,以及高效的仲裁节奏等内容是CCAS资鉴参照的重点所在。[①]

CAS是世界范围内最主要和权威的专题性体育争议仲裁机构。按照其所辖争议性质之不同,该院共设计了两大类型的程序机制:一是与体育相关的商事类仲裁程序,二是竞技类体育仲裁程序。[②] 仲裁体育竞技类争议是CAS

[①] 本部分是在《竞技体育仲裁程序析论——对CAS之考察及其本土化》一文基础上经调整扩充而成,该文刊登在《天津体育学院学报》2011年第2期。特此说明,并致谢忱!

[②] 除此之外,CAS还有一种咨询程序(Advisory Opinions Procedure),但它并不属于严格的仲裁程序。张春良:《论奥运会体育仲裁程序》,载《西安体育学院学报》2007年第24(5)期。

的比较优势。体育竞技类争议与商事类争议在性质上具有重大差异,带有准行政性色彩,这根本决定了竞技类仲裁程序必须在构造上进行因应调整,使其贴合争议个性。中国体育仲裁机制的建设在现阶段已是众望所归,CAS竞技类仲裁程序作为国际体育界最优势经验的凝聚与总结,是建设我国竞技体育仲裁机制的不二旁鉴。

(一)仲裁申请与答辩

1.仲裁申请之有效要件

仲裁申请是对仲裁程序的触发,它必须满足相关要件才能有效启动程序。归纳CAS《与体育相关的仲裁法典》之相关内容,此类要件包括竞技类申请主体资格、主题事项、文件资料、时效、费用和语言等。

(1)主体适格

竞技体育仲裁当事人之间的关系具有纵向性而非平位性。能够向CAS提交竞技类仲裁申请的当事人必须具有组织上的隶属性[①],此种组织上的隶属性既可以表现为相对稳定的形态,即某一体育协会与其成员之间的关系,也可能表现为暂时的隶属。后者的典型形式就是参加某一体育组织主持的活动,从而在参与者与主持者之间形成暂时的隶属关系。申请人与被申请人之间的组织隶属性决定了二者地位的不均衡,也因此,在国际体育竞赛中同场竞技的运动员尽管其追求和争夺的标的一样,但其地位的平等性决定了他们之间不能作为CAS竞技类仲裁程序的双方当事人,更多的情况是彼此作为案件证人或第三人,不具有适格的主体资格。

体育纠纷当事人的适格问题还牵涉行为能力的判断。当事人是否可将争议付诸CAS竞技类仲裁,亦即当事人之间缔结的体育仲裁协议是否有效,其行为能力的判断就成为关键要件。体育纠纷当事人的身份具有特殊性,除了运动员个人、体育协会外,还包括NOCs等国家级机构、IOC这些国际性组织,这使得体育仲裁协议既可能表现为以国际性机构、国家性机构为一方当事人与某一私人签订的协议形式,又可能表现为国际性机构与国家性机构之间

---

① 有学者即指出:CAS竞技类仲裁程序预设了体育协会对其成员的裁决被提起上诉之情形。Christian Krahe,The Appeals Procedure before the CAS,I.S.Blackshaw,R.C.R.Siekmann and J.W.Soek（eds）,The Court of Arbitration for Sport 1984—2004,Hague:T.M.C. Press,2006,p.99.

签订的协议形式。而对于国家性机构能否缔结仲裁协议,商事仲裁立法和实践展现出三种模态[1]:一是不限制国家缔结仲裁协议的能力,如美国、德国、法国等;二是禁止国家具有缔结仲裁协议的能力,如沙特阿拉伯、印度尼西亚等;三是以禁止国家及其机构缔结仲裁协议为原则,但允许例外,如比利时等。国际体育仲裁大量地涉及此类协议形式,作为当事人之一的国家性机构、国际性机构,其行为能力之判断不同于国际商事仲裁,一般采取不限制原则,直接认定其具有缔结仲裁协议、提交体育仲裁的行为能力。而且,在法律定性上,这些机构并非官方机构,而具有民间私法主体地位。

此外,提交 CAS 竞技类仲裁的自然人也应当具备相应的行为能力。行为能力是赋予当事人所实施行为以肯定性法律效力的条件,在一般商事仲裁中,其法律适用通常根据国际私法规则指引准据法予以评判。由于各国立法常以年龄作为评价标准来衡量当事人的精神状况和智力程度,据此确定其行为能力及其程度,因此年龄转而成为判断当事人相应行为能力的标准。鉴于各运动项目的特质不同,某些项目的参赛者出现低龄化趋势,[2]很多参赛者并不具有完全的行为能力,他们以书面或实际行动缔结之体育仲裁协议是否有效,国际体育仲裁实践对之抱以沉默的肯定。

运动员参与赛事不仅旨在谋求私性名利,而且在奥运会之类的赛制下必然地涉及国家荣誉和集体利益。这使参赛运动员的行为具有了国家或民族的符号与象征意义,其缔结仲裁协议的行为能力也相应地受到影响。只有在得到本国奥委会的确认之后,参赛者缔结仲裁协议的行为才具有相应的法律效力。CAS 在 2002 年盐湖城奥运会上的特设分庭就于当年 4 月 12 日作出的一份裁决中指出,未经参赛者所属国家奥委会签署的奥运会参赛表是一份不具法律拘束力的单边文件,尤其是不能导致其中之仲裁条款的适用。[3]

---

[1] 刘想树:《中国涉外仲裁裁决制度与学理研究》,法律出版社 2001 年,第 55～56 页。

[2] 比如体操、跳水等项目便普遍存在低龄化的特点,运动员的黄金体育生涯往往出现在法定 18 岁完全行为能力的标准之下,这就产生了行为能力的危机问题。

[3] See Arbitration CAS ad hoc Division(OWG Salt Lake City 2002)003,Bassani-Antivari/International Olympic Committee(IOC),award of 12 February 2002,Digest of CAS Awards Ⅲ(2001—2003),edited by Matthieu Reeb,Estelle du La Rochefouchauld,Hague:Kluwer Law International,2004,pp.585-591.

（2）主题适格

竞技类仲裁申请书所载之主题应当满足法然态可仲裁性和实然态可仲裁性，方具备适当的资格。[①] 在法然态可仲裁性层面，能提交仲裁予以裁断之争议应当是体育协会或行会对参赛者的纪律处罚性决定。CAS《与体育相关的仲裁法典》第 47 条明确了这一点，CAS 仲裁庭也曾在 2003 年 3 月 28 日作出裁决，指出竞技类仲裁程序针对的裁决应当是处罚性的，无论该裁决是由体育组织的司法性机构作出还是行政性机构作出。[②]

申请人在列示仲裁主题事项时还得满足实然态可仲裁性，即他只能将当事人之间约定的事项提交仲裁，不得逾越双方协定的仲裁范围。应当注意的是，由于 CAS 竞技类仲裁程序裁决的是来自各体育协会作出的内部处罚性决定，且各体育协会允许提交竞技类仲裁的主题事项各不相同，这就使不同体育协会章程中载明的实然态可仲裁事项存在较大的差异，尤其体现在兴奋剂争议和非兴奋剂争议的区分上。比如 IAAF 和 FIFA 所确定的可提交 CAS 仲裁的事项范围就有很大的不同，IAAF 仅将 CAS 竞技类仲裁程序用作救济兴奋剂相关之争议，即唯有针对有关兴奋剂事项而作出的处罚性决定方具备 CAS 仲裁主题适格的条件[③]，如果当事人将其外争议纳入仲裁范畴，则将受到 CAS 竞技类仲裁庭之拒绝[④]。而 FIFA 则赋予 CAS 以广泛的管辖权，其处罚性裁决均可被诉诸 CAS 仲裁。

（3）文件适格

竞技类申请人提交的文件应当在形式和实体内容上满足相关要求，才能

[①]　美国仲裁立法就将可仲裁性区分为两类：一是法律规定可仲裁的事项，此为法定可仲裁性；二是当事人在法定可仲裁的范围之内通过仲裁协议约定提交争议的事项，此为约定可仲裁性。Julian D. M. Lew，Loukas A. Mistelis，and Stefan M Kroll，Comparative International Commercial Arbitration，New York：Kluwer Law International，2003，p.188.

[②]　See Arbitration CAS 2002/A/409，Longo/International Association of Athletics Federations(IAAF)，award of 28 March 2003. Digest of CAS Awards Ⅲ（2001—2003），edited by Matthieu Reeb，Estelle du La Rochefouchauld，Hague：Kluwer Law International，2004，pp.403-409.

[③]　刘想树主编：《国际体育仲裁研究》，法律出版社 2010 年版，第 112 页。

[④]　See Arbitration CAS 2002/A/409，Longo/International Association of Athletics Federations(IAAF)，award of 28 March 2003，Digest of CAS Awards Ⅲ（2001—2003），edited by Matthieu Reeb，Estelle du La Rochefouchauld，Hague：Kluwer Law International，2004，pp.403-409.

发生仲裁申请的效果。根据 CAS《与体育相关的仲裁法典》第 48 条、第 51 条之规定,竞技类仲裁申请的文件包括递进的两个部分:一是上诉陈述书(statements of appeal),二是上诉摘要书(brief of appeal)。上诉陈述书主要载明仲裁申请双方当事人的基本情况、被上诉的裁决、救济请求、仲裁员的指定、停止执行被上诉裁决及其理由、仲裁协议及副本等。上诉摘要书则载明事实根据和法律理由,并附具相关证据。在数量上,此类文件应当备足副本,保证当事人、律师、仲裁员人手一份,同时需提交一份给 CAS。

(4)遵守时效

由于 CAS 竞技类仲裁申请是由陈述书和摘要书两个部分构成,且二者在提交的时间点上存在落差,因此其时效就涉及两个方面:一是提交上诉陈述书的时效,二是提交上诉摘要书的时效。上诉陈述书的提交期限一般由各体育协会或行会章程予以确定,否则即从被上诉的裁决送达之日起计算,为 21 天。在提交的顺序和衔接上,上诉陈述书一旦提交即意味着当事人启动仲裁程序,但申请人必须在上诉期限届满后十日内再次向 CAS 提交上诉摘要书,否则即视为撤回仲裁申请。

(5)支付费用

与国际商事仲裁当事人需要承担昂贵的费用不同,CAS 竞技类仲裁和奥运会特设分庭仲裁均为免费仲裁。但为保证仲裁程序正常推进之必要费用,则需当事人予以承担。此类费用主要包括两类:一是仲裁院办公室费用,是为维持 CAS 仲裁庭正常运转的必要费用,需由竞技类申请人在提交上诉陈述书时缴纳①。若申请人拒绝支付,则竞技类申请视作撤回。一旦缴纳,该笔费用不论何种理由均不退还。二是专家、证人、翻译等技术人员的费用,一般由当事人预交,仲裁庭对于此类费用的分配应当在裁决中载明,并充分考虑仲裁裁决之结果,以及当事人的行为和经济承受能力。此外,竞技类仲裁处主席在必要时可以依职权或在仲裁庭请求的情况下,决定收取根据 CAS 费用表计算的仲裁员报酬和开支。

(6)语言适格

语言是交流的工具,要保证当事人能充分陈述和畅所欲言,必须确定适当的仲裁语言。CAS 竞技类仲裁的正式语言为英语和法语,由首席或独任仲裁员充分考虑和权衡相关案件的具体情况,对双方当事人的仲裁语言予以定夺。

---

① 此笔费用最少为 500 瑞士法郎。

双方当事人也可根据自己的意志选择其他语言进行仲裁,但由此产生的翻译费用应归当事人负担。

2.仲裁申请之内容

申请书应载明的实体内容包括:当事人提起的救济请求、仲裁员的选任与仲裁庭的组建、争议事实及法律根据。此外,申请人还可根据案件情况和个人利益提请仲裁庭中止执行被上诉的裁决、采取保全措施和临时措施、请求合并仲裁和增设仲裁第三人等。

(1)提出救济请求

救济请求的类型因被上诉裁决的不同而有所区别。各体育组织章程所设定的纪律处罚性条款主要属于一种资格处罚,诸如禁赛、剥夺证书和奖金①。其中,禁赛是对被处罚者参赛自由的一种限制,它既可以是对某一次比赛资格的剥夺,又可能是一段时间内乃至非跨越终身的禁赛。它与剥夺获奖证书相同,均属于一种资格处罚,不过剥夺证书是对资格的追溯剥夺,而禁赛则是对资格的前瞻否定。基于此,申请人提出的救济请求也主要是一种撤销之诉。

至于申请人能否提起变更之诉,即要求 CAS 等仲裁机构直接改变体育组织内部的处罚决定,仲裁实践在这一点上表现出反对理论的姿态。由于体育协会之处罚决定更具行政处罚的色彩,对其提出的救济就具有了准行政诉讼的属性。根据行政诉讼法理,法院对案件的裁决原则上只能撤销或确认行政处罚决定,因为在法院与行政机关之间存在分工,法院在行使司法权时应当谨慎地避免自身过分涉入行政权力的范畴,避免自己成为第二个行政机关,因此司法机关在理论上不得变更行政机关的裁决,除非该裁决对公平的漠视达到了显著的程度即显失公平时,司法机关才能予以干预性变更。同理,CAS 等外部仲裁机构在为体育组织的准行政处罚性决定提供救济时,原则上也应当尊重和维持体育组织的自治和权限,防止自身退化为第二个体育组织而滥施权力,更为恰当的态度则是对双方当事人抱以同情和同等的立场,居中评判体育组织裁定之合法性和合理性,并据此予以肯定(确认)和否定(撤销)评价,至

---

① 根据 FIM 的相关规定,可以实施的处罚包括警告、罚金、停止比赛并离开赛场(stop and go)、时间刑、剥夺资格、撤销比赛结果、中止比赛资格、驱逐。See Article 3.2 of the Road Racing World Championship Grand Prix Regulations of FIM.

于变更之权限保留在体育组织手中似乎更合逻辑①。但 CAS 仲裁实践表明，仲裁庭不仅可以确认或撤销被上诉的处罚性决定，而且还可以变更该处罚决定，减轻②乃至加重③被上诉的处罚。

此外，当事人在提出救济请求时还应当遵守体育仲裁的基本规则，即不得请求仲裁庭对赛场裁决、对比赛技术性规则的运用和解释等事项进行审查、变更乃至撤销④。

（2）选任仲裁员

CAS 竞技类上诉仲裁庭原则上由三名仲裁员组成合议庭，但双方当事人约定采取独任制仲裁庭则属例外，如果仲裁处负责人认为情况紧急，也可采取独任仲裁的形式。申请人应当在申请书中确定自己中意的仲裁员，该仲裁员应从 ICAS 确定的仲裁员名单中选出；如果采取独任仲裁庭的形式，申请人应当在申请书中列明。

---

① 例如，在 Nabokov & Russian Olympic Committee & Russian Ice Hockey Federation vs. International Ice Hockey Federation 案中，CAS 仲裁庭尽管不同意被申请人的处罚决定，但未在仲裁裁决中直接变更该决定，而是将案件发回给澳大利亚滑雪选拔小组（Skiing Australia Limited Selection Panel）重新考虑申请人的参赛资格。See Arbitration CAS 2002/A/361，Berchtold/Skiing Australia Limited（SAL），award of 19 February 2002，Digest of CAS Awards Ⅲ（2001—2003），edited by Matthieu Reeb，Estelle du La Rochefouchauld，Hague：Kluwer Law International，2004，pp.511-515.

② 在 PSV Eindhoven vs. Union of European Football Association（UEFA）案件中，CAS 仲裁庭则直接将申请人被处罚的 50000 瑞士法郎减轻至 30000 瑞士法郎。See Arbitration CAS 2002/A/423，PSV Eindhoven/Union of European Football Association（UEFA），award of 3 June 2003（translation），Digest of CAS Awards Ⅲ（2001—2003），Edited by Matthieu Reeb，Estelle du La Rochefouchauld，Hague：Kluwer Law International，2004，pp.537-550.

③ 某些体育组织甚至直接在其章程中授权 CAS 可以加重对被处罚决定的幅度，如国际马术协会法规第 166 条即规定，CAS 有权实施司法委员会的处罚权限；在适当的情况下，CAS 可以实施比一级救济程序更为严重的处罚，只要该处罚不逾越作出被竞技类决定的机构有权实施的处罚范围。这与司法救济中的竞技类不加刑原则有所不同。

④ 当然，这还得区分事关技术规则本身的争议还是对技术规则的运用方式之争议。技术规则的运用方式进入了法律规则的范畴，因此也可提请仲裁或司法复审。Frank Oschiitz，The Arbitrability of Sport Disputes and the Rules of the Game. I.S.Blackshaw，R.C.R.Siekmann and J.W.Soek（eds），The Court of Arbitration for Sport 1984—2004，Hague：T.M.C. Press，2006，p.205.

（3）请求中止执行被上诉裁决

行政诉讼领域采取"起诉不停止执行"规则，即当事人对行政处罚提起诉讼的行为并不当然地阻止该处罚行为发生效力，除非作出处罚的行政机关主动或者法院依据职权裁定中止执行。体育组织之处罚裁决具有类似的效果，申请人向 CAS 提出申诉，并不能妨碍该处罚裁决停止或中止执行。因此，申请人如果想要暂时中止该裁决之执行，则应当在申请书中明确提出相关要求，并附具充足的理由，由 CAS 仲裁庭依据职权予以裁定。当然，体育组织也可主动中止执行该处罚决定。

（4）请求采取保全措施和临时措施

临时措施和保全措施是为保证和促进仲裁程序的流畅展开及仲裁裁决的顺利执行而设定的制度。在商事仲裁领域，临时措施和保全措施采取的是"三权分立"的模式，即受理权、决定权和实施权分开来，由不同的机构行使。绝大多数国家都将实施临时措施和保全措施的权限独断地赋予司法机关，而各国立法存在分歧的地方则是受理权和决定权的配置方式不同。CAS 仲裁法典要求当事人明示放弃向国家司法机关请求此类措施的权利，从而独占相关权力。申请人可在其文件中提出此类请求，是否被仲裁庭接受，将视申请人是否"有胜诉的合理机会，及执行被上诉裁决是否会对申请人的人身及其财产造成不可弥补的损害而定"[①]。

（5）请求合并仲裁或增设第三人

仲裁是当事人程序自治的活动，一切均以当事人合意为最高宗旨，合并仲裁或仲裁第三人的设立必然使某一特定仲裁之外的其他人士涌入具有相对稳定和封闭结构的程序，从而对仲裁的合意性基础形成冲击与挑战。然而鉴于体育仲裁的时效性、公益性等特征，合并仲裁或仲裁第三人制度还是得以建立。根据 CAS《与体育相关的仲裁法典》第 31 条第 3 款的规定，当事人可向CAS 或仲裁庭提出申请，请求第三人加入仲裁。尽管该法典对于竞技类仲裁程序的合并仲裁并未规定，而只是在体育类商事性仲裁程序中确立了这一制度，但 CAS 仲裁实践已经频繁地采取合并仲裁的做法，这一方面需要征得当事人的同意，另一方面也是由于法典第 57 条创设了一个强势仲裁庭的必然结

---

① 　Christian Krahe，The Appeals Procedure before the CAS. I.S.Blackshaw，R.C.R. Siekmann and J.W.Soek（eds），The Court of Arbitration for Sport 1984—2004，Hague：T. M.C. Press，2006，p.103.

果。该条赋予仲裁庭拥有审查事实和法律的充分权力,包括传唤证人及其专家等,当合并仲裁有利于澄清事实和评判法律时,仲裁庭也应当有倡议、撮合仲裁合并的权力。因此,当事人有权在其申请文件中请求合并仲裁,至于仲裁能否最终合并进行,还需各方当事人的协调。

(6)事实、理由与证据

上诉的事实、理由和证据与其他请求在形式上是分离的,并构成一份单独的申请文件,即上诉摘要书。该摘要书通过形态的独立清晰地与其他请求区分开来,便利仲裁庭、对方当事人集中注意力,抓住仲裁案件的核心和实质问题。

3.仲裁答辩

针对仲裁申请文件的事实、理由和证据,被上诉人应当提出证据支持被上诉处罚裁决的合法性和合理性,并可据理和据实反驳仲裁申请的事实、理由、证据及建基其上的救济请求。从仲裁策略上言,被申请人的答辩可以针对仲裁庭的管辖权,仲裁主题的可仲裁性,仲裁申请的事实根据和法律理由,仲裁证据的真实性、合法性和合理性等。而从 CAS 仲裁实践考察,大比重的案件表明,被申请人在进行答辩时,捆绑性地对仲裁庭的管辖权和仲裁主题的可仲裁性问题一并抗辩。对仲裁庭管辖权的抗辩既可以对管辖权赖以成立的仲裁协议之有效性和合法性进行反驳,也可以对仲裁协议之存在性进行否定。鉴于国际体育仲裁协议在形式上和缔结方式上的独特性,被申请人对管辖权抗辩的火力通常集中在仲裁协议的合意性和存在性两个焦点上。

体育仲裁协议在形式上通常以制度化的格式条款载于各体育组织的章程中,它并不需要相对人直接签署和书面确认,作为某一体育组织的成员身份就足以断定他们之间存在仲裁协议。因此,这种仲裁协议形式一方面表现出垄断的强制色彩,不接受该仲裁协议也就无缘参与该体育组织的相关竞赛活动;另一方面则表现出霸道的单边色彩,即无视对方之态度如何,体育组织的单方仲裁意愿即涵摄和衍射于对方当事人的意志。[①]。体育仲裁协议形式上的强制性和单边性都导致了仲裁合意贫困化、稀释化乃至虚无化的危机,从而诱发了体育纠纷当事人对彼此之间仲裁协议是否有效和合法发生了先于仲裁程序的质疑,构成仲裁启动前的先决问题。不过,此种格式化的仲裁条款尽管具有

---

① 张春良:《论北京奥运会仲裁的法律问题》,载《体育科学》2007 年第 27(9)期。

强制色彩①,但在 CAS 仲裁实践之中并未受到任何司法反对,相反,得到的是司法机关的一贯支持②。

与作为被申请人的运动员否认仲裁协议的有效性抗辩不同,作为被申请人的体育组织在更多的情况下是针对仲裁协议的存在性问题而提出无管辖权的抗辩。体育组织都有一种内部终结争议的倾向,不愿意组织成员将争议提交外部仲裁或司法机关予以处理。当组织成员寻求外部仲裁救济时,体育组织通常会以不存在仲裁协议为由进行管辖抗辩③。

基于争议事项的可仲裁性问题而提出管辖权抗辩的案例也比比皆是。可仲裁性与管辖权本身作为两个独立的问题,但二者经常性地合而为一,当事人通常会以不可仲裁为由否定仲裁庭的管辖权。然而在本质上,管辖权能否成立只取决于仲裁协议是否合法有效地存在,至于仲裁主题是否具有可仲裁性,则是管辖权成立之后需要进行审查的后续问题。当然,作为一种策略,被申请人可将仲裁主题不具有可仲裁性作无管辖权抗辩。

4.充分披露与完善

为防止当事人采取突袭、欺诈行为,干扰仲裁程序的正常进行,避免将仲裁寻求真实、探究真理的目的异化为技术性、策略性手段,CAS 仲裁法典引入了类似充分披露或证据开示的制度,它使当事人之间的较量不再属于一种技术性对垒,而是案件真实情况的澄清。CAS《仲裁法典》第 56 条规定,双方当事人在提交上诉理由和答辩后,不得再行补充新的主张、提交新的证据或者详述其拟依据的新证据。如果当事人另有约定或者首席仲裁员依据特殊情况另有指令,则当事人可以进一步完善相关资料。鉴于国际体育仲裁的时间性要求,充分披露案件证据显得尤为重要,仲裁庭应当采取适当的措施提醒当事人在这一方面的义务及其后果,并创造条件敦促和便利当事人披露相关资料。

---

① Stephen A. Kaufman, Issues in International Sports Arbitration, *Boston University International Law Journal*, 1995(13), pp.527-549.

② 刘想树主编:《国际体育仲裁研究》,法律出版社 2010 年版,第 83 页。

③ 2000 年悉尼奥运会期间 CAS 特设分庭仲裁的鲍曼案、梅林特案等,作为被申请人的 IAAF 均以其章程中欠缺 CAS 仲裁条款为由提出无管辖权的答辩。Gabrielle Kaufmann-Kohler, *Arbitration at the Olympics: Issues of Fast-track Dispute Resolution and Sports Law*, New York: Kluwer Law International, 2001, pp.15-19.

（二）仲裁程序的第一推动

1.第一推动者

仲裁程序以仲裁协议之客观存在和真实有效为展开前提，则仲裁协议之客观存在和真实有效性也就成为仲裁前的第一判断。行使这一判断权的主体无论怎样配置都不可避免地落入逻辑悖论的怪圈：如果将此判断权赋予仲裁协议载明之仲裁机构，则存在对仲裁协议"推定有效"的假定，而这一假定实际上已经对仲裁协议的效力状态作出有效判断；如果将此判断权赋予仲裁协议载明的仲裁机构之外的司法机关，则仲裁程序作为当事人意思自治的结果必然地取决于当事人以外的外力之推动，有违私法程序自治的仲裁精神。正如牛顿力学需要一个作用链条始端的第一推动一样，仲裁程序的展开也需要对仲裁协议的效力状态进行判断的第一推动。在商事仲裁领域，仲裁程序的第一推动既可以委诸程序之外的司法机关，也可以赋予程序之内的仲裁机构，在后一种情况下即构成仲裁制度中"管辖权—管辖权"的自裁管辖规则。

CAS 仲裁体制的构建不仅在于给予当事人一个中立客观的救济，也在于维护和捍卫体育产业的自治精神。从产业自治和程序自治的角度出发，CAS《与体育相关的仲裁法典》第 52 条将仲裁程序的第一推动者安排为仲裁机构，由其对仲裁协议之状态进行初步判断，并据此辅佐或放弃仲裁进程。该条规定："除非自始即明显不存在提交 CAS 仲裁的协议，CAS 应当采取所有适当的措施以启动仲裁程序。"

2. 第一推动的条件

CAS 作为仲裁程序的推动者，它只需要判断 CAS 仲裁协议是否"明显不存在"，如果答案是肯定的，则 CAS 应当放弃组织仲裁程序的后续努力，拒绝行使管辖权；如果答案是否定的，则 CAS 应当采取所有适当的措施启动仲裁程序。这一规定以异常明显的态度表明了 CAS 倾向于推定仲裁协议有效，因为它要求 CAS 无须判断仲裁协议的有效性，只需要判断仲裁协议的存在性，而且在判断仲裁协议的存在性时，它还设定了两个具有倾向性态度的标准，即是否自始至终都不存在仲裁协议，是否仲裁协议明显不存在。对于后一标准而言，CAS 仲裁法典并不要求"明显存在"，而是采取否定表达式，即"是否明显不存在",这实质性地降低了CAS在启动仲裁程序时的判断和证明责任[①]。而在商事仲裁领域,只要仲裁协议"表面"(prima facie)存在即可推定其有效,并交由仲裁庭自行采取二次裁断。有观点反对这一规则,认为仲裁庭自身不能作出公平的裁定,不能保护社会公益和当事人私益,而更主流的观点是认为这种反对是站不住脚的。[②] 商事仲裁此一实践可以为CAS判断仲裁协议是否"明显不存在"提供一种尺度。

如果CAS认为仲裁协议并非"明显不存在",即可采取所有的和适当的措施启动仲裁程序。根据CAS仲裁法典的规定,所谓"所有的和适当的措施"包括但不限于送达仲裁上诉陈述书,通知或替被申请人指定仲裁员、委任首席仲裁员,在仲裁庭组建成功后即刻移送案卷材料等等。如果被申请人提出终止仲裁程序的申请,CAS可视情况作出决定。由于CAS只对仲裁协议的形式存在性及其程度进行判断,并辅佐仲裁程序的展开,而不对仲裁协议存在性的实质程度及其有效性进行判断,后者只能交由仲裁庭裁决,因此,CAS作为前置于仲裁庭的第一推动者,行使的是初级或一级自裁管辖权,仲裁庭将在后续环节作出二级的自裁管辖,并以二级自裁管辖决定为准。

3.采取临时或保全措施

CAS在仲裁庭组建之前除了推动仲裁程序之外,还可应申请人之请求,并视案情采取临时措施和保全措施。根据CAS《仲裁法典》第37条之规定,临时措施或保全措施的采取具有如下几个要点。

(1)实施主体

有权采取临时措施和保全措施的主体只能是CAS这一仲裁机构或者仲裁庭,其外机构(包括司法机关)均无权采取临时措施或保全措施。《仲裁法典》第37条第2款规定,上诉仲裁处主席在将案卷移交仲裁庭之前,或者仲裁庭在案件移交后,均可应一方当事人申请采取临时措施和保全措施,当事人一经协议按照CAS仲裁法典设定之程序解决争议的,则当事人明示放弃向有关

[①] 这实际上是国际社会现今通常采取的达成共识的方式。鉴于国际社会成员之间对于同一问题可能存在广泛的差异而妨碍共识的达成,一种反向推定机制被创设出来作为缓和获得肯定性一致意见的高标准的替代机制,即与要求明确肯定的一致意见不同,只要没有成员方反对,即推定达成了共识。

[②] Philippe Fouchard, Emmanuel Gaillard and Berthold Goldman. Fouchard, Gaillard, *Goldman on International Commercial Arbitration*, Beijing: CITIC Publishing House, 2004, p.400.

国家机构请求此类措施的权利,但体育类商事仲裁除外。当然,CAS 仲裁法典这一条款出于仲裁自治的需要,其能否在实践之中得到司法机关的承认和尊重,在更大程度上取决于司法机关的态度。因为仲裁法典通过条款形式推定当事人放弃寻求司法协助的机会,并不能对司法机关当然地产生拘束力,有些国家的仲裁立法明确允许当事人向司法机关寻求此类救济,从而使 CAS 仲裁规则与有关国家立法产生了抵触和紧张。

(2)申请时间

当事人申请采取临时措施或保全措施的时间必须是合法地提交仲裁上诉申请之后。在体育纠纷尚未穷尽各体育协会内部救济程序之前①,当事人不得向 CAS 申请采取临时措施或保全措施,也即只有当 CAS 能正当地控制仲裁程序后,当事人方可向仲裁机构或组建的仲裁庭申请采取此类措施。

(3)程序保障

CAS 或者仲裁庭在采取临时措施或保全措施时必须尊重对方当事人的陈述和申辩机会,这是正当程序的必然要求。一方当事人提出此类申请时,CAS 或仲裁庭应当通知对方当事人,并要求对方当事人及时地提出申辩,时间限制为 15 日内或者更短。如果情况特别紧急,给予对方当事人陈述和申辩的机会可以延迟至 CAS 或者仲裁庭作出裁定后。换言之,关于临时措施或保全措施的命令可仅根据一方当事人的申请而采取,对方当事人的意见则可随后听取。但此种先斩后奏的做法有可能侵犯被决定者的程序权利,因此必须严格满足"情况紧急"的条件限制。

(三)仲裁庭审筹划

仲裁机构辅佐仲裁庭组建成功并发出第一推动后,仲裁庭成为推动和主导程序进行的发动机,仲裁机构则淡出仲裁程序。仲裁庭作为能动的主体,它需要进行必要的庭审筹划,拟订仲裁的审理范围书、厘定仲裁时间框架,并制定庭审策略。通过事前统筹规划好仲裁节奏,有利于保证和促进仲裁程序的进行。

1.拟订审理范围书

审理范围书的拟订在某种意义上即为仲裁庭召开的审前会议,但它并不完全等同于审前会议,它的重心在于对仲裁案件审理范围作出界定,从而确定

---

① 张春良、张春燕:《论国际体育仲裁中的"接近正义"原则——接近 CAS 上诉仲裁救济之先决条件》,载《体育文化导刊》2007 年第 65(11)期。

仲裁程序的展开方向和幅度。拟订审理范围书具有三大优点[①]：一是在当事人最初的书面陈述并非总是十分清晰的情况下，审理范围书的拟订有利于促使他们提出精简但完整的仲裁请求；二是通过授权当事人和仲裁庭就仲裁所要裁决之争议在程序开始前即提出各自的见解，以及限制当事人在仲裁后续阶段提出新的仲裁请求等方式，创设一个适当的程序框架；三是促使当事人在程序开始时即走到一起，通过友好协商或对话便利争议之解决，"实践中在审理范围书阶段即达成和解方案的情况并不罕见"[②]。然而，也有人提出反对意见，指责拟订审理范围书耗费时间又没有带来相称的益处。[③] 许多这样的批评来自英美法系国家，尤其是美国。他们的意见可能是受到某些实践规则的影响。这些实践规则鼓励在交换了最初的诉状后进行事实的披露和发展，且并不要求当事人对问题作出早期的解释。但一些仲裁员肯定了审理范围书签订的重要意义，他们认为，与仲裁员举行会议以确定审理范围书，可以使被申请人第一次有效地意识到一个具有强制性的仲裁程序正在进行，并将最终对确定的问题作出裁决；此类讨论有时会让当事人产生对问题的一致意见，最终导致争议的解决。因此，审理范围书有利于保护裁决不受异议，是组织仲裁程序后续步骤的工具，有时还是一种让当事人和解的手段。[④]

　　审理范围书的规则与实践最杰出的代表当推国际商会仲裁院[⑤]。CAS 仲

①　Philippe Fouchard，Emmanuel Gaillard and Berthold Goldman. Fouchard，Gaillard，*Goldman on International Commercial Arbitration*，Beijing：CITIC Publishing House，2004，pp.667-671.

②　ICC. A Historical Breakthrough. ICC Bulletin，1997，8(1)，pp.6-8.

③　Hans Smit，The Future of International Commercial Arbitration：A Single Transnational Institution?，*Columbia Journal of Transnational Law*，1986，25(9)，pp.26-27.

④　W. Laurence Crag，William W. Park，Jan Paulsson，International Chamber of Commerce Arbitration，New York：Oceana Publications，INC./ Dobbs Ferry，2000，p.364.

⑤　根据 ICC《仲裁规则》第 18 条之规定，审理范围书的内容应当含 7 个方面，即双方当事人的全称和职业、通知或通讯地址、当事人各自的请求和救济摘要、待决事项清单、仲裁员信息、仲裁地、程序规则等，其中核心部分是当事人各自的请求和救济摘要、待决事项清单。当事人各自的请求和救济摘要应当考虑法律与实际问题，尤其是需要考虑争议的性质和范围、无异议的事实与法律问题、明确各自要求的救济、措辞技巧与拟定技巧等；待决事项清单则应确定事实、实体法或程序法问题，以保证仲裁庭和当事人能在程序进行中对裁决事项倾注注意力，促进仲裁程序的效率和辩论的针对性。汪祖兴：《国际商会仲裁研究》，法律出版社 2005 年版，第 209 页。

裁法典并没有明确规定审理范围书问题,然而鉴于该法典授权仲裁庭拥有审查事实和法律的充分权力,因此仲裁庭在实践中可根据案件的复杂程度和仲裁程序的时间富裕程度自由裁量是否需要拟订审理范围书。当案情趋于复杂、当事人的对峙趋于激烈、时间要求紧急时,仲裁庭可约见当事人共同协商和达成审理范围书,以有效圈定仲裁范围、初步明确争辩焦点,提高仲裁效率。

2.厘定仲裁时间框架

仲裁时间框架的建立与严格执行是仲裁程序效率性得以保障的手段。人们将仲裁效率视作是仲裁与诉讼比肩而立的核心竞争力,则仲裁庭厘定时间框架并促使这一框架得以实践就成为发挥仲裁效率、捍卫仲裁尊荣的关键环节。一个仲裁程序在何种程度上堪称高效,莫舍尔(Mosel)先生的答案是,紧凑但应富有成效(tight but achievable)[①]。

竞技体育仲裁程序的时间框架应当加权考虑效率价值,其仲裁周期应当比商事仲裁有明显的缩减。CAS《仲裁法典》第 59 条即规定,仲裁庭作出裁决,裁决中的事实认定部分应当在当事人提交上诉陈述书后 4 个月内通知当事人,上诉仲裁处主席应首席仲裁员之特别请求可延长该期限。至于仲裁程序进行中各阶段彼此之间的衔接时限,该法典并没有明确规定,它大致勾勒了三个阶段,即提交上诉陈述书阶段,提交上诉摘要书阶段,以及庭审和裁决阶段。申请人提交上诉陈述书阶段,时限为体育组织规章所规定的上诉时限;如果没有作出规定,则为被上诉裁决收到之日起 21 天内提出。在提交上诉摘要书阶段,时限为上一阶段届满后 10 天内。其后各环节的起始点并不十分明确,但整个仲裁周期存在一个总量控制,即在申请人提交上诉陈述书后 4 个月内应终结案件仲裁。

此外,法典还设定了被申请人委任仲裁员、提交答辩书的时限。CAS 仲裁法典将其他各环节的时限留下空白,交由仲裁庭根据案件情况能动地筹划,表明 CAS 充分信任仲裁庭的自律和策划能力。CAS 仲裁员的聪明才智因此能在一个较为宽容的框架下得以发挥作用。

3.制定庭审策略

仲裁庭在庭审前还应当制定庭审策略,根据个案的具体情况确定如下事项:是否需要增设案件第三人、是否需要合并仲裁、选择仲裁语言、确定仲裁

---

① Mauro Rubino-Sammartano, *International Arbitration Law and Practice*, Citic Publishing House, 2004, p.614.

地、仲裁进程可能出现的意外情况及其防范。

　　仲裁第三人或合并仲裁涉及对当事人意思自治的限制,因此仲裁庭在增设第三人或合并仲裁时应当采取两种方式:或者由当事人提出申请和倡议,由仲裁庭确认;或者由仲裁庭倡议和协调,征得当事人的同意。竞技体育仲裁的效率性和公益性等品质要求案件信息能最大限度地在仲裁庭和当事人之间对称和透明,并充分权衡案件裁决情况对他人产生的各种影响。因此CAS仲裁法典明确当事人可以提出增设第三人的请求,仲裁庭在征得当事人意见后也可合并仲裁。而在体育仲裁实践中,大多数案例均存在第三人参与仲裁的情况,合并仲裁的案例也并不罕见。

　　在仲裁语言和仲裁地点的选择与确定上,仲裁庭也应当综合考虑当事人的意见,并根据案件实际需要作出判断,原则上应考虑开庭审理和交流沟通的便利性。CAS仲裁法典设定的仲裁语言为英语和法语,当事人可另行约定仲裁语言,但由此产生的额外费用由当事人承担。仲裁地点则无须当事人选择,CAS仲裁法典直接将仲裁地点确定为瑞士,赋予仲裁裁决以瑞士国籍。但当事人可以参与选择实际仲裁地[①],即庭审地点可由当事人表达自己的意见,后由仲裁庭决定庭审的进行地。

　　仲裁结果毕竟涉及对当事人之间权利义务的再次分配,这使纠纷当事人很可能采取非正当的措施或者手段阻碍或延宕仲裁程序的进行,对于仲裁庭而言,它必须依据其丰富的经验和阅历对可能发生的人为的或真实的意外情况进行预判与预防。当仲裁演变为一门单纯的斗智艺术时,寻求真理的辩论将不可避免地退化为克敌制胜的诡辩的技艺。仲裁庭的功能在这方面便是遏制当事人之间的异化倾向,使仲裁目的重归正轨。基于此,仲裁庭应当充分意识到当事人营造仲裁"意外"的可能性,并做好"意外"情况超越自身控制能力的范围、出现最危急状况下的应变举措。对于仲裁"意外"情况的预防和预判,因个案的不同而存在极大的差异,也缺乏固定的考察和判断分析模式,它依赖于仲裁庭、最终依赖于仲裁员的经验和品质。无论如何,仲裁庭应当保持必要的谨慎,并具备随机应变的能力,尽量将仲裁过程中可能存在的一切变故(包括意料之中与意料之外的变故)控制在意料之中。

　　　　————————

　　① 仲裁地分为法律上的仲裁地与事实上的仲裁地。法律上的仲裁地具有决定案件法律适用、决定仲裁裁决国籍、决定其承认与执行程度等法律效果;事实上的仲裁地只对仲裁庭审的实际进行的便利程度具有影响。

（四）举行庭审

仲裁庭完成审前筹划后即可根据确定的时间框架和庭审策略组织庭审活动。竞技体育仲裁在庭审模式上具有较大的特色，当事人的陈述与证据规则也与国际商事仲裁存在不一致的地方，这主要是由竞技体育仲裁的准行政诉讼性所决定的。

1.庭审模式的选择

竞技体育仲裁的庭审模式同时受民事诉讼和行政诉讼的影响，在民事诉讼模式上存在辩论式和纠问式、复审制和续审制、书面审和口头审之分，而在行政诉讼中则存在合理审与合法审之别。竞技体育仲裁的特性决定了它在更大的色彩上隶属于纠问式、复审制、书面审、合理审等庭审模式。①

2.当事人陈述规则及其展开

真理需要辩论，事实需要证明，只有在这一点上才是无须辩论和证明的。② 仲裁庭审作为论辩的场所，必须为当事人创设和营造出畅所欲言的条件与氛围，通过言辞的交锋与印证确定案件焦点、分歧、证据线索乃至案件真相，以有效支持仲裁庭裁决意见之形成。当事人陈述规则应当包括四个方面，即能够陈述、平等陈述、充分陈述和诚信陈述。

（1）能够陈述

"能够陈述"是就当事人陈述机会之赋予而言，它是正当程序和自然正义的必然要求。这一陈述规则要求当事人有获取相关通知的权利，并在事实上能够得以行使陈述自身观点的权利。CAS《仲裁法典》第31条集中体现了当事人陈述机会之保障，该条款规定：CAS或仲裁庭应通过仲裁院办公室将所有通知和通讯送达当事人，通知和通讯应当使用CAS工作语言；CAS和仲裁庭作出的所有决定、命令和裁决应当由当事人或其指定的代理人签收；为确保相关通知事实上送达了当事人，送达应当以某种有送达回执的方式进行。如果当事人在仲裁法典设定的时限内难以进行书面和口头陈述，可向仲裁庭申请延长期限，仲裁庭或上诉仲裁处负责人在理由正当的情况下可延长当事人

---

① 关于CAS竞技体育仲裁庭审模式的内容，笔者另有专文论述，此处不赘述。可参阅张春燕、张春良：《CAS奥运会特设仲裁庭审模式研究》，载《天津体育学院学报》2008年第23（1）期。

② 汪祖兴：《国际商会仲裁研究》，法律出版社2005年，第251页。

陈述期限。此外,在仲裁地点、仲裁语言的选择上应当充分考虑当事人进行陈述的现实可能性。CAS仲裁法典在这些问题上均尊重了当事人的自主意志,确保当事人"能够陈述"这一基本程序要义得以实现。

（2）平等陈述

"平等陈述"强调仲裁庭应当对当事人的陈述地位抱以同等的礼遇,在给予一方陈述机会的同时也应对等地赋予另一方展开陈述的权利,它在仲裁规则中的集中体现即"对称陈述"的技术安排。对称陈述要求仲裁双方当事人的陈述活动形成一个首尾相连的循环,在表现形态上呈现为一方当事人首先陈述,则对方当事人享有最后陈述的权利。CAS《仲裁法典》第44条第2款有关庭审的规范设计中,即要求仲裁庭在听取当事人的意见和最后陈述时维持被申请人后于申请人进行陈述的秩序。

（3）充分陈述

"充分陈述"是对当事人陈述品质之强调,它要求仲裁庭学会倾听,保证当事人陈述的完满程度,并对当事人的陈述意见持有同情的考虑。这一规则要求仲裁庭不得武断和独裁,而应以自知其无知的态度对当事人的陈述予以最大限度的宽容和尊重。仲裁庭尤其不得自以为是,擅自以自身之成见取代当事人之陈述,限制乃至剥夺当事人充分陈述的机会。一个过分自信乃至达到自恋程度的仲裁庭对于当事人充分陈述的权利而言无疑是一个毁灭性的打击。充分陈述的权利并不能用以反面支持"累赘陈述"和"延宕陈述"的合法性,后两者构成对充分陈述权利的滥用。为狙击当事人利用"充分陈述"的机会实施拖延仲裁程序的伎俩,仲裁庭除了要学会倾听之外,还应当善于倾听。"善于倾听"要求仲裁庭根据案件具体情况和自身的经验独立判断当事人的陈述是否逾越审理范围书所框定的事项范围,是否旨在滞缓仲裁进程,是否存在同语反复式的累赘陈述。

为保证当事人的陈述能充分完成,CAS仲裁法典从途径和时间上作了安排:首先,在当事人陈述的途径上,法典允许当事人以提交书面资料的方式和参与庭审的方式陈述案情和自己的意见,即当事人可以通过书面陈述和口头陈述实现陈述的充分性。其次,在陈述的时间上,法典为维持整个仲裁进程的时间进度,硬性设定了一个相对充裕的陈述期限,如上诉申请人提交上诉陈述书的时间为体育组织内部规章设定的期限或者21天,并且申请人还可以于此后十日内再提交实质性的事实根据、法律理由和相关证据;而被上诉人提交答辩的期限为收到上诉摘要书之后20天。当事人展开口头陈述的机会也能得到充分保证,仲裁庭在结束庭审之前,应当征询当事人的意见;仲裁庭决定不再开庭时,也应首先征询当事人的意见。法典硬性设计的时间框架可能给当事人"充分陈述"机会导致的意外冲击进行了补救,它允许当事人在具有正当理由的情况下可申请延长上述期限。

(4)诚信陈述

"诚信陈述"是与欺诈性陈述相对应的一个概念,它要求当事人秉承善意和彼此尊重的端正态度发表自己对案件的认识和观点。这首先需要仲裁庭引导当事人明白,仲裁进程不是当事人斗智斗勇的角逐历程,也不是演绎情商和智商的竞争场所,它需要的是彻底的坦诚和完全的敞开,它需要信息充分的流动和完善的对称。如果当事人的误解是真实的,则通过彼此诚信陈述能最大限度地消除误解,除非误解不再是真实的误解,而转变为根深蒂固的偏见。在仲裁庭的协调之下,通过双方当事人的真诚交流和沟通,案件的真相、当事人之间的矛盾、分歧等得以呈现和裸露,从而为双方当事人主动和解,或在无法和解的情况下由仲裁庭中肯裁决提供了事实根据。

证据规则也是庭审中的重要问题,鉴于该问题前文已述,此处从略。

(五)仲裁裁决

CAS《仲裁法典》第59条对仲裁裁决的形成、内容、形式和效力均作了规定。在仲裁裁决的形成方面,原则上采取多数决定制,如果意见发生分歧难以形成多数意见时,则可由首席仲裁员单独作出裁决。在裁决的形式方面,裁决应当采取书面形式,注明日期,并须有仲裁员的签名,如果只有首席仲裁员一人的签名也可。在裁决的内容方面,仲裁裁决应当说明简要的理由,并确定仲裁费用及其承担方式。在裁决的效力方面,CAS仲裁裁决具有终局力,对当事人产生法律拘束力;如果他们已经在仲裁协议中明确排除了撤销仲裁裁决的程序,则当事人不能通过诉讼的方式对裁决提出异议并请求撤销该裁决。

仲裁法典还对裁决周期、公布、错误及其更正或解释作了简明规定。裁决作出的期限应当为提交仲裁上诉陈述书后4个月,首席仲裁员可以要求延长该期限,由竞技类仲裁处主席批准后可予以延长。裁决可由CAS公布,除非当事人协议保密。如果裁决本身认定部分不清楚、不完善或者模棱两可,或者存在诸如文字、计算等形式错误时,当事人可以向CAS提出申请,要求其对裁决进行解释。CAS审查后可将该请求转交同一仲裁庭进行解释,后者应当在一个月内作出决定。

对普通仲裁程序之裁决提出异议的处理,以及执行这些裁决所适用的程序性规定同样适用于竞技类仲裁程序之裁决。但仍然有一些主要不同:首先,在竞技类仲裁程序中,仲裁庭应当在其书面裁决中简要陈述理由;而在普通体育类商事仲裁程序中,当事人可约定不附具理由。其次,竞技类仲裁程序的基本周期被硬性规定为4个月,而普通仲裁程序未作规定。

(六)CAS程序的本土化

1.中国竞技体育仲裁现状

从广义的角度理解体育仲裁,就必须承认我国并不是没有制度化的商事性体育仲裁机制,因为在中国已经建立的超过200家的商事仲裁机构均可兼容受理平等主体之间的与体育相关的商事性争议。① 但从狭义的角度理解体育仲裁,就必须承认我国迄今仍然没有制度化的体育仲裁机制,也就是缺乏竞技体育仲裁机制。建构独立的竞技体育仲裁机制,并不是现当代的新鲜提法,我国1995年《体育法》第33条便对之有所提及。该条规定:"在竞技体育活动中发生纠纷,由体育仲裁机构负责调解、仲裁。体育仲裁机构的设立办法和仲裁范围由国务院另行规定。"基于种种缘由,竞技体育仲裁机制现今仍处于期待之中。

《体育法》第33条将体育争议分化为两大类型:一类是竞技体育争议,一类是非竞技体育争议。对于非竞技体育争议的解决,只要其符合1995年《仲裁法》第2条、第3条有关争议事项可仲裁性的规定,即可提交一般仲裁机构进行解决。对于竞技体育争议,就只能由《体育法》第33条规定的体育仲裁机构予以解决,一般仲裁机构因此被排除在适当管辖资格之外。但问题由此产生:一方面,体育法对竞技体育争议要求按照不同于一般商事争议的特别方式予以仲裁;另一方面,却又迟迟不出台体育仲裁机制。这就使竞技体育争议之仲裁于法无据,而只能通过司法诉讼及商事仲裁之外的替代性纠纷解决(Alternative Dispute Resolution,以下简称ADR)机制予以解决。② 司法诉讼解

---

① 据2006年统计数据显示,我国至该年底就有185家仲裁机构。而据仲裁界实务人士估算,实际成立的可能有200多家。王红松:《国内汇总成机构开展涉外仲裁业务需要注意的几个问题》,http://www.bjac.org.cn/news/view.asp? id＝966&cataid＝1,最后访问日期:2018年12月22日。

② 如体育组织内部仲裁,以及专家裁定等机制。

决竞技体育争议捉襟见肘,商事仲裁之外的 ADR 机制在争议解决效力方面又过于柔弱,最佳的仲裁解决机制又被体育法所悬空。^① 这就是我国竞技体育仲裁的尴尬现状。

存在日益见长的问题,但又不能通过最佳的方式解决这些问题。这种两难境况迫使各体育组织不得不对竞技体育争议寻求自力救济,实现竞技体育仲裁机制的内化,即在各体育组织内部建构体育仲裁机构,中国足协的内部仲裁机制即一典范。中国足协内部仲裁机制之建设及其功能主要体现在三个文件中:一是作为其最高建设依据的《中国足协章程》,该章程第 26 条有关专项委员会的规定之二即规定在中国足协下设仲裁委员会;二是作为其具体建设依据的《中国足协仲裁委员会工作规则》,该规则最新版本由中国足球协会于 2009 年 6 月通过,并于同月 16 日生效实施;三是其功能范围依据,分别规定在《中国足协章程》第 62 条和《中国足协纪律准则及处罚办法》第 93 条之中,它们对仲裁委员会与纪律委员会、执行委员会三个执法机构的分工与衔接进行了规定。遗憾的是,此种内部仲裁机制并不是《体育法》第 33 条所指机制,最根本的制度缺陷在于,它不具有独立性,从而会影响其裁决的终局性。当然,这是在独立竞技体育仲裁机制迟迟不出台背景之下的自力救济,作为没有办法的办法,这是其积极意义之所在。

2.宏观参鉴:独立的竞技体育仲裁程序

实现 CAS 的中国化,建构独立的竞技体育仲裁程序,已经是一个老生常谈的方案,^②但它同时也是中国竞技体育仲裁的必需方案和最佳方案。竞技体育仲裁程序的建设无外乎两条道路:要么实现商事仲裁与体育仲裁的一体化,在商事仲裁机构下设竞技体育仲裁程序,即所谓的"商体兼容";要么在商事仲裁之外专设体育仲裁机制,即所谓的"商体平行"。^③ 独立的竞技体育仲裁机制满足了竞技体育争议不同于一般商事性体育争议的特别个性,能够高效、专业、贴切地化解争议。当然,在建构独立的体育仲裁机构的同时,除了可

---

① 如有学者精辟地指出:"在国家司法相对短缺并对专业性特殊性较强的体育领域司法介入有限的情况下,以专业性技术性特色著称的仲裁方式往往对解决体育纠纷具有更大的优势。"于善旭:《建立我国体育仲裁制度若干基础性难点问题辨析》,载《北京体育大学学报》2006 年第 29(11)期。

② 于善旭、张剑、陈岩等:《建立我国体育仲裁制度的研究》,载《体育科学》2005 年第 2 期。

③ 刘想树主编:《国际体育仲裁研究》,法律出版社 2010 年版,第 179～185 页。

以借鉴CAS那般以竞技体育仲裁为核心竞争力之外,也可以建设商事性体育仲裁程序,兼容受理商事体育争议,以体育争议为服务对象形成整合性专题仲裁机制。

CCAS的建设有两种方案:一是下设于中国仲裁协会,此种方案将竞技体育仲裁机制纳入我国仲裁法律制度体系之中[1],突出的是CCAS的机制共性;二是下设于中华全国体育总会,此种方案将竞技体育仲裁机制与一般仲裁法律制度分离开来,突出的是CCAS的管辖个性。就CCAS是一种司法外的、具有终局拘束力的ADR程序而言,它应该隶属于我国仲裁体制之下;就CCAS所管辖的竞技体育争议所具有的准行政性而言,它又应该划归于体育行业而保持自己的特立独行性。

笔者赞同第二种方案,原因如下:第一,契合仲裁本性。仲裁是一种行业自助机制,中华全国体育总会是体育行业共同的精神家园,在其下设CCAS合乎逻辑。第二,满足仲裁个性。竞技体育仲裁所辖争议与一般商事争议具有非常明确的差异,在商事仲裁协会下设CCAS明显格格不入。第三,回避现实困境。中国仲裁协会自1995年《仲裁法》通过以来仍然没有得以建立,如果要依托其建设CCAS,在实践操作上就必须待仲裁协会建设成功后方予实施,而何时才能成立中国仲裁协会不可预期。第四,不伤身位界定。必须指出,CCAS的依托方式并不会影响其作为仲裁体制下属一员的身份,事实上,CCAS在体制上依托中华全国体育总会建设并运行,但它仍然属于中国仲裁协会的成员,二者并不冲突。并且,它所得出的竞技体育仲裁裁决也仍然可以在立法上明确、在司法上引申为商事仲裁裁决,以便立足1958年《纽约公约》,促进并提升其被承认和执行的国际流通性。

3.具体建设:CAS程序的CCAS化

CAS竞技仲裁程序可为CCAS之建设提供借鉴价值最突出的方面有四:一是两阶化的仲裁诉答程序;二是强势的仲裁庭;三是科学的案件管理;四是高效的仲裁节奏。

(1)两阶化的仲裁诉答程序

仲裁诉答程序是启动仲裁程序的环节,它包括仲裁申请人与被申请人双方行为及其文书交换:申请人提出仲裁请求并附相关资料;被申请人提出仲裁答辩并附相关资料。CAS颇附特色地将该环节一分为二:先提交仲裁上诉陈

---

[1]　于善旭:《体育仲裁与我国仲裁法律制度体系》,载《法学》2004年第11期。

述书,再提交仲裁上诉摘要书。CCAS之建设可借鉴之。采取两阶交换安排的深层原因在于促进仲裁程序的快速启动。[①] 其作用原理可概括为"诉—裁分离"原则,即起诉所需的资料与裁决案件所需的资料允许进行分割。以这样的方式,不但卸下了当事人在提起仲裁时刻的沉重的资料提交包袱,而且这样的方式也让当事人有更为充足的时间、更有针对性地准备实体性的资料。[②]

(2)强势的仲裁庭

CAS仲裁庭的强势是通过阴阳两种手法表现出来的:第一,"阳"的手法是指其仲裁规则对仲裁庭明确地赋予极大权限,这主要体现在《仲裁法典》第57条之中,即"仲裁庭应拥有审查事实和法律的充分权力"。第二,"阴"的手法是指其仲裁规则对大量的程序和实体问题未作规定,这间接地赋予仲裁庭极大的自由裁量权限。以此两方式,仲裁庭便取得了强势地位。强势地位的取得并不是要剥夺当事人作为程序的主人之地位,而在于通过仲裁庭的胆略、智慧与经验最大限度地促进仲裁进程的快速进行。对于CCAS建设而言,也可以参照这两个方面:一是明确地概括授予仲裁庭充分的权力以查明事实、适用法律;二是在可以不作规定的地方,或者保留给仲裁庭自由裁量更合适的地方,尽量地放权给仲裁庭斟酌控制,不作规定。以仲裁庭的强势换取竞技体育仲裁所必需的效率优势。

(3)科学的案件管理

案件管理包括仲裁机构的案件管理与仲裁庭的案件管理。CAS上诉仲裁处作为机构管理者与CAS案件仲裁庭在管理案件之中存在着合理的分工,一个总的原则是:CAS上诉仲裁处管理案件之目的在于促进仲裁庭的快速组建,并辅佐仲裁庭快速仲裁,但不介入案件实体问题的裁断和法律适用;而CAS仲裁庭管理案件的目的则在于更有效地组织仲裁程序,以加速事实认定和法律适用。前者重在程序,后者重在实体;前者重在促进,后者重在主导。CCAS之建设也可采取机构管理与仲裁庭管理相结合的分工合作模式,由机构管理者在仲裁庭组建前主持仲裁诉答阶段、促成仲裁庭组建、初裁仲裁管辖权;在仲裁庭组建完成之后,主动提醒或者应仲裁庭之请求,在庭审、资料交

[①] Francis Gurry, The Commencement of Arbitral Proceedings, Conference on Rules for Institutional Arbitration and Mediation, Pub. No. 741 of WIPO Arbitration and Mediation Center, January 20, 1995, Geneva, Switzerland.

[②] 黄晖:《世界知识产权组织(WIPO)仲裁研究》,四川大学出版社2013年版。

换、通知、裁决寄送与完善等环节介入提供辅助支持。

（4）高效的仲裁节奏

CAS竞技仲裁程序具有高效性，这主要得益于刚柔、张弛的适度节奏安排。一方面，它从总体上限定了仲裁程序的周期时限；另一方面，则在这个刚性、紧张的周期之内允许对仲裁诉答程序、审前管理程序、仲裁庭审程序，以及仲裁裁决程序进行能屈能伸的弹性安排。CAS《仲裁法典》第59条第3款规定：裁决的认定部分应在提交上诉陈述书之后4个月内通知当事人。这是仲裁周期的总体时间框架。在施行此种"总量控制"后，其内部各环节又进一步细分为若干程序时限，但允许强势仲裁庭根据案件情况予以弹性调整。CCAS的仲裁节奏也可采取此种刚柔相济、张弛有度的策略：在总体限定竞技体育仲裁时限的前提下，通过富有经验的强势仲裁庭的能动性，根据个案调控仲裁进展的速度，实现公平与效率之兼美。

第四章

CAS 仲裁裁决专题研究

一、CAS 仲裁裁决的机构审查

仲裁庭是裁决者,仲裁机构是服务者,这是仲裁的基本定律。CAS 等仲裁机构对裁决的形式,以及不可避免地对裁决的实体执行审查,涉嫌对自身法律地位的僭越。机构审查裁决得到司法机关的正面支持,并在实践中有利于提升裁决品质,积极回应当事人的期望,坚持有节制的审查原则,特别有助于矫正体育仲裁个性所致的内在问题。机构审查裁决不是危机,而是反思和变革仲裁机构法律地位的契机。应将仲裁机构从服务者的传统定位调整为仲裁的消极担保者,据此既能回应现实,复又正当化机构审查裁决的职能变迁。我国拟议中的体育仲裁机构也当如此定位,有理、有利、有节地实施裁决审查等机制。①

在国际仲裁中存在一条公认的权界线,即作为单纯服务者的仲裁机构不得有碍作为裁决者的仲裁庭对案件的独立和中立仲裁,裁决专属于仲裁庭的权限,服务和服从于裁决才是仲裁机构的职责。CAS、国际商会仲裁院及中国国际经济贸易仲裁委员会(China International Economic and Trade Arbitration Commission,以下简称 CIETAC)等仲裁机构的职能从半管理型(semi-

---

① 本部分是在《体育仲裁裁决的机构审查制》一文基础上经调整扩充而成,该文刊登在《天津体育学院学报》2013 年第 3 期。特此说明,并致谢忱!

administered)向全管理型(wholly administered)的积极进取与转型,其仲裁规则授权仲裁机构对裁决进行包括但不限于程序问题的审查,在某种程度上体现出对这一权界线的逾越。必须在"当事人—仲裁庭—仲裁机构"的新三角关系中重界仲裁机构的法律地位,才能对CAS裁决审查提出正当理据和完善建议,并为中国体育仲裁机构的建设提供样本。

(一)CAS的裁决审查机制

对仲裁裁决进行审查的规定渊源于ICC仲裁。该规定曾被认为是ICC仲裁的"独有特征"[①],在其最初的仲裁规则之中,关于裁决审查的内容就已存在[②]。在2012年1月生效的最新《仲裁规则》第33条保留了这个颇受争议的规定[③]:"在签署任何仲裁裁决前,仲裁庭应将仲裁裁决草案提交仲裁院。仲裁院可对仲裁裁决的形式要求修正,在不影响仲裁庭裁决自由时也可提请仲裁庭注意实体问题。仲裁裁决非经仲裁院就其形式进行批准之前不得由仲裁庭作出。"CAS成立于1984年,其2004年仲裁法典已经出现类似规定,并在与2012年ICC仲裁规则同日生效的2012年CAS仲裁法典中以同款即第R46条的方式被延续。CAS《仲裁法典》第R46条规定:"……仲裁裁决签署前,应提交CAS秘书长,秘书长可改正纯粹形式问题,也可提请仲裁庭注意基本的原则问题。……CAS仲裁院办公室通知的仲裁裁决是终局的,并对当事人产生法律效力。"两种规定略有差异,但其授权仲裁机构对裁决进行审查的基本精神却是一致的。以下从静态规则层面结合ICC规则为参考,对CAS裁决审查制作如下解析。

1."裁审分离"的主体分工

仲裁庭负责独立裁决案件,只是在最终作出裁决阶段,需要将裁决草案提交仲裁机构审查。仲裁机构不介入仲裁过程,只在仲裁过程的尾端对作为其

---

① Yves Derains and Eric A. Schwartz, A Guide to the ICC Rules of Arbitration, Hague: Kluwer Law International, 2005, p.5.

② ICC第一个仲裁规则于1922年发布,其后分别于1927、1931、1933、1939、1947、1955、1975、1988、1998及2012年进行了修订。现仲裁规则于2012年1月1日生效。W. Laurence Craig, William W. Park and Jan Paulsson, International Chamber of Commerce Arbitration, Oceana Publications, INC, 1999, p.347.

③ Jacob Grierson, Annet Van Hooft, Arbitrating under the 2012 ICC Rules: An Introductory User's Guide, Hague: Kluwer Law International, 2012, p.212.

结果的裁决进行必要审查。CAS 与 ICC 的最大不同在于：CAS 中负责实际执行审查职能的主体是其秘书长（Secretary general），而 ICC 的实际审查主体则是仲裁院（Court）。这说明 CAS 采取的是秘书长代表和负责制；而 ICC 采取的则是仲裁院集体负责制，其运作较为复杂。据 ICC 仲裁实践考察①，其审查主体可概括为三级制：首先是案件成立时由仲裁院秘书指派的案件管理顾问（Counsel managing case），该顾问负责具体接受仲裁庭的裁决草案，向仲裁院准备一份草案报告，扼要陈述案件及裁决背景，并提交秘书处建议的评论；其次是秘书处，秘书处将对管理顾问的报告和裁决进行二级审查，一旦通过后，秘书处应将裁决及进一步的审查日程安排提交仲裁院相关成员；再次则是由仲裁院相关成员组成的每月全体会议（Plenary session）或者每周委员会议（Committee session）进行终局审查。审查结论由秘书处转致仲裁庭。其间差异的原因，可能是 CAS 体育仲裁一方面追求裁决审查的质量优势，另一方面则努力抵消复杂的裁决审查程序可能导致的效率损失②而进行的变通。

2."形实区分"的审查对象

仲裁机构可以审查的对象限于仲裁裁决的形式问题（the form），不包括实体问题（the points of substance）。形式与实质的区分具有重要意义，据学者总结，仲裁裁决的形式问题主要包括：裁决的载体方式、裁决理由的述明、裁决日期、裁决地、仲裁员签名或未签名的理由等；实质问题则包括：仲裁协议的效力、裁决的明确性、争点的认定、裁决理由、裁决推理等③。就 CAS 仲裁而言，由于其法定仲裁地为瑞士，PILA 就作为仲裁地法对 CAS 仲裁及其裁决具有规范作用。依该法典之规定，仲裁裁决的形式要件包括：书面（in writing），阐明裁决理由（set forth the reasons），载明日期（be dated），且至少有首席仲裁员的签名（be signed）。在形实区分方面，CAS 与 ICC 规则的立场是一致的，但仍存在措辞及意指上的微妙差别。ICC 规则直陈"实体问题"，而

---

① Jason Fry, Simon Greenberg, Francesca Mazza, The Secretariat's Guide to ICC Arbitration: A Practical Commentary on the 2012 ICC Rules of Arbitration from the Secretariat of the ICC International Court of Arbitration, Paris: ICC Publication 729, 2012, sec.3-1200.

② Wetter, The Present Status of the International Court of Arbitration of the ICC: An Appraisal, *Am. Rev. Int. Arb.*, 1990, 1(1), p.91.

③ Alan Redern and Martin Hunter, *Law and Practice of International Commercial Arbitration*, London: Sweet & Maxwell, 1999, pp.386-392.

CAS 则表述为"根本的原则问题"(fundamental issues of principle)①。显然，CAS 界定的范围要比 ICC 更窄，根本的原则问题肯定属于，但并不完全穷尽仲裁裁决中的实体问题。CAS 在审查范围上的取舍值得肯定：一方面，可以避免仲裁机构深度涉入仲裁裁决之中，从而降低干涉仲裁庭独立裁决之风险；另一方面，仍然坚持对裁决进行最低限度的品质把关，管控裁决中最根本的原则性问题能够得到仲裁庭的贯彻和坚持，从而提升 CAS 仲裁裁决的权威性和可执行性。

3."二元分化"的干预标准

从原则上讲，CAS 与 ICC 均不能对仲裁裁决的实体问题进行审查，而只能将机构审查的范围局限在形式层面。但这并不妨碍仲裁机构可以对实体问题采取标准不同的干预。干预不完全等同于审查，按照 CAS 及 ICC 仲裁规则看，审查(scrutiny)在规则层面具有两方面的含义：一是修正(modification)或者更正(rectification)，二是提示性的"提请注意"(draw the attention)。前者就是针对形式问题的强有力的干预标准，后者则是针对实体或者基本原则问题的弱化了的干预标准。在这一点上，ICC 规则比 CAS 规定得更合理。ICC 规则针对实体问题附加了一个条件，即"不影响仲裁庭的裁决自由"；CAS 法典省略掉了这个虽然只是宣示性，并无多少实质性意义的条款，但它有可能在裁决承认和执行环节影响被请求国法院的考量。

4."主辅搭配"的干预路径

从仲裁历史发展的演变看，仲裁活动中的各行为主体只有当事人和仲裁庭组成的"仲裁三角"才是不可或缺的，仲裁机构的出现只是辅助性的，临时仲裁(ad hoc arbitration)的现象就是最佳证据。在没有仲裁机构的临时仲裁情境下，仲裁机构所承担的各种职能，包括裁决之审查，都是分由当事人、仲裁庭或者国家法院来承担的。这就决定了，仲裁机构的裁决审查功能是派生的间接或辅助功能，相应地，其裁决干预路径表现为间接为主，直接为辅。间接干预是就其实体方面而言，直接干预则是就其形式而言。依 CAS 法典，CAS 秘书长可以直接对纯粹形式问题进行更正(直接干预)，但对根本的原则性问题只能提请仲裁庭注意(间接干预)，而无直接纠正之权限。

---

① See Art. 189.3, Switzerland's Federal Code on Private International Law, Dec. 18th, 1987.

5."软硬结合"的干预效果

依 CAS 及 ICC 规则,仲裁机构在对裁决形式进行干预时,具有决定性权力,即仲裁庭有义务和责任改正形式错误,或者由秘书长直接更正,此为"硬"效果。而在对裁决实质问题进行干预时,仲裁机构只具有建议性,无论是CAS 还是 ICC,或者任何其他仲裁机构,均无权直接变动仲裁裁决,这将是有违仲裁的正当程序(due process)的,此为"软"效果。需要注意的是,仲裁实践有时候是超越仲裁规则的。有观点就指出:"然而,重要的是要理解,特定仲裁机构的实践可能超越仲裁规则的明确规定。"[①]ICC 仲裁实践体现得尤为突出和敏感,即仲裁院不但可以直接决定性地干预裁决形式,而且还可以"不批准"(not approved)的方式决定性地影响仲裁裁决的实体问题[②]。当然,这种干预效果的"决定性"只是消极即否定性的,仲裁机构对裁决实体问题的直接更正还是被绝对禁止的。

(二)CAS 裁决审查的法理危机

ICC 仲裁实践表现出的超越规则的迹象使其处于一种涉足禁区的危险,无论其对仲裁裁决实体问题的影响是积极还是消极、肯定还是否定,它都在法理层面介入了实体问题。CAS 仲裁实践虽然尚未出现类似的现象,但其仲裁法典与 ICC 规则的类似性开启了 CAS 实质性地干预仲裁裁决实体问题的实践可能性。这就反向对 CAS 裁决审查功能造成了法理危机,这种危机是由CAS 的法律地位所决定的。

1. CAS 的法律地位

要深刻触及 CAS 裁决审查的可能危机,并为解决这个危机作出有意义的努力,就必须得把握 CAS 裁决审查的功能限度之所在,而这决定性地立足于CAS 等仲裁机构在各种错综复杂的仲裁关系中的法律地位。简言之,有什么

---

① 例如,AAA 仲裁规则并未授权仲裁机构对裁决形式进行审查,但其前总顾问就指出,AAA 成员将审查仲裁裁决的形式。Jeffrey Waincymer, Procedure and Evidence in International Arbitration, Hague: Kluwer Law International, 2012, pp.207-208.

② 据统计,国际商会仲裁院在 2007—2011 年期间,批准、修正及未批准的各类裁决的案件数量及比例分别为:156(7%),2001(86%),174(7%)。Jason Fry Simon Greenberg, Francesca Mazza, The Secretariat's Guide to ICC Arbitration: A Practical Commentary on the 2012 ICC Rules of Arbitration from the Secretariat of the ICC International Court of Arbitration, Paris: ICC Publication 729, 2012, sec.3-1205.

样的法律地位就决定了仲裁机构有什么样的职责和功能限度；有什么样的功能限度就颁定了 CAS 裁决审查的合法与否之界限。厘定 CAS 的法律地位成为先决条件。

仲裁关系被一般地简化为一个三角关系：仲裁庭居中，与双方当事人形成一个等腰三角形。在这个经典的三角结构中，其法律关系有二：一是仲裁庭与双方当事人之间的等距离关系，这是当事人得受平等对待（equal treatment）的正当程序之要求；二是双方当事人之间的契约或非契约性关系。第一类关系涉及的核心问题是，仲裁庭的裁决行为究竟是契约性（contractual）、司法性（judicial），还是其他类型的。第二类关系涉及的核心问题是当事人之间的哪些法律关系可以提请仲裁，也就是争议事项的可仲裁性问题。

这个关系结构概括了初期仲裁形态的全部要素，仲裁机构在其间并非不可或缺。仲裁机构的涌现实在地是仲裁关系中的"第三者"，即相对于仲裁庭和当事人之外的仲裁中第三个行为主体。这个行为主体的出现必然会挤压其他行为主体的职能空间，从而有必要在三者之间进行新的功能重设。这就涉及仲裁机构与仲裁庭、当事人之间的分工与合作的关系。但无论如何分工和合作，仲裁机构的后来性质意味着它只是辅助性的：一方面，它不能参与并替代仲裁庭对案件进行裁决，从而成为新的或者第二级仲裁庭；另一方面，它也不能参与并替代当事人对仲裁请求或反请求提出主张、变更或者放弃，从而成为当事人或其代理人。反过来，仲裁机构在仲裁新三角结构中就获得了其法律定位：(1)就其与当事人的关系而言，它是仲裁服务者，为当事人在仲裁过程中提供必要服务；(2)就其与仲裁庭的关系而言，它是程序促进者，辅助仲裁庭富有效率地作出仲裁裁决；(3)当然，如果考虑到仲裁之外另一个不可忽视的影响主体或力量，即特定的国家法院，特别是仲裁地和裁决执行地国家的法院，那么仲裁机构还将获得它的第三个角色地位，这就是它作为仲裁庭、当事人与国家法院之间的中介力量发挥协调者的功效。

归纳而言，仲裁机构的介入使仲裁三角关系在内部形成了新的三角关系。在这个新三角关系中，仲裁机构充任着仲裁服务者和程序促进者的角色。与此同时，在仲裁三角关系的外部，仲裁机构还发挥其作为协调者的作用。三位一体是对仲裁机构在仲裁关系内外格局中的法律地位之总体界定。这种界定也就决定了 CAS 的功能及其限度。

2. CAS 的功能及限度

(1)与当事人有关的功能及限度

此功能可概括为:仲裁机构服务于当事人,但不得充任当事人或其代理人①。关于仲裁机构与当事人之间的关系,目前主要有两种理解:一种理解是将其定位为一般的服务合同关系②,仲裁机构提供裁决之外的服务,当事人支付费用;另一种理解是将其定位为准信托关系,仲裁机构作为类似于被信托者(fiduciary)或受托人(trustee)进入仲裁③。两种定位赋予仲裁机构的职能存在某些实质性差异。

就作为服务者的仲裁机构而言,其功能将是被动和消极的,即主要应当事人或仲裁庭之请求而提供服务。这些仲裁服务包括但不限于:建立仲裁规则;聘请仲裁员,建立仲裁员名单,并提供给当事人指定;建议或确定仲裁地,提供必要的庭审设备支持;管理仲裁经费,确定仲裁开支的预付费用及方式;提供仲裁中的交流或联系方式,为仲裁诉答资料的多次交换、仲裁中各种异议的主张及应答、其他仲裁文书的送达与交换,以及仲裁裁决的通知等,建立通畅的交流机制。这些仲裁服务具有典型的"行政性"(administrative),这种服务的行政性质区别于仲裁庭裁决的(准)司法性性质,具有豁免于法院监督之功能。④

就作为被信托者或受托人的仲裁机构而言,其功能则相对独立和积极。按照信托关系的法理构造,委托人是基于对受托人专业、声誉的信赖而将某一

① 在 2009 年的一个案件中,法国的巴黎上诉法院就在一当事人诉 ICC 的案件中指出:ICC 没有义务为当事人提供法律意见。See Judgment of 22 January 2009 by the Paris Appellate Court in the case of La S. N. F. S. A. S. vs. The International Chamber of Commerce[Case No. 07/19492].

② Robert Coulson. Survey of International Arbitration Procedures, Christopher R. Drahozal, Richard W. Naimark, Twowards a Science of International Arbitration: Collected Empirical Research, Hague: Kluwer Law International, 2005, p.104.

③ 有实务人士指出:"仲裁机构是受信托人,它必须根据包含在仲裁规则内的要约提供服务。它必须以与其行政性和准司法性功能相关的合理勤勉执行服务。其功能类似于通过合同作为受托人管理事务或特定财产的第三方的功能。"Christer Soderlund, The Parties' Contract with the Arbitration Institution, in Kaj Hober, Annette Magnusson, and Marie Ohrstrom(eds.), Between East and West: Essays in Honour of Ulf Franke, Juris-Net, LLC, 2010, p.493.

④ Yves Derains and Eric A. Schwartz, A Guide to the ICC Rules of Arbitration, Hague: Kluwer Law International, 2005, p.8.

或某些事项的处理授权给受托人为其利益而提供服务。在信托过程中,受托
人具有独立性,可根据自己的专业判断与技能自主而非受制于委托人地行动。
如果仲裁当事人与仲裁机构之间真是一种准信托关系,就需要进一步分析当
事人究竟是对仲裁机构寄托了何种信赖,这种信赖显然对于理解和界定仲裁
机构的信托服务具有决定性。归纳起来,当事人对仲裁机构的信赖要点有二:
一是高效地得出仲裁裁决,否则当事人就会选择法院诉讼而非仲裁;二是仲裁
裁决能够得到实现,即裁决具有可执行性。第一方面是对所有仲裁机构的一
般性要求;第二方面则对仲裁机构在仲裁中的地位和作用产生重大影响。为
促进仲裁裁决的可执行性,仲裁机构有义务和责任采取一切可能的方式督促
仲裁庭裁决质量的提升,这其中就当包含有对裁决进行必要审查的可能性。

　　然而,无论是作为一般的服务者,还是作为准受信托人,其功能区别主要在于
提供服务的方式和强度,仲裁机构都不同于当事人,也不同于同样作为服务者的当
事人的代理律师。这一点就是对作为服务者的仲裁机构在功能范围上的限定。

　　(2)与仲裁庭有关的功能及限度

　　此功能可概括为:仲裁机构应辅助但不得干涉仲裁庭独立仲裁。① 仲裁
机构的这一功能是相对于它与仲裁庭的关系而言的。关于仲裁机构与仲裁庭
的关系,也有两种理解:一种理解是在仲裁庭与仲裁机构之间没有直接关
系②;另一种理解是确认仲裁机构分别与当事人和仲裁庭之间存在法律关
系③。如果采取第一种观点,那么仲裁机构提供的各种服务、履行的各种职

---

① 在一个针对 ICC 提起诉讼的案件中,受案法院也曾指出:仲裁机构没有责任替代
仲裁庭提出意见。Christer Soderlund, The Parties' Contract with the Arbitration Institu-
tion, in Kaj Hober, Annette Magnusson, and Marie Ohrstrom(eds.), Between East and
West: Essays in Honour of Ulf Franke, JurisNet, LLC, 2010, p.495.

② Emmanuel Gaillard, John Savage(eds.), Fouchard, Gaillard, Goldman on Inter-
national Commercial Arbitration, Hague: Kluwer Law International, 1999, p.22.

③ 对于这种理解又有两种立场:一种立场承认仲裁庭、仲裁机构与仲裁员两两之间
存在直接的契约关系;Klaus Peter Berger, International Economic Arbitration, Hague:
Kluwer Law and Taxation Publishers, 1993, p.232. 一种立场只承认仲裁机构分别与仲裁
庭和当事人之间存在直接关系,而在仲裁庭与当事人之间无直接关系。Christian Haus-
maninger, Rights and Obligations of the Arbitration with Regard to the Parties and
Arbitral Institution-A Civil Law Viewpoint, in Jean-Francosi Bourque(ed.), The Status of
the Arbitrator. ICC International Court of Arbitration Bulletin: 1995 Special Supplement,
ICC Publishing, 1995, p.37.

责,仲裁庭都没有接受的义务和责任,这显然无助于仲裁程序的推进,也无法解释仲裁机构通过仲裁规则、仲裁指南等抽象性活动,以及通过秘书处的具体活动对仲裁庭的直接和间接作用效果。因此,仲裁庭与仲裁机构之间必然存在法律关系,这种法律关系是以仲裁机构的仲裁规则为基础的,当特定专业人士接受仲裁机构的聘请而成为候选仲裁员,并在接受当事人的指定或者仲裁机构的委任时正式产生法律拘束力。

不同的仲裁规则为仲裁机构与仲裁庭之间的关系规定了不同的职能,这些职能的目的就是辅助仲裁庭尽快地实施仲裁,促进仲裁程序。归纳而言,这些职能主要包括:持续完善仲裁规则,建立高效快速的仲裁程序框架;建立各种程序指南,为仲裁庭更好地实施案件管理提供示范[1];培训仲裁员,这被认为是仲裁机构承担的"巨大责任"之一[2];创设各种有助于程序推进的书式[3]和清单[4]。

各种促进程序的辅助措施,是充分发挥仲裁机构想象力和职业能力的空间,也是仲裁机构证明其存在的意义和价值、建构其核心竞争力的支点。在仲裁机构不存在的临时仲裁下,仲裁庭将主要承担仲裁机构所承担的事务。仲裁机构存在与否的两种现象从正反两面揭示了:其一,仲裁机构的作用是分担仲裁庭的重任,使其能更好地完成当事人委托给它们的使命;其二,在仲裁庭

---

① Hans Van Houtte, Arbitraton Guidelines: Straitjacket or Compass, Kaj Hober, Annette Magnusson, Marie Ohrstrom(eds.), Between East and West: Essays in Honour of Ulf Franke, JurisNet, LLC, 2010, p.515.

② Diana C.Droulers, Institutional Commercial Arbitration from the Inside, Kaj Hober, Annette Magnusson, Marie Ohrstrom(eds.), Between East and West: Essays in Honour of Ulf Franke, JurisNet, LLC, 2010, p.145.

③ ICC仲裁一个突出的仲裁特征就是在仲裁启动及庭审前的案件管理会议上要求当事人达成审理范围书式(terms of reference),其目的旨在限定审理范围,避免开放性的范围对程序推进及仲裁活动带来各种干扰,以有效拢集仲裁中的各种要素,聚焦于审理范围书所确定的争议事项,提高仲裁效率。

④ 而仲裁中的清单则主要由仲裁机构提供给仲裁庭,提请其注意其中需要特别关注的事项,典型如仲裁员独立性清单,即要求仲裁员在接受指定时应考虑清单中所列示的可能影响其独立或中立仲裁的事项;以及裁决审查清单,如国际律师协会(International Bar Association,简称IBA)就提出了所谓的红(red)、黄(orange)、绿(green)三色清单,其中分别列示出一些建议性项目,供仲裁员判断时参考。Mattis. Kurkela, Santtu Turunen, Due Process in International Commercial Arbitration, London: Oxford University Press, 2010, p.122.

所承担的各种重任之中,仲裁庭不得转委托、仲裁机构不得接受委托的核心方面是对案件的独立仲裁。前者是正面界定仲裁庭与仲裁机构的关系,以及立足此关系之下二者的分工;后者是反面界定二者的合作关系,以及在此关系下仲裁机构的功能局限。换言之,仲裁机构可以通过各种途径和措施来促进仲裁庭对案件的裁决,但不得阻碍、干扰,更不得代替仲裁庭作出裁决。

(3)与法院有关的功能及限度

此功能可概括为:仲裁机构可进行协调,但不得替代法院进行司法监督。仲裁机构虽然不是司法机构,但在仲裁过程中却为完成其使命而履行着某些准司法的(Quasi-judicial)职能[1]。这些职能主要包括:①决定仲裁庭管辖权的表面(prima facie)存在,即决定仲裁协议是否表面存在,在认定不存在时,仲裁程序将终止;在认定表面存在时,将建立仲裁庭,再由仲裁庭裁断其管辖权是否成立。此项职权又被称为是仲裁庭的自裁管辖。②指定独任或首席仲裁员,独任或首席仲裁员对案件的处理具有重要影响,原则上由双方当事人或其代理人,或各自指定的仲裁员共任,在共任不能的情形下,将由仲裁机构指定。[2] ③指定替代仲裁员,在仲裁员死亡、被回避,或者因客观原因无法履行职责时,由当事人按照指定程序进行指定,在指定不能的情况下,仲裁机构将代为指定。④决定仲裁员回避与否。⑤对裁决进行形式审查。

需要指出的是,上述决定的确具有司法成分,而且在一些仲裁立法中某些职权将由仲裁机构与国家法院进行分享,或者专属于国家法院,但这些决定在仲裁法理与实践之中仍然被主要视为是行政性的,其功能旨在由仲裁机构协调自治的仲裁与国家世俗法院之间的紧张关系,一方面为更好地实现仲裁的自治,另一方面又可以针对因仲裁庭成立前(如仲裁庭赖以建立的前提即仲裁协议存在争议)或成立中(如当事人无法或不愿在仲裁员指定上进行合作,或者仲裁员自身存在问题)的客观原因无法有效成立,而进行自助式救济。

仲裁机构协调功能的性质具有双向效应:一方面,由于其协调措施属于内部行政性而非司法性的,因此其结论可免于国家法院的司法监督,国家法院仅可监督仲裁庭的准司法性行为;另一方面,基于同一原因,其协调措施也就是

---

[1]　Christer Soderlund, The Parties' Contract with the Arbitration Institution, Kaj Hober, Annette Magnusson, Marie Ohrstrom(eds.), Between East and West: Essays in Honour of Ulf Franke, JurisNet, LLC, 2010, pp.490-491.

[2]　汪祖兴:《当事人共任仲裁员不能之救济实践及完善》,载《中国法学》2012年第5期。

非终局性的,当事人、仲裁庭以及仲裁机构自身,不能以仲裁过程及裁决已经得到仲裁机构的监督,而拒绝国家法院的司法监督,换言之,仲裁机构的协调不同于,也不能够替代国家法院的司法监督。

3. CAS 审查的僭越可能

CAS 作为世界最著名和杰出的国际性体育仲裁机构,其法律地位在于:其一是服务当事人但不得作为当事人或其代理人;其二是服务仲裁庭但不得干扰仲裁庭独立仲裁;其三是协调仲裁与国家法院之间的关系但不得替代国家法院的司法监督。在如此界定仲裁机构的功能及其限度的三维格局下,CAS 执行的裁决审查机制的僭越性集中体现在它对仲裁裁决实体问题于实践层面可能实施的消极否定功能,即在仲裁庭拒不调整"根本的原则性问题"时,CAS 可以拒绝该裁决通过。

CAS 执行的机构审查在规则层面是没有问题的,因为它只是负责"提请注意"实体问题,而且在 CAS 迄今为止的仲裁实践中尚未发现一例类似 ICC 那样的行使实体性消极否定权的案例。然而,这并不足以排除 CAS 在未来实践中采取与 ICC 类似的仲裁实践。一方面,因为 ICC 仲裁在世界范围内具有示范性,CAS 仲裁法典中的裁决审查机制即具有明显的 ICC 规则印迹,规则上的前此借鉴在某种程度上暗示了实践上的后续跟进。另一方面,因为 ICC 对裁决执行的被认为是史上最高监督形式[1]的审查实践,除了在 20 世纪六七十年代曾经有两个极端例子被相关国家法院所否定之外,其余仲裁案例"明确无疑地"[2]受到了有关国家法院的尊重。

参考 ICC 已经存在的仲裁先例,从逻辑上分析 CAS 执行的裁决审查机制,在结果形态上可概括如下:(1)仲裁庭作出形式与实体均完善的仲裁裁决,CAS 秘书长未提出任何意见,此时仲裁裁决将由秘书长通知当事人即产生法律效力;(2)仲裁庭作出形式上有瑕疵,但实体上无问题的仲裁裁决,CAS 秘书长可直接更正裁决形式,通知当事人之后,裁决即发生法律效力;(3)仲裁庭作出形式上无瑕疵,但实体上存在 CAS 秘书长认为需要注意的"根本的原则

① Grigera Naon, The Powers of the ICC International Court of Arbitration vis-à-vis Parties and Arbitrators. ICC Ct. Bull., Arbitration in the Next Decade-Special Supplement, 1999, pp.55-56.

② Yves Derains and Eric A. Schwartz, A Guide to the ICC Rules of Arbitration, Hague: Kluwer Law International, 2005, p.316.

问题"的裁决时,仲裁庭接受或经过充分协商后接受CAS秘书长意见,对裁决中的根本原则问题进行调整,并通过秘书长的审查,后者遂将仲裁裁决通知当事人,裁决即发生法律效力;(4)仲裁庭作出形式上无瑕疵,但实体上存在"根本的原则问题"的裁决时,仲裁庭不接受,且在与秘书长充分磋商后仍不接受修改意见,原则上秘书长应放弃自己的立场,通过裁决审查,裁决在其通知当事人之后发生法律效力;(5)在第(4)种情形下,最极端的是仲裁庭和秘书长各持己见,互不让步,秘书长可据规则行使否定权,拒绝通过仲裁裁决,从而启动仲裁员替换程序,并重新作出裁决①;(6)仲裁庭作出形式和实体上均有问题的裁决时,上述第(2)～(6)种情形单独或者结合发生。

在上述裁决审查情态中,CAS可能逾越法理地位的情形主要包括强弱两类:(1)强势逾越的情形主要是指,CAS秘书长拒绝通过仲裁庭裁决的情形。(2)弱势逾越的情形有二:其一,CAS秘书长直接更改有问题的裁决形式,其问题在于,一方面,裁决无论其形式和实体问题都是仲裁庭的结果,因此其更正也应归于仲裁庭,在这方面,ICC仲裁规则就保留给仲裁庭自行修改裁决形式瑕疵的权力,但CAS法典授权其秘书长直接更正;另一方面,仲裁裁决中的形式与实体问题存在某些难以断然二分的情况,也存在难以识别的情形②,CAS秘书长在纠正"纯形式"问题时就可能出现连带或者错误地纠正裁决实体问题的情况,这就造成了审查危机。其二,在CAS以行使拒绝通过的否定权相胁的情形下,仲裁庭为获得报酬或者尽快结束仲裁程序被迫修改仲裁裁决中的实体性问题。这种情形虽然在表面上看,最终裁决的实体问题是由仲裁庭修改的,但实质上是出于CAS秘书长的审查意见,所以,这也是一种有所

---

① 这是最极端的例子,按照ICC秘书处对其与CAS裁决审查类似规则的解释:"最终,若仲裁庭维持其最初的裁决,仲裁院很可能撤回一个实体评论。然而,已经发生过的情形是,仲裁院针对甚至拒绝考虑其就与严重的管辖权问题相关的实体问题之评论的仲裁员启动替换程序。仲裁院可能认为该问题如此重大以至于对所涉仲裁员的能力提出疑问。"Jason Fry Simon Greenberg,Francesca Mazza,The Secretariat's Guide to ICC Arbitration,Paris:ICC Publication 729,2012,sec.3-1212.

② 有文指出:"尽管形式与实体之间的区分是重要的,但二者之间的差别并非总是明显的。"Derain,A Guide to ICC Rules,p.313.另有文章指出:"形式与实体评论的区分可能难以确定,在实践中很少有此必要。在需要作出此种区分时,仲裁院将采取个案或逐一评论的方法。"Jason Fry Simon Greenberg,Francesca Mazza,The Secretariat's Guide to ICC Arbitration,Paris:ICC Publication 729,2012,sec. 3-1208.

弱化,但仍然属于侵犯独立仲裁原则的机构僭越情形。

机构审查僭越其本职而有伤仲裁庭中立仲裁的基本原则,这并非只是一种单纯的逻辑演算。有观点指出:"在裁决审查中,仲裁院不当地干预了仲裁员裁决的自由,侵犯了仲裁员仲裁审理的私密,因未邀请当事人参与仲裁院与仲裁庭之间就裁决草案进行的意见交换而剥夺了当事人的正当程序。"①事实上,在 ICC 早期的仲裁实践中,土耳其最高法院在 1976 年②、叙利亚行政法院在 1988 年③就在仲裁当事人诉 ICC 的两个案件中,作出不利于后者的判决。这显然也是对 CAS 执行裁决审查功能的一种可能和切实的历史警示。

(三)CAS 裁决审查的理据重构

逻辑与实践之间的矛盾始终是法理上有待阐明的问题。CAS 裁决审查机制一方面在规则上限制机构审查对裁决的实体涉入,另一方面则在实践上有突破的可能,至少拥有类似规则的 ICC 已经开启了这一充满危险的实践。但值得调整的并非这种突破性实践,因为在 ICC 数以万计的仲裁实例中,除上述两例之外,有关国家法院都支持了 ICC 的机构审查,相反,应予反思的是现有的理论预设对仲裁机构功能范围的保守界定,④以及在此种界定下仲裁机构与裁决审查有关的功能限制。如下数点当是机构审查裁决的新理据。

1.裁决品质的提升

对裁决实体问题的审查涉入,有助于提升 CAS 裁决的品质。必须承认,审查的有无及其强度将对仲裁裁决的作出产生重大影响。国际仲裁不同于国内仲裁的一个突出方面是,国际仲裁除了追求裁决的公平与效率之外,还需追

---

① Yves Derains and Eric A. Schwartz, A Guide to the ICC Rules of Arbitration, Hague：Kluwer Law International, 2005, p.315.

② See The Keban judgment(March 10, 1976), excerpted in English in Arbitration, Vol.46, No.4(1980), p.241. 有学者后来指出,该判决在土耳其并不被认为是一个好的先例的。Tekinay, Turkey's Adhesion to the Geneva and New York Convention, ICC Ct. Bull., 1992, 3(1), p.14.

③ 不过,该判决最后被叙利亚国家委员会的判决(judgment 271/1 of Dec. 26, 1994)所推翻。Schwartz, Arbitration Awards-Challenge and Enforcement, Globalization and Harmonization of Basic Notions in International Arbitration. IFCAI, 1996, pp.141, 148.

④ 有观点即认为:"不仅审查程序的正当性,而且其必要性质当代业已被广泛承认。" Yves Derains and Eric A. Schwartz, A Guide to the ICC Rules of Arbitration, Hague：Kluwer Law International, 2005, p.316.

求仲裁裁决的跨国执行性。对于参与国际争议解决的仲裁员,特别是经验有所欠缺的仲裁员而言,有必要在裁决的形式与明显的实体问题上进行把关,降低裁决不被承认和执行的概率。ICC 提供的裁决审查机制在很大程度就是为了提高裁决的品质以确保可执行性。ICC 秘书处工作人员就明确指出:"仲裁院对所有裁决草案进行审查是 ICC 仲裁的突出特征。它主要旨在,确认任何可能被力图用以在仲裁地请求撤销裁决,或者其他地方抵制裁决执行的任何瑕疵,以此方式最大化裁决的法律有效性。裁决审查也一般地改善了仲裁裁决的准确性、质量和说服力。"[①] CAS 等仲裁机构之所以具有此种改善裁决品质的能力,一方面是因为仲裁机构秘书处工作人员本身就具有法律与体育方面的较高的双重专业素养,另一方面则是因为在 CAS 秘书处的日常案件管理之中累积起来的宝贵经验。在 CAS 机构稳定而恒常的案件管理与审查运作中,体育仲裁的"先例"[②]将为机构审查裁决提供不可替代的经验支持。

2.当事人的诉求

在仲裁关系中,当事人无疑具有决定性地位,没有当事人的意思自治,就不可能发展出仲裁机制,因此,当事人才构成国际仲裁中的"大写用者(big user)"[③]。可以认为,当事人的诉求不但决定着仲裁机制的生成,而且其诉求的改变也必将引起仲裁机制的重构,在如此维度上可根本性见证机构审查裁决的必要性。关键的问题是,当事人在国际仲裁中更主导的追求为何,且在当代是否发生、究竟发生了何种改变?传统国际仲裁理论推定,当事人之所以选择仲裁,是因为他们更注重效率,因为仲裁作为诉讼的替代性纠纷解决机制,充分说明了当事人在仲裁中谋求的是在诉讼中不可获得的替代性价值。在将诉讼的价值预设为"公正"之后,在公正之外的替代性价值即"效率"就成为仲裁当事人的主导诉求。然而,来自理论与实践两方面的证据揭示了,是公正而不

---

① Jason Fry, Simon Greenberg, Francesca Mazza, The Secretariat's Guide to ICC Arbitration: A Practical Commentary on the 2012 ICC Rules of Arbitration from the Secretariat of the ICC International Court of Arbitration, Paris: ICC Publication 729, 2012, sec.3-1181.

② Yas Banifatemi(ed.), Precedent in International Arbitration, Juris Publishing, 2008.

③ James H.Carter, A User's Perspective on the Arbitral Process: What are the Current Needs?, IFCAI Conference on The Institutional Response to Changing Needs of Users, Pub. No. 759 of WIPO, October 24, 1997.

是效率才构成国际仲裁当事人的主导诉求。

在理论方面,一位资深仲裁员曾经给出这样一个有趣的命题:"国际仲裁不是仲裁",就如同"海象不是大象"一般。[①] 理由如下,在国内处境下,仲裁被视为是诉讼的替代,然而在国际处境下,并不存在类似的国际法院,因此国际仲裁并不是替代性的,而是首要的纠纷解决机制。不仅如此,在国际实践中,大多数当事人之所以选择国际仲裁而非国际民事诉讼解决其争议,在于他们确信国际仲裁员比国家法官更中立[②],远离偏见,从而能够得出更公正的裁决。对这一信念的采信,促致某些仲裁机构发展出二级仲裁机制,有的国家立法也允许当事人通过合意方式放弃一裁终局制,就仲裁裁决提起上诉。[③] 这是国际仲裁当事人公正价值主导下的逻辑后果。

二级仲裁或另行向国家法院提起诉讼,对国际仲裁的命运而言显然是一种挫折,但这种理论与实践上的双重诉求也揭示了一种必得认真应对和严肃调整的思潮。对仲裁裁决采取的机构审查制在一定程度上有效回应了这种真切而非虚假的诉求变迁。机构的裁决审查制介于二级上诉与一裁终审之间,它以一种弹性缓和的方式既维持了国际仲裁一裁终审的基本框架,因为执行审查的仲裁机构"无意致力于发挥上诉功能"[④];又回应了当事人对裁决品质的正当期望。

3.裁决审查的节制

机构审查能够确保裁决品质更优,这并不能够作为证据反证仲裁庭让渡独立仲裁权的必要,也不能确证仲裁庭与仲裁机构联席仲裁的合理性。毋宁说,在维持仲裁庭独立仲裁这个基本原则不变的前提下,通过仲裁机构有理、有利和有节的辅助性审查,将有助于提升裁决品质,实现裁决与审查的双赢。

---

① Bruylant(ed.), Eerbetoon aan Guy Keutgen: voor zijn inspanningen om arbitrage te promoten, CEPANI, 2013, p.99.

② Christian Buhring-Uhle, A Survey on Arbitration and Settlement in International Business Disputes: Advantages of Arbitration, Christopher R.Drahozal, Richard W. Naimark(eds.), Christopher R.Drahozal, Richard W. Naimark, Twowards a Science of International Arbitration: Collected Empirical Research, Hague: Kluwer Law International, 2005, p.35.

③ 石现明:《国际商事仲裁当事人权利救济制度研究》,人民出版社 2011 年版。

④ Jeffrey Waincymer, Procedure and Evidence in International Arbitration, Hague: Kluwer Law International, 2012, p.205.

因此,支持 CAS 法律地位变革、鼓励其积极参与体育仲裁的另外一个必要条件则是,限定 CAS 涉入的程度。现阶段有争论的问题主要不再是,是否需要授予 CAS 审查裁决的职能,而是如何有节制地限定这种职能,以避免机构审查与仲裁庭的仲裁权消极干涉。

从 CAS 及 ICC 仲裁规则与实践可以看出,裁决的机构审查表现出了适度的节制,这种节制体现在两个关键点上:(1)机构审查始终恪守"终端审查"原则,即仲裁机构并不强势介入裁决之前的仲裁庭活动,而只是将自身的审查对象和范围局限在仲裁庭给出裁决草案阶段。(2)机构审查始终恪守"消极审查"原则,即仲裁机构在审查裁决时并不积极地提出裁决主张或观点,而是对裁决的瑕疵问题进行"评论",如提示裁决缺乏推理部分,推理部分不够强,又或者推理部分显得前后矛盾,等等。简言之,这种消极审查并无意于积极建构,而在于消极解构。以此方式,仲裁机构似乎更多地在模拟当事人或者法院,通过对裁决"挑刺"的方式促进仲裁庭完善裁决。

仲裁机构审查的审慎与节制,已经得到了有关国家法院的认可。在一些针对仲裁机构提起的诉讼中,法院认定仲裁机构并非"裁决主体",因此并不对裁决负责[①];而在另外一些案件中,当事人甚至以仲裁机构在裁决审查中的不作为而对机构提起诉讼[②]。因此,机构审查的节制度从反面正当化了其合理性和必要性。这也从相对角度澄清了这一个问题:需要反对和担忧的不是对裁决的机构审查,而是对裁决的机构审查走得过远,导致机构审查变成机构裁决。

4.体育仲裁的个性

在 CAS 仲裁情境下,体育仲裁的某些独特个性尤其奠定了机构审查的必要基础。必须承认体育争议及仲裁并不完全等同于商事争议及仲裁,但这并不影响 CAS 仲裁及其裁决的国际商事仲裁性质,并被纳入 1958 年《纽约公约》的框架之下获得广泛承认与执行。就影响 CAS 裁决审查的体育个性看,

---

① W.Laurence Craig, William. Park, Jan Paulsson, International Chamber of Commerce Arbitration, Oceana Publications, INC, 1999, p.347-350.

② 如在法国上诉法院受理的一起针对 ICC 提起诉讼的案件中,原告支持其诉讼请求的理由之一即仲裁机构"没有检查仲裁裁决是否与 EU 公共政策一致",因此认定仲裁机构存在"玩忽职守的过错"。Christer Soderlund, The Parties' Contract with the Arbitration Institution, in Kaj Hober, Annette Magnusson, and Marie Ohrstrom(eds.), Between East and West: Essays in Honour of Ulf Franke. JurisNet, LLC, 2010, p.494.

如下要素支持着机构审查的存在。

(1)CAS仲裁的高速性

体育争议的解决,特别是奥运会赛事争议的解决,对时间高度敏感,很难想象一个在决赛之后才作出的有关参赛资格的仲裁裁决是适当的。因此,如一个体育法专家所坦陈:"问题并非是速度是好是坏,而是在确保质量的情况下如何尽可能地快。"[①]仲裁进程的提速无疑对仲裁裁决的作出提出了更高的要求,高速仲裁同时也是高危仲裁,为此,更有必要通过机构的裁决审查制度对裁决品质提供担保。

(2)仲裁庭的强势

仲裁庭是仲裁活动的心脏,筹划与推进的动力主要依赖仲裁庭。为提高仲裁速度,CAS仲裁法典赋予仲裁庭广泛的权力,特别是仲裁庭首席仲裁员可以决定仲裁庭审的方式、日程、限制无关的证人或专家,可以采取它认为适当的任何证据措施,还可以单独签署仲裁裁决等。仲裁庭权力的扩张意味着需要承担更多的责任,也需要机构提供更大的监督与制约。裁决审查机制能够适当平衡仲裁庭可能泛滥的权力,确保仲裁裁决品质不因仲裁速度的提升而变形走样。

(3)裁决的公益性

对体育仲裁裁决进行机构审查,还在于此类裁决承担着更多的公益考虑。商事仲裁裁决针对的是双方当事人可以自由处分的事项,其裁决原则上仅影响当事人。CAS所仲裁的体育争议包括两类:一类是纯商业性的体育争议,另一类是竞技类体育争议。显然,对于竞技体育争议而言,争议的处理结果很难不涉及其他主体或社会的利益。比赛资格的剥夺与分配,奖牌的授予、收回,禁赛处罚的给出,如此等等,都会涉及案外当事人的切身利益,有的争议如体育禁赛等还必然牵涉公民的基本人权问题。因此,CAS竞技体育类仲裁裁决就包含着公共利益的因素,对其实施机构审查有正当理据。

(四) CAS 裁决审查的机制改进

1.理念调整:重审 CAS 的法律地位

要调整并正当化 CAS 审查裁决的机制,需要先行变革有关 CAS 在仲裁

---

① Gabriellk Kaufmann-Kohler, *Arbitration at the Olympics*: *Issues of Fast-track Dispute Resolution and Sports Law*, Hague: Kluwer Law International, 2001, p.18.

关系中的地位理念,这就是从仲裁服务者转变到仲裁品质的消极担保者。伴随这一角色转变,需要把握两个关键。

(1)从服务者到担保者

如果仲裁机构只是服务者,那么就没有合理根据对仲裁裁决的实体和形式进行审查,如同大多数仲裁机构所扮演的角色那般。裁决审查功能的规则与实践已经突破了服务者这一对仲裁机构职能的传统定位。相应地,"仲裁好如仲裁员"此一曾经让人称道的论断现在看起来就显得有些武断了。显然,仲裁裁决的品质不能抹除仲裁机构的审查参与。尽管裁决必须仍然只视为是仲裁庭的成就,但仲裁机构也以不同方式对其做出贡献。事实上,在当事人选择仲裁解决其争议时,对他们产生首要影响的不是仲裁员,而是仲裁机构。弗雷兰德曾经列示出影响当事人选择仲裁的 6 个标准,这些标准都直接或间接地与仲裁机构相关,它们分别是:不同仲裁机构仲裁规则的优劣点;仲裁机构指定仲裁员的能力及倾向;仲裁机构管理案件的经验能力;影响仲裁裁决承认和执行的声誉;成本与费用;仲裁机构在特定地点实施仲裁的优势[①]。不仅如此,由于同一仲裁员可以同时受聘于多个仲裁机构,因此,仲裁员的好坏往往不成为当事人选择的主要考虑因素,仲裁机构的声誉与业绩才成为当事人所首重者。鉴此,上已述及,有观点敏察到仲裁机构更类似于被信托者。

事实上,当人们在指称,或者法院在承认和执行仲裁裁决时,不是以仲裁员而是以仲裁机构来代名仲裁裁决,如 CAS 或 ICC 仲裁裁决。特定仲裁机构就如同仲裁裁决的"商标"一般,标识着特定的品质与信誉。有文章在赞誉 ICC 仲裁裁决时指出:"ICC 的独特性在于,在签发裁决之前要审查其裁决的完整、内在一致、对仲裁规则及准据法的遵守。被请求执行 ICC 裁决的法院会欣然地知悉,该裁决业已得到仲裁庭和 ICC 仲裁院的审查与批准。"[②]同样地,CAS 作为国际体育世界最高、独立和专业的"法庭",其仲裁裁决所受到的尊荣和礼遇显然主要不是,或不只是仲裁员的功绩,其荣耀也应归于 CAS。这一现象充分彰显了,仲裁机构不只是仲裁活动中被动、消极的服务者,而应定位为仲裁裁决的品质的担保者。有了仲裁机构的独特"担保",仲裁裁决的

---

① Paul D. Friedland, Arbitration Clauses for International Contracts, JurisNet, LLC, 2007, p.43.

② Paul D. Friedland, Arbitration Clauses for International Contracts, JurisNet, LLC, 2007, p.47.

品质、声誉及其可执行性就能得到保证。反过来,仲裁机构凭借其担保者的角色身份,就有足够的权力和依据对影响仲裁裁决品质的现象进行监测和干预,包括对仲裁裁决的审查。

(2)从一般到消极担保

将仲裁机构定位为担保者,意味着仲裁机构与当事人、仲裁庭之间存在着某种担保关系,即仲裁机构向当事人承担保证责任,确保仲裁庭作出合格的裁决,以及该裁决具有可执行性。根据一般担保法理,担保人在债务人无法履行其债务时,担保权人也即债权人有权向担保人请求代位履行义务。据此法理,仲裁庭无法或者不能完成仲裁任务,不能给出合格的仲裁裁决,则作为担保人的仲裁机构有义务作出合格的仲裁裁决。这显然有违仲裁的基本法理。另一方面,当事人签订仲裁协议也只是授权仲裁庭,而非授权仲裁机构对案件作出裁决;且仲裁庭作出仲裁裁决的劳务具有人身性质,也不可能由仲裁机构进行代位履行。因此,如果仲裁机构代位履行案件仲裁、作出裁决的义务,既有违当事人的仲裁合意,也与法理不合。这样的仲裁裁决在1958年《纽约公约》框架下不可执行。

由此看来,仲裁机构虽然承担着一定的信誉担保义务,但并没有承担一般的保证义务。为此,应当调整仲裁机构担保者的身份和内涵,一方面保留其对仲裁裁决品质提供信誉担保的功能,另一方面则免除或禁止仲裁机构代位或代替仲裁庭作出裁决的义务。这就是将仲裁机构的法律地位在理念上从一般担保者改造成为附条件的担保者,即消极担保者。

消极担保者的功能特征在于:其一,仲裁机构是担保者,即它要向当事人承担担保义务,承诺仲裁庭作出合格裁决;其二,仲裁机构是消极的担保者,即在仲裁庭不能作出合格的裁决时,仲裁机构无积极地代位履行之义务和权能,只能要求仲裁庭调整、补善或重新作出新的合格裁决,或者通过重组仲裁庭,由其作出合格裁决;其三,仲裁机构履行其消极担保义务的措施是,对仲裁裁决进行机构审查,并在其不合格的情形下,拒绝通过。这就在法理上合理地解释、正当化了仲裁机构的裁决审查功能:它基于消极担保者的义务有责任和权利为确保仲裁庭给出合格裁决,并在不影响仲裁庭独立仲裁的条件下,对裁决的形式进行修正,对裁决的实体提请注意。反过来,仲裁庭作为被担保者有义务勤勉、谨慎地作出仲裁裁决,并在仲裁机构的审查监督下修改和完善仲裁裁决。

2.机制改进:完善CAS的裁决审查

为正当化CAS对仲裁裁决的审查,同时回避针对仲裁机构的审查可能提起的司法诉讼，CAS现行裁决审查机制值得调整。此类调整措施可从三方面进行。

其一，完善仲裁规则。

对比CAS及ICC仲裁规则，可以看出CAS法典要疏略得多，这表现在以下几个方面。

（1）ICC规则不仅在其第33条中申明了机构审查的内容，而且在第1条和第2条开宗明义，从正反两面指出，仲裁院自身不解决争议，只负责包括"审查和批准仲裁裁决"在内的仲裁管理义务。CAS法典在第R46条对裁决审查作了规定，在第S12条对CAS及仲裁庭的分工作了简单说明，未明确强调仲裁机构承担的审查与批准裁决之职能及其性质。

（2）ICC规则第33条将裁决的形式和实体方面的修改或调整权保留给仲裁庭作出，而CAS法典第R46条授权秘书长直接修改裁决形式。鉴于形式与实体之间区分的困难与动态性，修改形式有可能不可避免地牵涉修改实体，因此CAS规则的这一规定值得调整。

（3）ICC的机构审查采取的是集体负责制，即建立由秘书处为核心、以案件管理顾问为执行者、以仲裁院月度或周度会议为决策者的联动审查制，审查质量因此更高。CAS法典只是授权秘书长单独执行审查功能，这虽然提高了审查速度，却可能有损审查质量。

（4）ICC规则在授权机构提请仲裁庭注意裁决实体问题时，附加了一个重要条件即"不影响仲裁庭裁决自由"。CAS法典未作规定。这一条件虽然更多的只有宣示意义，但它在规则层面再次强调了仲裁机构的审查性质，也为机构审查责任的豁免提供了规则依据。

基于上述，建议CAS法典作如下调整：（1）在机构与仲裁庭责任分工方面进一步明确CAS的裁决审查职能及其性质；（2）将形式和实体调整的权限都保留给仲裁庭；（3）改变秘书长单独审查制，建立以秘书长为中心的、以仲裁机构为决策者的集体审查制；（4）在机构审查裁决条款中加入宣示性的"不影响仲裁庭独立仲裁"等条件。同时，建议将CAS法典的适用明确为当事人仲裁协议的组成部分，借助当事人意思自治的直接形式，将裁决审查的内容固定为当事人接受CAS仲裁的必需条件。

其二，签署审查承诺。

为进一步强化当事人和仲裁庭对裁决审查的知情权与接受义务，同时明确机构审查裁决的责任免除，建议CAS采取两种措施：（1）在当事人启动仲程序之初,要求当事人签署裁决审查知情书和起诉弃权声明;(2)在聘请仲裁员,以及在个案之中任命、指定或者批准仲裁员时,要求仲裁员签署裁决审查承诺,向仲裁员告知机构审查的存在、性质及与他们的责任分工。

其三,配套审查清单。

国际商会仲裁院从其仲裁实践中总结出一套较为完备的裁决审查经验,它将过去近一百年来仲裁案件过程中所遇到的常见裁决形式与实体问题进行总结,将机构审查的项目、内容和关键点整理成一份清单(checklist),自 2010 年开始由秘书处向仲裁庭成员发放。此一举措旨在机构与仲裁庭之间就裁决审查事宜"提高效率和透明度"①。CAS 仲裁实践中可借鉴此种清单做法,将 CAS 裁决审查中常见的形式问题与值得注意的有关原则的根本问题进行非穷尽性列示,发放给仲裁员供其参考,据此促进裁决审查中的信息交流。

(五)小结:CCAS 审查定位之启示

体育产业的发展与繁荣离不开法治建设这个关键维度,人类社会的实践从正反两方面证明了,而且还将继续证明,法治是优越于人治的治理方式。体育仲裁机制的建构是法治建设中的重要一环,它有助于实现体育产业的纠纷自救,合规律地促进体育产业的发展。我国体育仲裁机制的建设很早就提上了议事日程,但基于各种主客观原因迄今仍无实质性建树。需要指出的是,中国体育发展过程遇到的问题不可能因为体育仲裁机制的建构就烟消云散,但没有体育仲裁机制的跟进,积淀的问题就不会得到缓解。包括体育仲裁机制在内的体育法治建设只是确保排除一个最坏的体育世界,它并不能期许国人以一个尽善尽美的体育梦想。建设科学的、符合国情同时又会通国际的中国体育仲裁机制,因此是辅助我国从体育大国转向体育强国的软实力之一。

独立、专业和全国统一的 CCAS 的建设是最大化我国体育产业利益的首选模式②,如何定位其法律地位和职能则成为仲裁院建设的先决问题。CAS 及 ICC 仲裁规则设计的机构裁决审查功能无疑对 CCAS 的建设具有范本意

---

① Jason Fry ,Simon Greenberg,Francesca Mazza,The Secretariat's Guide to ICC Arbitration:A Practical Commentary on the 2012 ICC Rules of Arbitration from the Secretariat of the ICC International Court of Arbitration,Paris:ICC Publication 729,2012,sec. 3-1195-97.

② 刘想树主编:《国际体育仲裁研究》,法律出版社 2010 年版。

义。据之,笔者认为可以提供如下建设要点:(1)赋予CCAS裁决审查功能,将其法律地位界定为裁决的消极担保者;(2)建立CCAS裁决的集体审查制,以秘书处为协调中心,个案的案件管理顾问为执行者,以仲裁院为决策者,优化体育仲裁裁决的审查效率;(3)授权CCAS对裁决的形式有决定性审查权,对裁决的实体有建议性审查权,但最终对裁决的修改或调整应保留给仲裁庭,仲裁机构不得直接更正;(4)建立有关机构审查裁决事宜的风险防范制度,推行当事人知情与仲裁员承诺制,并由秘书处制作裁决审查清单,发送仲裁庭成员,加强裁决草案作出前的沟通,尽量在裁决形成前解决分歧,而不是其后通过机构拒绝通过的方式迫使仲裁庭作出新裁决,以此化解机构审查可能承受的法律风险。

二、CAS仲裁裁决的机构补救

理想的仲裁裁决应是作出及时、推理严谨、用语清晰、覆盖全面、裁定适当且制作完善的裁决,但仲裁实践总难免产生出一些有瑕疵,甚至错误的裁决。设计完善的仲裁机制因此不仅要在裁决作出前存在合理的制度举措预止潜在的瑕疵,更应该有必要且合法的裁决瑕疵自补救规制,在裁决生效后至其承认和执行阶段行最后的仲裁内救济。对生效裁决的自补救意味着对其采取程度不同的变动,自补救因此不可避免地牵涉合法性问题,只有当其立足合理根据并在严格限定的条件下实施时才是合理补救。唯有合理补救才能既保全裁决的完善,又能实现自我救赎。[①]

(一)CAS裁决生效及其瑕疵

1.CAS的裁决生效

裁决生效是裁决被承认和执行的首要条件,如何确定裁决的生效日期因此成为关键。裁决生效日期一般地被认为是裁决作出之日,但此种表述过于宽泛,不同仲裁规则采取了不同的做法。相比于一般仲裁裁决与法院判决的生效而言,CAS裁决生效有如下特点。

其一,裁决自书面通知当事人之日为裁决生效日。CAS《仲裁法典》第

---

① 本部分的删减版本《论生效体育仲裁裁决的瑕疵与补救——以CAS仲裁规则为中心的考察》,发表在《武汉体育学院学报》2017年第12期。特致谢忱!

R59 条第 3 款即如此规定,裁决自书面通知之日起具有"可执行效力"。与此不同,国际商会仲裁院 2012 年《仲裁规则》第 31.3 条采取的是裁决载明日,即"裁决应视为在仲裁地,并于裁决书中载明的日期作出"。世界知识产权组织(World Intellectual Property Organization,以下简称 WIPO)仲裁与调解中心的仲裁规则更接近于 CAS 的做法,其第 64(b)条规定,裁决应自其送达之日生效并对当事人产生拘束力。比较两种做法,ICC 规则更值得肯定,因为在采取一裁终局制的仲裁机制下,裁决生效不应受制于送达程序的影响,CAS 要求自裁决自送达之日生效,就使裁决的终局性与拘束力附条件地被延长。

其二,CAS 仲裁裁决可以分解通知,并以先行通知之日为裁决生效可执行之日。仲裁裁决的各组成部分应构成一个完整而不可分割的整体,并因这种整体完善性而具有法律效力。但 CAS 仲裁裁决被策略性地分解成为两个部分:一是裁决的理由(reasons),二是裁决的实施(operative part)。其中,裁决的实施部分可以先于理由部分通知当事人,并且,尽管终局裁决自 CAS 仲裁院办公室通知当事人即为终局裁决并对当事人产生法律拘束力,但先期通知的裁决处理部分可自其书面送达当事人之日具有法律效力,可被执行。这种分解做法一方面缓解了仲裁庭作出裁决的时限压力,另一方面也确保仲裁裁决能够有效率地执行,以契合体育仲裁的特别需要。

其三,CAS 裁决的通知由仲裁庭和仲裁机构共同执行。CAS 裁决的执行部分将由仲裁庭决定是否可先行通知当事人,而附带理由的完整裁决则由仲裁院办公室通知。其他仲裁机构由于并无此种分解与先予通知的独特制度设计,因此其完整仲裁裁决将主要由仲裁机构负责通知当事人。

其四,裁决一经书面通知当事人即生效,并无上诉机会及上诉宽限期。这是仲裁裁决不同于法院判决的生效方式。在法院诉讼中,一般程序通常会给予当事人上诉的机会,法院判决的生效因此取决于当事人是否上诉,并受上诉时限的影响。但仲裁裁决的一裁终局性意味着,当事人不能上诉,虽然他们可以向法院提出撤销之诉,然而这并不影响仲裁裁决的生效。因此包括 CAS 仲裁在内的裁决采取的是裁决作出或通知当事人之日起生效方式。

2.CAS 生效裁决的瑕疵

理论上,完善的裁决才具有法律效力;但现实中,生效的裁决并非总是完善的。不完善裁决可分为两类:一类是存在实质性问题的裁决,此类裁决可称之为错误裁决;一类是实质无问题,但存在形式或其他问题的裁决,此类裁决可称之为瑕疵裁决。二者的根本差别在于,对之进行矫正是否会导致原裁决的变更。如果矫正只是在原裁决意向上实施的,即不会变更原裁决的,此类裁决即瑕疵裁决;反之,如果矫正将会改变原裁决本意的,则该裁决即为错误裁决。依此标准,并结合主要仲裁规则与实践,可总结出三类生效裁决的主要瑕疵。

（1）形式错误（formal error）。仲裁裁决的形式错误是指裁决中存在的某些问题,并不涉及对争议事实及当事人权利义务的实质性判断。这种错误通常是"自明"（self-evident）的,即无须依赖其他资料而根据裁决本身即可纠正。[1] 这些错误典型地包括笔误、计算错误、错误表达,但区别于错误推理。[2]如联合国贸易法委员会（UNCITAL）示范法第 33 条列举了此类错误的典型表现,包括"裁决中的计算错误、文字错误、印刷错误或任何其他类似性质的错误"。类似的错误类型列举体现在其他主要仲裁机构的规则之中,如 ICC《仲裁规则》第 35.1 条规定,这些错误类型包括"文字的、计算的或印刷错误,或任何类似性质的错误";WIPO《仲裁规则》第 66（a）条则直接将此类错误类型明确为三类,即"文字的,印刷的或计算错误"。CAS《仲裁法典》第 R63 条则以开放的、不完全列举方式将错误类型表述为"不论裁决包括的是文字错误或是数字计算错误"。

形式与实质之间的区别是很微妙的,有时二者之间甚至是关联性的,即裁决形式影响到裁决实质。对此,ICC 秘书曾指出:尽管某些要点"自身并非是实体性的,但可能潜在影响案件的实体结果,包括仲裁庭是否疏漏了争点,是否超裁,是否对所有裁定给出了理由,裁决的处理部分是否清楚,本息及数学计算中的错误问题是否得到解决"[3]。即便如此,形式与实质之间的区分在总体上仍然是可行的,笔者认为可以采取如下三标准判衡之:①该错误是否是自明的;②该错误对实体效果的影响是不是直接的;③该错误影响案件结果是定性还是定量方面的。如果某一错误是自明的,对案件实体结果并无影响或虽有影响但属间接结果的,且该错误对案件结果的影响只是影响权利义务程度之增减但并不影响其性质改变的,此类错误就应识别为裁决的形式错误。反

---

[1]　Jean-Francois Poudret,Sebastien Besson(eds.),Comparative Law of International Arbitration,Sweet & Maxwell,2007,p.691.

[2]　See The Trade Fortitude [1986] 2 Lloyd's Rep.209,CA.

[3]　Jason Fry Simon Greenberg,Francesca Mazza,The Secretariat's Guide to ICC Arbitration:A Practical Commentary on the 2012 ICC Rules of Arbitration from the Secretariat of the ICC International Court of Arbitration,Paris:ICC Publication,2012,p.336.

之,在错误并非自明,直接影响案件实体且不仅改变当事人的权利义务程度,甚至还改变权利义务性质时,此类错误通常就是实质性错误。

(2)模糊(ambiguity)。裁决的"模糊性"这个概念就如同这个词本身一样具有很强烈的模糊性,其意义范围在很大程度上取决于解释。可能鉴于此,ICC 规则、WIPO 规则及美国仲裁协会国际仲裁规则(AAA-ICDR)都并没有对模糊一词的表现形式依类似于上述形式错误的方式进行任何类型列举。CAS《仲裁法典》第 R63 条在谈到裁决解释问题时并用了模糊(ambiguity)、不清楚(unclear)等用语,这种表述方式可以有两种解释:一是限制性解释,即模糊不包含"不清楚",二者互补,从而降低了模糊的意义范围;二是扩展性解释,即 CAS 用此种堆砌性表述强调的是此类具有相似特征但并不限于此的广泛的瑕疵现象。笔者倾向于第二种理解,一方面,因为很难将这些意义模糊但时常重叠的瑕疵现象截然区分开来;另一方面,赋予此种瑕疵类型以宽泛的类型现象,可以使 CAS 针对类似现象采取类似的补救措施。

应予强调的是,仲裁机制内可自补救的裁决模糊不应等同于一般的意义模糊,二者的决定性差别在于,此种模糊是表述还是意义层面的。仲裁机制内可自补救的模糊瑕疵在原则上应当是表述层面存在问题,但其裁决意义是确定无疑的现象。显然,如果裁决本身在生效后其意义是模糊不定的,则该裁决就不是一种瑕疵,而是一种错误裁决。对生效裁决的模糊瑕疵之救济因此就不是在未定的意义中于生效之后再行抉择、确定其中一种意义,这事实上也就是相当于新的裁决;相反,对此种瑕疵之救济乃是在于澄清和回复其本有之确定意义,如学者所言:对模糊性进行救济就是"去除模糊和不确定,恢复裁决原始本意,并非修改它"。Perrot 也强调指出:这种救济"意味着对糟糕地表达的思想之意义与范围采取的后续探究;用法律术语讲,它意味着澄清已经作出裁决的模糊点。……因此不是判决"。[①] 对裁决模糊性的此类间接解释充分揭示了,裁决的模糊性是相对于仲裁庭之外的当事人、仲裁机构或国家法院而言的,但就仲裁庭的立场来说,此种模糊用语后面却有一种业已确定的裁决意义。因此,作为裁决瑕疵的模糊可以概括为"确定意义的不确定指向":确定的意义是相对于仲裁庭而言的;不确定指向是相对于仲裁庭之外的主体而言的。正是由于裁决的意义是确定的,对其"不确定指向"的确定就不是重新确定一

---

① Jean-Francois Poudret,Sebastien Besson(eds.),*Comparative Law of International Arbitration*,Sweet & Maxwell,2007,p.686.

个业已确定了的意义,而是揭示、恢复或还原,截然有别于重新确定或新的确定。

(3)漏裁(omission)。有效裁决所处理的争议必须具有可仲裁性。可仲裁性包括应然态、法然态和实然态三类,应然态为理想范围;法然态为法定可仲裁范围;实然态则是在法定范围内由当事人通过仲裁协议实际提交给特定仲裁庭进行裁决的争议范围。[1] 因此,对于仲裁庭而言,其可仲裁的争议事项必须双重恪守法然态与实然态的可仲裁性。在不违背法然态可仲裁性的前提下,完善的仲裁裁决所处理的争议在范围上应当采取的标准是实然态标准下的"不多不少"。"不多"是指仲裁庭应当仅就当事人所提交的争议事项进行仲裁,严禁超裁(ultra petita);"不少"则是指仲裁庭必须在裁决中完全处理当事人所提出的仲裁请求,不得漏裁(infra petita)。相比而言,超裁比漏裁在性质上更为严重,前者产生的是错误裁决,其法律效果依 1958 年《纽约公约》之规定将不能获得承认和执行;后者产生的是瑕疵裁决,其法律效果并不一定是彻底否定性的,一般可通过补裁的方式予以救济。

对漏裁的界定必须与当事人的仲裁请求相关联,并因这些请求而与一些近似现象区分开来。漏裁针对的是当事人已经提出的仲裁请求,对于当事人并未提出的请求显然不存在漏裁一说。如何判断当事人是否已经提出仲裁请求?是否当事人在仲裁过程中提出的所有请求都属于漏裁的合理对象?对于一个问题,判断的标准也应分为法然态和实然态。法然态的标准应为当事人双方合意并签署的书面仲裁协议或条款,该协议或条款是对当事人仲裁请求最大范围的划定,即便某一争议事项属于在法律上具有可仲裁性,但并未被约定在双方仲裁协议之中,当事人也不能单方面将其提交给仲裁庭请求仲裁。实然态的标准则是仲裁申请人在争议发生之后通过仲裁申请书具体列明的仲裁请求,该仲裁请求可能等于,但通常小于仲裁协议约定的事项范围。据此,判断仲裁庭裁决是否对某一或某些争议事项漏裁,应比对裁决已经处理事项与当事人所实际提交仲裁事项,查实二者之间是否存在差异。裁决超过者,即为超裁;裁决不足者,即为漏裁。

对于第二个问题,应当界定明确的时间点。与判断漏裁相关的两个关键时间点应是仲裁申请之时与仲裁裁决之时。在仲裁裁决之前,当事人如果提出或增加仲裁请求,且经仲裁庭接受者,仲裁庭疏漏其中某一或某些请求,该

① 张春良:《论竞技体育争议之可仲裁性》,载《武汉体育学院学报》2011 年第 10 期。

裁决即为漏裁。反过来,如果仲裁庭宣布结束程序,进入仲裁庭合议和拟决阶段时的,当事人此时如提出或追求新的仲裁请求的,该仲裁请求不得作为裁决漏裁的判断根据,此时对该追加请求应视为一个全新的仲裁请求,需另启而非重启仲裁程序予以解决。

上述三类裁决瑕疵现象并不穷尽裁决的所有瑕疵,但它们分别代表着三类典型的瑕疵现象:错误、模糊和缺漏。因此,应对其内涵和所包含的外延现象作扩展性理解,只要非专属于司法监督,而可由仲裁机制自补救的瑕疵现象,均可相应纳入这些瑕疵类型之中,依据对应的救济规则进行自补救。据此,一方面最大限度地发挥裁决自补救机制的功效;另一方面尽可能周延地将问题裁决在仲裁体制内部解决,体现仲裁效率。

(二)CAS 裁决瑕疵的自救规则

宏观地看,仲裁裁决在生效前后有多重主体从不同途径对其品质实施质量控制,最大限度地筛查、甄别和排除瑕疵和错误的产生或存在。在 CAS 仲裁体制下,裁决生效前有仲裁庭和代表仲裁机构行动的秘书长对裁决瑕疵进行控制,裁决生效之后的自补救机制则集中规定在 CAS《仲裁法典》第 R63 条中,现据该条剖析其自救规则如下。

1.补救主体

CAS 生效裁决的补救主体被明确为仲裁庭,但仲裁机构与国家法院在仲裁庭自救过程中发挥着特定的作用。不难理解,仲裁庭而非仲裁机构才是裁决的适当主体,裁决补救在性质上属于裁决事项而非裁决服务事项,因此仲裁庭也同时是适当的补救主体。但 CAS 仍然有职责参与裁决的补救,并具体体现为两方面。

(1)对当事人的补救申请进行审查(review)。在一般仲裁规则中,当事人和仲裁庭均可对生效裁决的补救提出请求,仲裁机构能否作为裁决补救的申请主体,迄今尚未发现相关规则。CAS 仲裁法典只是明确了当事人申请补救的情形。当事人既不能直接向仲裁庭提出申请,也不能向 CAS 秘书长提出申请,而应向 CAS 相关仲裁分处即普通或上诉仲裁分处的负责人提出补救申请。后者接受申请资料后将对申请进行审查,审查的重点和标准是当事人请求补救的理由是否存在。从法理上言,分处负责人对此种理由的审查应当如同在行使自裁管辖权时判断仲裁协议是否存在的标准一致,即只要当事人的补救申请满足如下两点就应通过审查,分处负责人应将补救申请转致仲裁庭:

一是当事人补救申请的理由是存在的,但不应进一步审查这些理由是否得当,这是仲裁庭的权限范围;二是当事人补救申请的理由至少应是表面存在,但这些理由存在的确切程度也应由仲裁庭进行裁断。

(2)对仲裁庭补救后的裁决进行再次审查(scrutiny)。仲裁庭在对生效裁决进行补救后,其补救裁决是否仍然需要依第R59条之规定提交CAS秘书长进行形式纠正和实质提醒,第R63条对此未作规定。基于如下理由,应认为补救裁决仍然应提交CAS秘书长进行审查:一方面,补救后的裁决,特别是仲裁庭对漏裁事项作出的补充裁决,仍然属于裁决的范围,构成裁决的组成部分,而第R59条是针对所有裁决设置的审查措施,因此补救裁决在签署前应依第R59条规定再次送交秘书长审查。另一方面,根据其他仲裁机构规则的明确规定及实践经验,此种补救裁决应如同原裁决一般提交机构审查,典型如ICC《仲裁规则》第35.3条规定,补救裁决的作出相应适用第31条、第33条、第34条,其中第33条即关于裁决审查的内容。甚至,在ICC仲裁实践中曾经出现过对仲裁庭补救裁决的再补救,该再补救裁决也必须如同原裁决一般送交仲裁机构审查。[①] 这些同类规则与实践对CAS规则的理解与适用无疑具有镜鉴意义。

能够对裁决实施自补救的仲裁庭应当符合"同一性"原则,即由作出原裁决的仲裁庭而非新设仲裁庭实施补救。第R63条也规定,仲裁分处负责人"应将当事人请求提交给作出该裁决的仲裁庭进行解释"。由于仲裁庭的设立及其功效取决于特定当事人之间就特定事项提交仲裁的合意,因此,如果某一仲裁协议中的当事人或争议事项任一变动,则该仲裁庭将失去其裁决权限的合法根据;反过来,补救裁决作为立足原当事人之间就原争议事项作出的救济,其唯一适格的管辖主体也就只能是同一仲裁庭了,否则就将违背仲裁原则。需要指出的是,仲裁庭的"同一性"要求仲裁庭组成成员的一致性,但如果仲裁庭成员由于某种原因"不能行动"时则可依CAS《仲裁法典》第36条进行"替换"。按该36条规定的精神,仲裁院成员被替换的原因应限于辞职(resignation)、死亡(death)、回避(challenge)或撤换(removal)。

国家法院对仲裁裁决瑕疵的救济是一种司法救济,它所导致的效果不是

[①]　Jason Fry Simon Greenberg, Francesca Mazza, The Secretariat's Guide to ICC Arbitration: A Practical Commentary on the 2012 ICC Rules of Arbitration from the Secretariat of the ICC International Court of Arbitration, Paris: ICC Publication, 2012, p.338.

对裁决瑕疵的补救,而是对裁决的撤销。但国家法院也可能对仲裁裁决予以发回(remission),在发回裁决的情形下,仲裁庭仍然可以对裁决采取补救形式,而非必然地另行重开一个新的仲裁程序。如ICC仲裁实践中,仲裁庭一份仲裁裁决在2009年被英国法院发回,法院要求仲裁庭在收到发回令之日起3月内作出一个"新(fresh)裁决",但国际商会仲裁院认为"没有必要正式地重开(reopen)仲裁程序,因此似乎倾向于通过纠正或解释予以解决"。仲裁庭在考虑相关情形后"最后签发了一个裁决修正(amendment)",补救了裁决中的瑕疵。[①] 对CAS生效裁决的瑕疵而言,是否也存在此种法院发回后的自补救可能,CAS仲裁法典对此未作任何规定。但是鉴于能够发回仲裁裁决由仲裁庭自补救的法院一般是仲裁地国家的法院,而CAS仲裁地法院是瑞士联邦法院,[②]因此,CAS仲裁裁决瑕疵能否被发回补救就取决于瑞士联邦最高法院的立场。ICC仲裁实践显示,瑞士联邦法院作为仲裁地法院曾经在2011年撤销一份ICC终局裁决,并将该裁决返回给仲裁庭进行补救;该仲裁裁决最终在2012年年初被原仲裁庭予以维持。[③] 这种实践表明,CAS裁决也有被法院发回进行自补救或重新仲裁的可能。

2.补救范围

生效裁决的瑕疵有多种表现形式,主要体现为形式错误、模糊和漏裁。但并非所有裁决瑕疵都可以当然地得到仲裁庭的自补救,综合考察典型国际仲裁规则的规定,它们在授权仲裁庭补救裁决瑕疵的范围上主要有如下三种做法。

(1)允许补救形式错误和裁决模糊,但未授权解决裁决疏漏。典型如ICC仲裁规则,其第35条题标即为"纠正和解释裁决;裁决的发回",其中第1款和第2款明确载明的补救事项包括"文字、计算或印刷错误,或任何其他类似性质的错误",以及"裁决的解释"。对于漏裁瑕疵是否允许补救,至少仲裁规则

---

① Jason Fry Simon Greenberg, Francesca Mazza, The Secretariat's Guide to ICC Arbitration: A Practical Commentary on the 2012 ICC Rules of Arbitration from the Secretariat of the ICC International Court of Arbitration, Paris: ICC Publication, 2012, p.359.

② Stephen V. Berti, International Arbitration in Switzerland, Kluwer Law International, 2000, p.928.

③ Jason Fry Simon Greenberg, Francesca Mazza, The Secretariat's Guide to ICC Arbitration: A Practical Commentary on the 2012 ICC Rules of Arbitration from the Secretariat of the ICC International Court of Arbitration, Paris: ICC Publication, 2012, p.360.

"并没有允许仲裁庭作出补充裁决去解决原裁决没有处理的问题",该问题被保留给"国别仲裁立法"去规定;①在ICC仲裁实践中,仲裁院在一些特殊的案件中批准了仲裁庭根据仲裁地法作出补充裁决的现象。②

(2)允许补救形式错误和裁决疏漏,但未授权解决裁决模糊。典型如WIPO规则第66(a)、(c)条之规定,该条题标为"裁决纠正与补充裁决",并在上述两款中对允许补救的裁决瑕疵予以明确,分别为"文字、印刷或计算错误",以及"请求仲裁庭就仲裁程序中提出但没有解决的仲裁请求作出补充裁决"。由于对裁决模糊性的解决涉及解释问题,"并非所有主要仲裁机构规则授权仲裁庭进行裁决解释的权力,绝大多数国家仲裁立法也没有如此规定"③。WIPO仲裁规则也采取此种立场,其明确的表述意味着,它并非无意地遗漏了这个问题,而是特意为之。此外,影响范围广泛的UNCITRAL规则也采取此种做法,尽管其33条题标为"纠正与解释",但该条内容一方面允许对裁决进行补裁,另一方面却要求对裁决模糊点的解释必须以当事人的另行约定为条件。这就表明,在当事人无特别约定的前提下,当事人可申请对裁决错误和漏裁进行补救,但不能直接请求对裁决进行解释。

(3)允许全面补救。典型如AAA国际仲裁规则,其第30条题标虽仅限于"裁决的解释或纠正",似乎排除了对漏裁瑕疵的补救,但其具体内容却明确允许对裁决的形式错误、裁决的模糊性和漏裁等瑕疵全面补救。该条"最显著的特征是以非常简短的形式涵盖了三类救济"。④

CAS仲裁法典授权仲裁庭自补救的范围更接近于第三类即全面补救的模式,但在程度上更为激进,甚至明确允许仲裁庭对裁决的实质推理部分的矛盾进行补救。《仲裁法典》第R63条列示的可救济的瑕疵类型包括:不清楚(unclear),不完整(incomplete),模糊(ambiguous),组成部分自相矛盾(self-

---

① Jacob Grierson, Annet van Hooft, Arbitrating under the 2012 ICC Rules: An Introductory User's Guide, Kluwer Law International, 2012, pp.215-217.

② Jason Fry Simon Greenberg, Francesca Mazza, The Secretariat's Guide to ICC Arbitration: A Practical Commentary on the 2012 ICC Rules of Arbitration from the Secretariat of the ICC International Court of Arbitration, Paris: ICC Publication, 2012, p.348.

③ Trevor Cook & Alejandro I. Garcia, International Intellectual Property Arbitration, Kluwer Law International, 2010. p.300.

④ Martin F. Gusy, James M. Hosking and Franz T. Schwarz, *A Guide to the ICDR International Arbitration Rules*, Oxford University Press, 2011, p.262.

contradictory)或与理由矛盾(contrary to the reasons),又或者裁决含有文字或数字计算错误。在这些瑕疵类型中比较独特的是裁决组成部分之间的自相矛盾或与理由矛盾,依仲裁法理看,这已经涉入裁决的实质推理部分,因此在CAS以外的仲裁规则之中均未被列入仲裁庭自补救的范围。不过,有学者认为在附条件的情况下是否在补救中考虑裁决的推理实质问题属于仲裁庭的自由裁量权:"仲裁庭有自由裁量权的是,当裁决的实施部分非常清楚的时候,裁决的纠正或解释是否应当与裁决推理联系起来考虑。"[①]但即便在允许考虑的情况下,也必须严格遵守限制条件:一是裁决的实施部分非常清楚;二是考虑裁决推理应是附带性而非主题性的,即考虑裁决推理的目的在于辅助对裁决瑕疵的补救,但不是将裁决推理作为瑕疵本身进行救济。CAS仲裁体制下,所有这些条件均被省略,仲裁庭被授予的补救范围因此不但关涉裁决的形式错误、漏裁或模糊,而且也可涉及裁决的实质推理。这种激进立场超出了所有其他仲裁规则所允许的限度和程度,其实践效应值得关注。

3.补救程序

补救程序的设定不可避免地涉及当事人、仲裁庭、仲裁机构,以及在裁决被发回情形下的(主要是)仲裁地国法院等主体之间就补救申请、接受、审查、执行等任务的分工与协调。具体而言,其程序如下。

(1)补救申请的提出。从理论上看,仲裁裁决所涉的利益关切者都具有适当的申请主体资格。当事人是直接的利益攸关者;仲裁庭是裁决瑕疵的直接作用者;仲裁机构对仲裁裁决有"信托管理者"(trustee)[②]的使命;国家法院有裁决的正义守护者的职责。但补救裁决的申请权被主要赋予利益直接关切者,即当事人和仲裁庭;国家法院在发回裁决的情形下,并不是补救的申请者而是命令者;仲裁机构在补救中是否作为参与主体之一及其地位,取决于不同规则的不同选择。CAS采取了单一申请主体的做法,即规则只授权当事人一方提出补救请求,并未如同ICC、WIPO规则那般授予仲裁庭依职权主动提起补救的权力。UNCITRAL规则在这点上比较独特,一方面,它授权当事人和

① Jacob Grierson, Annet van Hooft, Arbitrating under the 2012 ICC Rules: An Introductory User's Guide, Kluwer Law International, 2012, p.216.

② Christer Soderlund, The Parties' Contract with the Arbitration Institution, in Kaj Hober, Annette Magnusson, and Marie Ohrstrom(eds.), Between East and West: Essays in Honour of Ulf Franke, JurisNet, LLC, 2010, p.493.

仲裁庭均可提出补救请求,另一方面,它对当事人和仲裁庭采取了有差别的申请权配置,即当事人可对三类裁决瑕疵提出补救请求,但仲裁庭只能主动依职权对裁决的形式错误提出补救,不能对裁决的模糊和漏裁部分实施主动补救。

(2)补救申请的时限。大多数仲裁规则都对补救申请的提交设定了严格的时限管制,通常为当事人收到裁决之日或仲裁庭作出裁决之日起30日内,据此可避免对仲裁裁决的终局性造成无限期的威胁。但CAS仲裁法典非常意外地对补救的申请时限并无规定,这并不意味着补救请求可以在任何时候提出,按照CAS上诉仲裁一贯强调效率的宗旨,其补救请求的时效应作合理限制。至于当事人的请求时限是否合理及其程度,该问题也只有留待仲裁庭斟酌裁断了。

(3)补救请求的移交。各仲裁规则对仲裁庭主动纠正裁决的请求程序未作具体明示,似乎表明仲裁庭可自由地进行补救。但考虑到许多仲裁规则都设定由仲裁机构送达、保存生效裁决,因此,仲裁庭在主动补救的情况下也必然会涉及与仲裁机构之间的沟通与协调。在当事人提请补救的情形下,有两种移交模式:一是由当事人直接向仲裁庭提交,只需通知对方当事人及仲裁机构并给予其副本一份即可,如WIPO仲裁规则第66条。二是当事人只能由仲裁机构转交仲裁庭,但仲裁机构在转交过程中存在积极和消极两种角色:ICC规则下,仲裁机构对申请不作审查,只是向仲裁庭消极递交补救申请;CAS仲裁下,仲裁机构将对申请作必要审查,并只向仲裁庭转交合格申请,如果当事人对仲裁机构不予转交的决定不服的,是否允许补救,以及如何补救,CAS仲裁法典未作规定,似倾向于赋予其决定以终局效力。

(4)裁定补救请求。仲裁庭对补救请求进行裁定必须满足特定时限要求,通常为30天或1个月,各仲裁规则之间的差异在于起算点的设定。如ICC仲裁规则由于要求对方当事人对补救申请进行评论(comment),并为此设定了必要的评论时限,因此其补救裁定时限的起算点是对方当事人的评论时限届满次日。WIPO规则没有对纠正裁决错误规定评论程序,但对补充裁决要求给予对方当事人以陈述的机会,由此分别补裁与裁决纠正两类瑕疵分别规定了不同的补救裁定时限:补裁情形下,仲裁庭应在收到请求之日起60日内作出;裁决纠正情形下,仲裁庭应在收到申请之日或裁决作出之日起30日内作出。CAS仲裁下当事人的补救申请需经相关仲裁分处审查,也未为对方当事人设置评论程序,因此仲裁庭的补救裁定应当自仲裁机构移交仲裁申请之日起1个月内作出。

4.补救效果

仲裁庭对补救申请作出的裁定在不同仲裁规则中有多种表现形式,如在ICC仲裁规则下,补救裁定统一采取"附加裁决"(addendum)形式;在WIPO规则下,针对裁决形式错误作出的补救裁定应采取独立的"裁决备忘录"(memorandum)形式,而针对漏裁作出的补救裁定则采取补充裁决(additional award)的形式。CAS仲裁法典没有对补救裁定的形式作出特别规定,在无另外形式要求的情形下,这表明CAS仲裁庭应当采取与原裁决相同的方式。无论这些补救裁定在形式上采取何种表现类型,其法律效果是"构成原裁决的一部分",也就是等于原裁决的法律效力,是终局且具有可执行性的。结合CAS仲裁体制,其补救裁定的法律效果具有这样几个特征。

其一,仲裁法典并未明示此类补救裁定与原裁决的法律关系,但其性质无可置疑地等于原裁决,因此其法律效力从逻辑上看应追溯至原裁决生效之日;其二,由于补救裁定属于原裁决,适用于原裁决的CAS秘书长审查制因此也相应适用,即仲裁庭在签署补救裁定之前应当将其提交给秘书长纠正纯形式问题,并听取秘书长对根本的原则问题所提出的意见,在裁决经审查后方可签署;其三,按CAS仲裁法典之规定,其裁决地为瑞士,因此该补救裁定的国籍应为瑞士,裁决的司法监督条件和程序受瑞士有关仲裁法规则调整;其四,同时由于瑞士为1958年《纽约公约》成员国,因此该补救裁定作为瑞士仲裁裁决可得1958年公约之便利在超过140个以上的国家或地区依公约条件被承认和执行,具有极高的国际流动性和可执行性。

(三)CAS自补救的法理障碍

有错误就有对应的救济,这本是自然正义,但包括CAS在内的各仲裁机构对生效裁决设定的自补救机制却有违背自然正义的嫌疑。主因在于,CAS仲裁庭的自补救一方面不同于裁决生效前的瑕疵预止,另一方面也不同于裁决生效后的司法救济,而是针对生效裁决采取的内部补救。困扰此种内部自救的法理障碍主要包括以下几种。

1.否定裁决既判力(res judicata)

由于仲裁庭自补救所针对的裁决是生效裁决,裁决一经生效就产生既判力,对裁决的任何纠正或改变因此将否定裁决的此种能力。上已述及,CAS仲裁裁决的生效是分解成两个时点:在仲裁庭决定先行将裁决的执行部分先于理由部分通知当事人的,该执行部分自通知当事人之日起就生效、具有可执行性;而附具裁决理由部分的完整仲裁裁决则自CAS办公室通知当事人之日起生效。因此,仲裁庭在此两个时点之前对裁决进行的任何纠正、解释或补充裁决,包括CAS秘书长对裁决草案的纯形式进行纠正或对根本的原则问题提请注意等,这些救济措施由于均是在裁决生效前采取的,因此它们并不对裁决的既判力产生消极影响,也就是合法可行的。但自该两时点之后,裁决从未生效状态转入生效状态,自此意味着裁决的所有问题将不再受制于仲裁机构、仲裁庭乃至当事人的控制,而进入了司法救济的独占空间。换言之,在仲裁裁决生效之后,无论裁决有何瑕疵或错误,都只能由司法机关依照法定职权对之进行监督,或维持,或撤销,或发回重审,或不予承认和执行。这即仲裁裁决既判力之应有之义。

但仲裁庭对生效裁决的补救显然违背了这一基本原则,它事实上侵占了司法救济的空间,排挤了司法救济的权限,并因其补救可能性的存在悬搁了裁决的既定效力状态,使其被迫呈现出悬而未决之不定形态。具体而言,针对裁决形式错误的纠正、针对模糊裁决的解释,以及针对漏裁的补裁都不同程度地影响着裁决的既判力。

(1)就裁决形式错误的纠正而言,并非所有形式错误都无伤大雅,比如裁决中申请人与被申请人的错置,裁决赔偿金、利息或成本支出额度小数点的错标,裁决句落、段落的标点错写,等等,都可能对案件事实认定的结论,对立足该结论之上的当事人实质权利义务之分配产生根本或重大的变动。在其效力既定的情形下,该瑕疵是否存在、如何存在、该否纠正及如何纠正等,理应专属于国家法院的司法监督范围。

(2)就裁决模糊点的解释而言,其不确定性使许多仲裁机构规则和国别仲裁立法都将其排除出仲裁庭的自救范围,[1]解释裁决的权力比纠正裁决的效力更有争论,因为它提供了更大的滥用风险。WIPO、伦敦国际仲裁院等仲裁规则即明确将裁决的解释不列为对生效裁决的补救对象。依照当代解释学的研究结论,解释是一种"互构",即解释者与文本之间的互动,这种互动消解了裁决意义的固定性,也连带着消解了裁决意义的确定的客观性。反过来,解释通过互构建立起来的意义就具有了语境性和动态性。这就进一步与裁决的既判力发生了根深蒂固的冲突:裁决既判力建立在,也需要裁决意义客观且稳定

---

① Trevor Cook & Alejandro I. Garcia, International Intellectual Property Arbitration, Kluwer Law International, 2010. p.300.

这个前提,但裁决的解释使意义变得浮动。

(3)就漏裁部分的补裁而言,似乎补裁并不改变原有裁决的既判力,而只是增加了新的裁决内容,但补裁在如下意义上仍然影响裁决的既判力,即补裁部分不是被当作为一种新的裁决,而是被当作为原裁决的组成部分。将补裁与原裁决视为一个整体,补裁就必然影响到原裁决的既判状态。ICC规则为避免补裁对原有裁决既判状态的影响,将补裁视为是一个全新的裁决,一方面要求补裁必须建立在当事人的协议之上,另一方面则并未将补裁规定为原裁决之组成部分。为此,CAS秘书指出:补裁在很多情况下,这种额外的权利应放弃或决定于当事人的其他协议。[1] 这种将补裁内容分解开来,单独作为新的仲裁的做法就实现了对原裁决既判力的有效保护,但可能产生的代价是对仲裁效率的降低和仲裁院职责的违背,毕竟漏裁事项是当事人业已提出的仲裁请求。

2.有违一裁终局制(finality)

对生效裁决的自补救不仅因变动裁决而对裁决既判力造成冲击,而且还在制度层面以变相上诉或重启仲裁的方式违背仲裁的一裁终局制。法院诉讼机制以公正为导向,一般地给予当事人上诉的机会,作为诉讼替代机制的国际仲裁一方面为发挥效率的比较优势,另一方面为彰显其作为诉讼替代机制的不同特征,采取的是一裁终局的审级制,只有少数仲裁机构附条件地提供仲裁内部上诉或允许向法院起诉。晚近以来屡有反思仲裁价值及作为其实现机制的一裁终局制之合理性及其改革的思潮泛起,[2]但仲裁裁决一经作出即生效力的裁审制仍为理论与实践之绝对主流。在此背景下检视仲裁庭对生效裁决的自补救,就存在僭越之嫌疑。

暂且不论仲裁庭自补救针对生效裁决进行审查,甚至针对未生效裁决进行机构审查的ICC裁决审查制也曾引起理论上的反对和实践中的司法监督。[3] 仲裁庭对生效裁决的三类自补救方式均可导致对裁决的复审:首先,裁决形式错误的纠正,在该错误比较明显的情形下,如申请人与被申请人的错

---

① Jacob Grierson, Annet van Hooft, Arbitrating under the 2012 ICC Rules: An Introductory User's Guide, Kluwer Law International, 2012, p.357.

② 石现明:《国际商事仲裁当事人权利救济制度研究》,法律出版社2011年版,第279页。

③ Tekinay, Turkey's Adhesion to the Geneva and New York Convention, ICC Ct. Bull., Vol.3, No. 1, 1992, p.14.

置、特定日期的确定等,这些错误通常无须对裁决进行复审;但在某些错误的甄别及其纠正建立在逻辑关系之上时,如损害赔偿及利息的计算,裁决处理结论中涉及问题定性的笔误等,就需要仲裁庭对所涉案件事实及裁决推理部分进行复查。更何况,CAS仲裁庭可以纠正的错误还包括裁决的矛盾推理,或与裁决理由相违背的裁决内容,这就涉入了对裁决实质部分的复查。

其次,对模糊裁决的解释,解释立足于先见和文本,为对裁决进行解释,就必须重温或重读裁决文本。在实践中,请求对裁决进行解释也的确被当事人企图用作为修改裁决意义、实质变动裁决内容的上诉或改裁措施,如ICC秘书从实务角度指出:实践中,当事人的解释请求很难被接受,绝大多数仲裁庭发现,当事人请求解释旨在通过上诉变更裁决意义,提出额外的问题或致力于让仲裁庭重审其裁决或证据。[①] 也可能是考虑到裁决解释产生一种新仲裁的效果,为回避其不当性、重建其合法性,有的观点就认为应当将当事人的解释请求建立在当事人之间的新协议之上;并且在一方当事人致力于重新讨论案件或不同意仲裁庭已作出裁决的情况下,解释程序不得为此种审查提供依据。[②] 这意味着,允许对裁决模糊性提出解释请求就必然承受着此种影响一裁终局制的风险。

最后,对漏裁的补裁,虽然看似一个全新的裁决,因此似乎并不干涉一裁终局制,但将其视为一个全新仲裁,就必须要有当事人另行签署的仲裁协议,正如ICC仲裁规则所规定的那般。但在其他仲裁规则并无此类要求,且将补裁裁决视为原裁决之组成部分的情形下,仲裁庭的补裁就是一种对原裁决进行变动的准二审方式,改变了原裁决所确定的当事人之间的权利义务状态,也就在效果上否定了裁决的一裁终局性。

3.违背"履职"(Functus Officio)原理

履职一词本意是指仲裁庭应按当事人的仲裁协议履行其职责。由于仲裁庭的履职严格受限于仲裁协议,因此履职理论相对于仲裁裁决就意味着其职责的终止,即仲裁裁决一旦作出,"仲裁庭就失去了行为能力,包括重审、纠正、

---

① Jacob Grierson,Annet van Hooft,Arbitrating under the 2012 ICC Rules:An Introductory User's Guide,Kluwer Law International,2012,p.348.

② David D. Caron,Lee M. Caplan & Matti Pellonpaa,The UNCITRAL Arbitration Rules:A Commertay,Oxford University Press,2006,p.881.

解释和补充已经作出裁决的能力"。①换言之,履职原理为仲裁庭的职权设定了一个程序上的截止点,即生效裁决的作出。其后,仲裁裁决就只受制于司法监督而不再归属任何仲裁庭,包括原仲裁庭的管辖范围。履职原理有助于维持裁决的既判力、一裁终局制,从仲裁庭的角度阻止其滥用职权。

如果说裁决既判力、一裁终局制还是从仲裁机制的制度层面从外部排除对生效裁决的仲裁庭自救的话,那么履职原理就是直切仲裁之根本即作为仲裁当事人合意的仲裁协议,从仲裁协议之中获得冰封裁决、为其排除司法救济之外的一切干扰的根据。承认仲裁的合法性和有效性源于当事人的合意,就必须承认仲裁庭履职原理及其产生的限制仲裁庭在裁决后进行自补救的逻辑效应。

4.有违程序法治

作为程序法治的要义之一是,经过法定程序审理完结之案件,不应因新的证据、信息或情势变迁而进行事后追溯调整。程序法治的提出源于这样一个基本现实,即人的认识能力的历史性。认识能力的历史性意味着:一方面必须在逻辑上承认人的认识能力将会与时俱进,具有认识事情本质的终极能力;另一方面也必须在实践中不得不承认在特定历史阶段人的认识能力具有限度,受制于诸多主客观因素的影响。同样地,仲裁庭庭审案件、裁决争议也有一个历史性的问题,在彼时彼刻依当时之证据所认定的事实,以及据之作出的裁决,在此时此刻依当下之认识能力很可能存在问题。简言之,在裁判上我们究竟应当接受何种真实状态:是立足于历史性进步的认识能力之上的绝对真实,还是立足于认识能力的历史性之上的相对真实。显然,绝对真实是完美状态,但正因为其过于完美以至于不切实际,如果将其奉为裁决之标准,所有案件似乎都不得不被中止裁决,直至遥遥无期的"末日"审判时刻。因此,接受相对真实是实践中终局裁决得以可能的前提和根据。然而,必须区分无条件和附条件的相对真实:严肃的裁决拒绝不严肃的相对性,而承认特定条件下的相对性。这种为法律所接受并确认的特定条件就是程序法治,其意即经过法定程序确认之事实虽为相对真实,却是法律认以为真的事实,该事实一旦被认定,不应受制于后续新信息的影响,可作为生效裁决之正当根据。

据之,仲裁庭在严格依照当事人的仲裁协议、仲裁规则及相关仲裁程序法

---

① Gary B. Born, International Commercial Arbitration, Vol. II, Kluwer Law International, 2009, p.2512.

之程序认定事实并作出裁决后,该裁决即应被视为是程序法治之结果,当事人、仲裁庭以及其他主体不得再对该裁决进行追溯调整。以此观之,仲裁庭对生效裁决的事后救济就可能违背程序法治的要义,因为即便对裁决进行补救的主体坚持了同一性原则即为原仲裁庭,但时过境迁的历史处境使此仲裁庭已经不再是位于仲裁时的语境之中的彼仲裁庭了,其补救因此就难免"事后诸葛亮"式的不当裁断。

(四) CAS 补救的合理性与合理补救

1.补救的合理性

要证明仲裁机制内部对生效裁决瑕疵进行自补救的合理性,就必须要澄清和区分裁决的自补救与一些近似但并非等同的现象,正是这些为法所禁止的现象混淆了自补救的性质。可以将仲裁庭的自补救定性为原裁,则应将其区分于与之近似但实质不同的改裁和新裁,同时结合仲裁效率本位的功能定位,就能做到补救的双赢:一方面捍卫既判力、一裁终局、履职原理及程序法治等仲裁基理,另一方面促进裁决有效率的自完善。

(1)作为原裁的补救。对生效裁决的补救给人以一种错觉,即由于其与原裁决之间存在时间距离,且该补救行为发生于裁决生效之后,因此补救行为就与裁决的改动、重新作出或重复作出等行为类型混同起来。然而从补救的本质看,对补救行为应当进行追溯定性,即应将仲裁庭自补救视为是原裁,它不是在原裁决之后,也不是在原裁决之外,而是在原裁决之中实施的行为。这就如同仲裁过程中的部分或临时裁决之于终局裁决一般,它们都构成原裁决之组成部分。我们既然可以合理地理解并接受终局裁决并不因为后于已经生效的部分或临时裁决而被认为是对后者的既判力或终局性的否定,那么基于相同原理也理应接受补救裁决之于终局裁决的关系,并将二者定位为和谐兼容而非相互抵触的关系。换言之,在理解补救裁决与原裁决的关系时,必须破除自然的时间观,而应建立逻辑时间观,在逻辑层面而非自然层面将补救裁决还原至原裁决之中,从而不会因为补救裁决在自然时间顺序上后于裁决之生效就误认为其有违裁决既判力、终局性、仲裁庭履职及程序法治等。如此理解补救裁决,它虽然在自然时间上后于裁决生效,却在逻辑时间上发生于裁决生效前,从而在逻辑位序上与裁决既判力等无涉。这就是理解补救作为原裁的思路。

现有允许仲裁庭自补救的仲裁规则在其规定中就以多种方式强调在原裁

决性质和范围内定性和定位裁决补救的结果,主要包括:第一,在补救行为的性质上,明确将补救结果视为是原裁决之组成部分,如 ICC 仲裁规则第 35.3 条、WIPO 仲裁规则第 66(a)条即如此。第二,在补救程序的实施上,明确要求按终局裁决的方式作出、签署和提交审查。如 ICC 仲裁规则第 35.3 条即要求仲裁庭补救时应相应适用关于作出终局裁决的第 31 条、第 33 条、第 34 条;WIPO 规则第 66(c)条也是如此。第三,在补救主体的设定上,明确要求以原仲裁庭作为补救主体。简言之,也就是主要按照原裁决的方式处理裁决瑕疵的补救,从而使补救过程与结果产生原裁效应。

作为原裁,补救首先不同于改裁。改裁是对原裁的事实认定、法律适用、裁决推理及其推理结论的实质性变动,因此在改裁的情形下,必然存在着新旧裁定及二者之间的变异。仲裁庭的补救,无论是形式错误的纠正、裁决模糊性的解释,或者漏裁事项的补裁,它们都不涉及对既有结论的变动。纠正形式错误不涉及结论问题,补裁也不是对原有结论的变动,较有争议的是对裁决模糊点的解释。必须承认,解释具有澄清与变动两种功能性,只有澄清既有意义的解释才被允许,而旨在通过解释变动原裁意义的解释请求将被拒绝。在著名的美国-伊朗仲裁案中,伊朗就"试图以解释方式要求仲裁庭重新作出相反裁决",但仲裁庭认为伊朗的请求实质是不接受仲裁庭已经作出的裁决,而试图要求重新庭审案件,因此拒绝了该请求。[①]

总的来说,补救不是对针对既有意义的改变,仅限于恢复仲裁庭已经作出裁决的适当内容;解释也只是去除模糊和不确定,恢复裁决原始本意,并非修改它;仲裁庭消除怀疑,澄清笨拙的表达,解释用语,纠正形式,不会影响事实和被认为不可撤销地作出的既判力效果。如此区分补救与改裁,就能有效回应和回避反对补救行为的那些法理障碍,或者更准确地说,诸如既判力、终局性、履职理论、程序法治等仲裁基本原则只是对改裁构成障碍,但并不反对对原裁所作的维持和澄清,后者正是仲裁庭自补救之本质与功效。

作为原裁,补救其次不同于新裁。新裁必须建立在新的仲裁协议之上,针对此前程序从未提出过的新请求,并依照新的事实证据作出的裁决。因此,相对于新裁而言,补救行为属于旧裁即既有裁决,依据如下:其一,它立足原裁所依据的仲裁协议;其二,它针对的事项只能限于当事人在仲裁过程已经提出但

---

① David D. Caron, Lee M. Caplan & Matti Pellonpaa, The UNCITRAL Arbitration Rules: A Commertay, Oxford University Press, 2006, p.885.

裁决未处理的仲裁请求；其三，它必须是限于原裁当事人之间；其四，当事人提交补救请求及其证据时，不得引入新的证据，ICC秘书处曾就此指出：申请人在请求补救时，应载明相应的ICC案例档案号，采取书面形式，附具理由，并附带所依据的所有资料。但当事人不得提交新的资料，因为申请只是针对仲裁裁决，如果必要的话，也只是针对先前提交的资料或证据。不得引入新的证据。① 鉴于此，补救实质有别于新裁，即便是作为补救方式之一的补裁也是如此。在分解意义上，补裁是作出不同于原裁的新的裁决；但考虑到补裁的合意依据、范围、补裁的事实基础、审理方式及其功效，补裁就根本不同于完全的新裁，而是原裁不可分割的组成部分。因此，新裁是一种原仲裁请求之外的仲裁，其主题相对于原仲裁而言属于"超裁"（*ultra petita*）；但是作为补救的补裁则是在原请求范围内的、因仲裁庭之原因而未被处理的事项（*infia petita*）。这就消解了源自履职理论的法理危机，事实上，美国联邦法院就曾经在判例中裁定，履职理论应受三种情形的限制：对明显错误的纠正；裁决未处理的问题；澄清模糊之处。② 职是之故，不同于新裁的仲裁庭自补救并不违背仲裁庭的履职理论。

（2）作为宗旨的效率。厘清仲裁庭自补救作为原裁与改裁、新裁之间的本质分野，就能从逻辑上赋予自补救以合理性，这是一种内部正当化的论证。此外，对生效裁决给予仲裁体制内的自补救，而不是简单地将其一概地纳入国家法院的专属救济范围，还能双向获得仲裁效率与诉讼效率，这是立足纠纷解决机制系统功能的优化发挥基础之上的外部正当化论证。

一方面，赋予仲裁庭对生效裁决瑕疵的自补救功能，有助于提升仲裁效率。事实上只有仲裁庭进行补救才是最合乎仲裁本性，从而能最大限度实现仲裁功效的路径选择。仲裁的本性在于合意，当事人的诚信合作能提升解纷效率和效果。围绕这种因合意而发展出来的自救济理念，仲裁机制创设并发展了许多独特的制度，典型的如自裁管辖权。从逻辑上讲，只有存在且有效的仲裁协议，才能支撑仲裁庭管辖并仲裁案件，因此，当仲裁协议的存在或效力存在问题时，在理论上就应由仲裁机制外的司法机关行使管辖权，判断其效

---

① Jason Fry Simon Greenberg, Francesca Mazza, The Secretariat's Guide to ICC Arbitration: A Practical Commentary on the 2012 ICC Rules of Arbitration from the Secretariat of the ICC International Court of Arbitration, Paris: ICC Publication, 2012, p.348.

② See U.S. Energy Corp. v. Nukem, Inc., 400 F. 3d 822(10th Cir. 2005).

力。然而,为更好地实现当事人的自力救济,提升仲裁效率,仲裁庭的自裁管辖权被发展出来。该制度有效运作的本质是预先设定表面存在的仲裁协议具有法律效力,据此组建仲裁庭,然后将仲裁协议存在及有效性问题交由该仲裁庭自裁。基于仲裁自救济的同一原理,赋予仲裁庭而不只是国家法院以生效裁决瑕疵之救济权,就既是合仲裁的做法,也因合仲裁而更具效率优势。有学者正确地指出:"值得肯定的是,应授予仲裁员更宽泛的权力去纠正、解释或补充其裁决,因为这有助于仲裁效率,并有助于避免针对裁决瑕疵而采取的司法干预。"①

另一方面,赋予仲裁庭对生效瑕疵的自救济也同时能够缓解法院的工作量,从而相对提升诉讼效率。法院作为司法机关在主体资格上对生效裁决进行监督和救济不存在任何问题,但如果禁止仲裁体制内的救济,而要求将所有生效仲裁裁决都无条件地保留给法院进行监督,这对于法院而言是不堪重负的低效率选择:第一,在宏观上,不能有效发挥纠纷解决机制的系统功能。仲裁之所以被发展出来的主因之一是,它作为诉讼替代机制可以缓解司法压力。因此,法院诉讼机制与仲裁等诉讼外机制之间所形成的纠纷解决系统应当存在合理的负荷分工与协调,从而产生最佳的纠纷消解能力,在整体上促进纠纷消化与解决的效率。如果仅允许法院而排除仲裁机制对生效仲裁裁决进行救济,就会造成工作负荷的畸形分配,即一方面法院不得不在肩承爆炸式诉讼重负的基础之上,再次承受本已分流出去的案件负荷之回流,也就是肩承双重负荷;另一方面仲裁机制却并没有发挥其应有的解纷功能,闲置了其解纷潜能。

第二,在微观上,浪费了对纠纷解决的前期投入。当事人、仲裁庭、仲裁机构在生效裁决作出之前已经付出了大量的努力和心血,对案件事实的查证、庭审,对法律适用的考虑、斟酌,对裁决结论的会商与表决,以及仲裁机构可能提供的裁决审查服务,等等。可以说,至裁决生效阶段,仲裁庭远比法院更熟悉案情,就争议问题也通常更具有专业判断能力,如果禁止他们基于其已经具有的事实基础和专业知识对裁决中的瑕疵进行补救,而由法院另建法庭重读、重审、重思案件的事实、法律与结论,这就导致了双重成本:仲裁庭已经投入的和法庭即将投入的成本。如果进一步考虑到某些裁决瑕疵的补救是非常清楚和自明的情形,而为维持生效裁决的所谓既判力、终局性等等原则不得不坐等司

---

① Jean-Francois Poudret, Sebastien Besson(eds.), *Comparative Law of International Arbitration*, Sweet & Maxwell, 2007, p.697.

法缓慢而笨拙的介入干预,此种姿态和选择就难免过于形式和原教旨主义了。用瑞士联邦法庭的话来说就是:"如果法律禁止仲裁庭纠正明显不当的错误,那就过于形式主义了。这就等同于禁止它从它有权裁决的事项中提取意义。"①

反过来,从司法的角度承认并积极辅助仲裁庭对生效裁决的瑕疵实施体制内自救济,就能实现诉讼与仲裁各自优势的应然发挥和彼此功效的倍增效应。当然,仲裁与诉讼的不同身份地位决定了,它们在生效裁决的救济方面除了可以共同合作之外,还应当存在本质的分工,这种分工意味着在某些层面仲裁庭不能替代法院,其自补救必须让位于司法监督,而这些仲裁庭自补救不得涉入的层面就是其合理补救的条件限制。因此,仲裁庭的自补救必须附条件,在条件限定内所允许的自补救才是合理补救。

2.合理补救:CAS自补救的条件重构

(1)补救的同一性。仲裁庭的合理补救首先必须坚持同一性原则。具体而言,同一性原则体现在如下方面:第一,补救主体的同一性,即对裁决瑕疵进行救济的仲裁庭必须是作出该裁决的同一仲裁庭,其成员原则上不变;在仲裁庭成员无法执行仲裁职务时,应当按照仲裁员替换或撤换程序予以改动。第二,补救程序的同一性,即仲裁庭应当采取与原裁决一致的程序进行瑕疵补救。展言之:其一,在裁决补救过程中,仲裁庭应给予双方当事人以平等的陈述机会,在此方面CAS的规定相比ICC规则存在根本缺陷,ICC要求在一方当事人提交补救申请后,应给予对方当事人以适当时限对该申请进行"评论"(comment),但CAS规则对此未作规定,这就使CAS的裁决补救程序未遵循同一性原则,应予调整。其二,在补救裁决作出方面,补救结论应依作出原裁决所依据的相同原则即多数意见或首席仲裁员意见作出。其三,在补救裁决签署方面,CAS裁决在仲裁庭签署前需经秘书长审查,同理,补救裁决也需先经审查程序方可由仲裁庭签署。第三,补救效果的同一性,即应明确仲裁庭的补救结论构成原裁决的组成部分,与原裁决具有同等和同时的法律效力。遗憾的是,CAS仲裁法典并未明确补救结论的形式和法律性质,让人就其补救

---

① See Judgment of 2 November 2000, DFT 126 ⅲ 524, 527 (Swiss Federal Tribunal)(2001). Also see Kaufmann-Kohler & Rigozzi, Correction and Interpretation of Awards in International Arbitrations Held in Switzerland, 16(4) *Mealey's Int'l Arb. Reb*, 25(2001).

结论与原裁之间的关系产生疑问。

(2)补救的既得性。补救的既得性,是指仲裁庭的补救必须限制在原仲裁的既有范围内,不得超出其外形成新裁。就此需作两点说明:第一,补救内容的既得性。仲裁庭在进行补救时不能超出当事人在仲裁过程所提出的仲裁请求之范围,否则即为超裁。第二,补救理由的既得性。仲裁庭主要是纠正裁决瑕疵,但不能为巩固原裁结论而额外提出新的理论根据,如国际商会仲裁院秘书处指出,仲裁庭在作出解释或纠正时,倾向于扩大推理的程度,其用意旨在强化原裁决的推理。仲裁院通常要求仲裁庭剔除这些多余的推理,其可能产生反作用,甚至让人对仲裁庭的原裁决产生怀疑。[①] 在此方面,CAS 仲裁法典第 R63 条具有高风险,它不但授权仲裁庭纠正裁决的不清晰、模糊、补裁,而且还允许纠正裁决理由的自相矛盾,后者构成裁决错误的主因之一,理应在裁决作出之前予以彻底排除;一旦裁决作出后,仲裁庭无权对之进行调整,否则即构成改裁。因此,该条应剔除这部分内容,维持既得性原则。第三,既得性的判断是以仲裁协议及当事人根据仲裁协议提出的仲裁请求为标准,而非限于原裁范围。在原裁决漏裁的情况下,仲裁庭可以补裁,并且此种补裁并不违背既得性原则,因为补裁部分虽然相对于原裁决而言是超出部分,但它是对当事人在仲裁过程中提出的仲裁请求进行的处理,因此相对于后者而言并非超裁。CAS 仲裁法典对此同样未作规定,有必要对补裁施加条件限制,即仲裁庭仅限于在仲裁过程曾经提出但原裁决未处理部分进行补裁。

(3)补救的效率性。效率也是 CAS 建构和完善裁决自补救机制应予考虑的价值之一,这对于强调时效的体育仲裁而言更是如此。CAS 现有补救机制中有反效率倾向,因而值得改进的地方主要有三:第一,被动的补救启动程序。一般仲裁规则均赋予仲裁庭依职权自启动或应当事人之请求启动裁决补救程序,但 CAS 仲裁法典只规定了当事人申请的情形,即仲裁庭只能被动启动仲裁补救程序,即便它发现生效裁决存在瑕疵,也不能主动补救,而只能坐等当事人提出申请或者作为仲裁地法院的瑞士联邦法院发回裁决。这就使 CAS 的裁决补救显得保守、消极和被动。

第二,过于弹性的补救时限。CAS 仲裁讲究效率,其裁决周期远远短于

---

① Jason Fry Simon Greenberg, Francesca Mazza, The Secretariat's Guide to ICC Arbitration: A Practical Commentary on the 2012 ICC Rules of Arbitration from the Secretariat of the ICC International Court of Arbitration, Paris: ICC Publication, 2012, p.354.

普通仲裁,但在如 ICC 规则等普通仲裁规则均规定明确的裁决补救时限以提升效率的情形下,CAS 仲裁法典对补救时限的规定却存在过大的弹性。其第 R63 条虽然规定了仲裁庭应当自收到补救申请之日起 1 个月内作出裁定,但在头尾两端的时限计算上却是开放的:一方面,该 1 月时限的计算起点是自仲裁申请从仲裁分处负责人处转交给仲裁庭之日,但没有对仲裁分处负责人审查补救申请的时限作出硬性规定,从而使仲裁分处的审查时限处于开放状态;另一方面,该 1 月时限也不包括秘书长审查补救结论的程序,以及仲裁庭签名程序,而只截至仲裁庭作出补救裁定草案之时。这就使有效补救结论的作出时限处于不确定的状态,没有硬性的约束。尽管有观点认为:"各种立法所规定的过短的时限依我们看是不幸的,特别是它们使只能在执行阶段才能被发现的错误或模糊被排除在救济之外。就此而言,裁决的作出者作为最适格的解释者被剥夺了解释或纠正自身裁决的权力。"①但此种过分强调仲裁庭的自补救而主张延长,甚至是抛弃时限约束的做法也步入了另外一种极端。事实上,规定一个富有效率的补救时限,同时将超过时限的瑕疵裁决保留给法院作出补救决定,法院在综合考虑各种因素的情形下,也并不会完全剥夺仲裁庭的自补救机会,只要补救效率可行、自补救适当,法院仍然是可以发回裁决的方式将所涉裁决交回仲裁庭处理的。

第三,烦冗的机构审查。依 CAS 仲裁法典之规定,仲裁庭签署终局裁决前需将其提交秘书长审查;如果赋予补救结论以终局裁决的性质,此种机构审查制也仍将适用于补救结论之上。如此一来,补救结论的作出在程序上就显得过于烦琐了:其一,当事人提交补救申请的,该申请首先需要得到相关仲裁分处负责人的审查,只有审查通过者才能被转交给仲裁庭;当事人不能直接向仲裁庭提交补救申请;其二,仲裁审理并作出补救结论的草案;其三,仲裁庭在签署之前,必须将其草案提交 CAS 秘书长进行形式纠正和实质提醒。这就相当于经历了"分处负责人审查—仲裁庭裁断—秘书长审查"等程序,如上所述,在该程序的"头尾"环节均无硬性时限的情况下,复杂的程序将极大地贬损效率。为此,有必要将分处负责人的补救申请予以删除:一方面,仲裁分处负责人并不是适格的审查主体,在仲裁庭业已成立的情形下,由仲裁庭负责裁决范围内的事情是当然之理;另一方面,在主要的商事仲裁规则中,当事人均可直

---

① Jean-Francois Poudret,Sebastien Besson(eds.),*Comparative Law of International Arbitration*,Sweet & Maxwell,2007,pp.697-698.

接向仲裁庭提起补救申请,对仲裁机构和对方当事人只需要通知即可,CAS仲裁法典在这方面的特别规定既不能为其带来效率,也不能提升裁决补救的功效,实有败笔之嫌。

(五)结语

对生效裁决进行自补救并非是对裁决效力的挑战或质疑,更非是对裁决本身的改动或否定,而是完足裁决使其获得裁决生效所必需的适当资格。裁决生效资格的满足逻辑在先于裁决之生效,然而在自然时间之流中却有必要赋予仲裁庭在后追救的机会,但必须满足特定条件并将此种追救于逻辑顺序上置先于裁决生效,换言之也就是在自然时间之流中给予该补救结论以追溯效力,直至原裁决生效之时。如此,仲裁庭之自补救就等同于原裁,有别于改裁或新裁,从而避免了与裁决终局性、既判力或仲裁庭履职理论等相冲突。我国包括体育仲裁在内的仲裁机制也应为仲裁庭设立裁决自补救的功能,并为实现对生效裁决的合理自补救,仲裁庭补救时除了应遵循上述同一性、既得性和效率性原则之外,综合各主要补救规则的一般规律尤其需要把握如下程序要点:(1)应赋予仲裁庭主动补救和应当事人之请被动补救裁决瑕疵的权力;(2)自补救应限制在特定时限之内;(3)补救应仅限于裁决的形式错误、模糊表述,以及仲裁中已有效提出但未被裁决处理的请求;(4)应给予对方当事人以附期限的评论权利,在补裁的情形下还应听取双方的意见陈述;(5)应明确补救结论与原裁之关系,并对补救适用与原裁相同的程序规则。只有严格地实施自补救举措,才能一方面确保生效裁决的安定性不受干扰,另一方面又能确保不受干扰的生效裁决是品质适格的裁决。

三、CAS 仲裁裁决在中国的承认与执行

2018 年 8 月 1 日,我国辽宁省大连市中级人民法院(以下简称为"大连中院")作出裁定,承认和执行 CAS 作出的"CAS2014/O/3791"号仲裁裁决。[①]该裁定既是大连中院首次,也是我国首次承认和执行 CAS 裁决,具有里程碑意义。该案将此前许多学理上悬而未决的问题探讨验之于实践,肯证和否证

---

① 参见胡安、阿尔方索与大连一方足球俱乐部有限公司一审民事裁定书,中华人民共和国辽宁省大连市中级人民法院(2017)辽 02 民初 583 号民事裁定书。

了一些立场,但同时仍然遗留了一些问题。本部分以该案为中心,集中阐述我国在承认和执行案涉 CAS 裁决过程中所凸显的两个核心问题,并力图提取该案潜在的法律启示。

(一)基本案情及所涉问题

1.案情简介

（1）基本事实

本案的基本事实可概括为"两份合同,三类程序"。案涉两份合同之一是阿根廷球员古斯塔沃·哈维尔·卡纳莱斯与大连阿尔滨俱乐部（后更名为大连一方足球俱乐部有限公司,是本案被申请人,以下简称为"被申请人"）签署的球员雇佣协议。第二份合同是 2012 年 12 月被申请人与两位外籍法律服务人员胡安·德迪奥斯·克雷斯波·佩雷斯与阿尔方索·巴尔加斯（本案申请人,以下简称为"申请人"）签署的中英双语《法律服务合同》,委托申请人作为代理人在国际足联和国际体育仲裁的法律程序中就因第一份合同产生的纠纷提供法律代理服务。合同中含有中英双语的 CAS 仲裁条款,即"双方同意将本协议提交国际体育仲裁院管辖,仲裁地为洛桑"。本案的争议产生于第二份合同即《法律服务合同》。

案涉三类程序包括:其一,国际足联申诉程序。2012 年 12 月,阿根廷球员向国际足联控告被申请人。2013 年 10 月,阿根廷球员与被申请人达成和解协议,申诉程序终止。

其二,CAS 仲裁程序。在被申请人与球员达成和解协议之后,因被申请人拒不履行第二份合同中所约定的报酬支付义务,2014 年 10 月,申请人向瑞士洛桑 CAS 提出书面仲裁申请;同月 28 日,CAS 办公室正式启动编号为 CAS2014/O/3791 的普通仲裁程序。仲裁过程中,申请人就上述英文仲裁条款重新提交了中文译文,内容为"双方意图使本协议具备法律效力,本协议应归瑞士法律管辖,并按瑞士法律进行解释,且双方同意将本协议提交国际体育仲裁院管辖,仲裁地为瑞士洛桑"。被申请人缺席整个仲裁程序。CAS 仲裁庭最终于 2015 年 9 月 17 日作出案涉仲裁裁决,裁定被申请人向申请人支付相关费用。CAS 办公室以传真、电子邮件及特快专递方式,将仲裁裁决发送给被申请人。

其三,我国人民法院承认和执行 CAS 裁决程序。申请人向大连中院提起承认和执行 CAS 仲裁裁决的请求。大连中院于 2017 年 9 月立案,并组成合议庭进行审查;经询问双方当事人,审查终结,于 2018 年 8 月 1 日作出上引法院裁定。

（2）双方争议

在大连中院管辖的承认和执行 CAS 仲裁裁决的司法审查程序中,双方当事人的主要争议集中在两点,这就是被申请人所主张的两个方面:

其一,案涉仲裁条款有效与否的问题。被申请人基于如下理由,主张仲裁条款无效:一是仲裁事项超出了仲裁机构的管辖范围;二是仲裁条款的中英文本差异巨大,对仲裁条款存在重大误解,不是真实意思表示,有违诚实信用原则,被申请人对仲裁管辖的约定并不知情。据此,被申请人认为,应根据《纽约公约》第 5 条第 1 款（甲）项之规定,拒绝承认和执行 CAS 仲裁裁决。

其二,仲裁通知是否得当,从而是否给予被申请人参与仲裁、陈述意见的机会的问题。被申请人认为,由于送达地址错误的原因,CAS 的指定仲裁员通知、程序参与通知等均未收到过,导致其未能提出申辩意见。据此,被申请人认为,应根据《纽约公约》第 5 条第 1 款（乙）项的规定,拒绝承认和执行 CAS 仲裁裁决。

（3）司法裁定

针对双方争议的上述两个焦点问题,大连中院经审查后,对被申请人的异议全部予以驳回。其立场及理由可简述如下:

其一,案涉仲裁条款有效。一方面,仲裁机构有无管辖权的问题,不是《纽约公约》第 5 条第 1 款（甲）项规定的情形,仅是我国《民事诉讼法》第 274 条关于我国涉外仲裁裁决不予执行的依据。另一方面,根据我国关于涉外仲裁协议法律适用的规则,即《法律适用法》第 18 条之规定,当事人选择了瑞士法律作为准据法,因此,应根据瑞士法律判断仲裁协议是否成立、是否有效。由于被申请人并未提交仲裁协议无效的证据,故其主张不能成立。

其二,仲裁通知有效送达。CAS 办公室采取了传真、电子邮件和特快专递等三种方式向被申请人进行了送达,符合 CAS《体育仲裁规则》第 R31 条之规定,即"至少应通过一种能够证实对方收悉的形式作出通知"。

综上,大连中院审查后裁定:被申请人提出的理由,均不构成《纽约公约》第 5 条第 1 款（甲）（乙）项所规定的拒绝情形,故案涉仲裁裁决应予承认和执行。

2.所涉核心问题

尽管双方当事人在大连中院管辖的司法审查程序中围绕仲裁条款有效与否、仲裁通知送达有效与否等两个问题进行了辩论,大连中院也围绕两个争点进行了审查和说理,但事实上所涉及的问题并不限于上述两点,大连中院的审查和说理,也有值得进一步商榷之处。联系有关 CAS 仲裁及其裁决的承认和执行的学理争论,以本案所凸显的问题为中心,可将本案所涉的核心法律问题概括为二:

一是我国承认和执行 CAS 裁决的依据问题。虽然当事人及大连中院均援引《纽约公约》作为判断 CAS 裁决应否承认和执行的依据,但其忽略了几个重要的法律定性,特别是我国在加入该公约时曾提出"商事保留"和"互惠保留",在承认和执行 CAS 裁决时如何处理与两个保留的关系。具体而言,这些问题包括:CAS 裁决国籍归属的认定;CAS 就体育纠纷所作裁决是否属于商事性质;我国如何根据互惠原则承认和执行 CAS 裁决;以及,特别重要的是,本案是否意味着,此后 CAS 裁决均可纳入《纽约公约》的框架予以承认和执行?

二是 CAS 仲裁条款有效与否的问题。仲裁条款或协议在当事人之间产生了一种于司法之外解决争议的自决机制①,因此,也构成规则和实践中被援引作为否定仲裁裁决的首要根据。本案中,CAS 仲裁条款有效与否的认定,首先涉及仲裁条款与基础合同之间的关系,特别是二者在法律适用上的关系;其次涉及仲裁条款本身的法律选择与法律适用的问题;最后在需要适用外国法的情形下,还涉及外国法的查明、查明分工、查明不能的标准及其救济问题。有所遗憾的是,本案中大连中院的司法审查及其结论均有值得检讨和改善之处。

上述两题是本案所凸显的两个主要方面,预期也是我国此后在承认和执行 CAS 裁决时几乎均会涉及的关键问题。剖析大连中院的司法审查立场及其理由,可以对我国承认和执行 CAS 裁决的相关实践提供实证观瞻的样本,并对后续承认和执行 CAS 裁决的司法行为提供前瞻性预判。不仅如此,透过司法审查中司法思维与行动的预判,还可以逆向影响到体育关系中的参与者和主体,包括相关体育组织、体育从业人员,乃至国内外仲裁机构和仲裁庭,对拟采取或已采取的行为及其法效,特别是 CAS 仲裁协议的拟订与签署等具有重大意义的法律行为及其法效进行预判,从而为上述主体筹划和拟订下一步行动策略提供行为指南。

---

① Margaret L. Moses, The Principles and Practice of International Commercial Arbitration, Oxford: Cambridge University Press, 2017, p.20.

(二)CAS 裁决在我国承认与执行的依据问题

寻求我国承认和执行 CAS 裁决的依据,必须考虑三个相关联的递进问题:一是 CAS 裁决的定性,作为仲裁裁决,其国籍为何;是否可纳入商事仲裁裁决的范畴;二是我国承认和执行 CAS 裁决的国内法依据为何;三是我国承认和执行 CAS 裁决的国际法依据为何。

1.关于 CAS 裁决的定性

CAS 裁决的定性是其获得承认和执行的先决问题。根据包括我国在内的各国承认和执行外国判决或裁决的法理,因所承认和执行的对象的不同定性,存在不同的依据和程序。就影响承认和执行的角度看,CAS 裁决的定性,必须明确其裁决性质、国籍及其所属范畴。

(1)CAS 裁决的性质

裁决的性质从根本上决定了承认和执行的路径与依据。CAS 裁决作为仲裁裁决当属无疑,但重要的是,其裁决是否属于独立的仲裁裁决? 由于包括中国足协等体育组织也常在其内部设立有仲裁机制,但后者因不具独立性而不被认为是标准的仲裁裁决。CAS 的法律地位也涉及中立性的危机和变迁问题,其设立之初曾附属于 IOC,后因"Gundel 案",进行司法审查的瑞士联邦最高法院对其独立性表达了特别的关切。[①] CAS 遂从 IOC 的组织框架中释放出来,成为独立的仲裁机构。因此,即便曾经 CAS 因属于体育组织内部仲裁机构而存在独立性的危机,迄今也应被认定为独立的仲裁机构,其组织的仲裁庭作出的裁决应被认定为独立仲裁裁决。当然,在晚近可称作为新"Gundel 案"的"Pechstein 案"中,即便是脱离了 IOC 的 CAS 在现当代仍然被质疑其独立性问题,尽管最终被德国最高法院认定其具有独立地位,但德国慕尼黑地方高等法院仍然认为其不具有独立性。[②] 立足中国司法立场观之,至少本案裁定明确认可了 CAS 为独立仲裁机构、其裁决为独立仲裁裁决的属性。

(2)CAS 裁决的国籍

将 CAS 裁决定性为仲裁裁决之后,需要进一步考虑的问题是,该裁决的

---

① See Gundel vs. Federaion Equestre Internationale,TAS 92/63(1992).

② 李智:《从德国佩希施泰因案看国际体育仲裁院管辖权》,载《武大国际法评论》2017 年第 1 期。

国籍问题。根据我国司法审查仲裁裁决的法理和规则,我国区分三类仲裁裁决,采取不同的司法审查方式:第一,内地仲裁裁决,不存在承认问题,只存在撤销或执行与否的问题;第二,外国仲裁裁决,存在承认问题,但不能撤销;第三,我国港澳特区和台湾地区的仲裁裁决,需先行认可,也不存在撤销的问题。不同的司法审查方式,将存在不同的审查依据和程序。因此,本案中的 CAS 裁决究竟属于内地仲裁裁决,还是外国仲裁裁决,就是一个必须澄清的国籍归属问题。在判断仲裁裁决的国籍归属方面,我国存在机构标准与仲裁地标准的分歧:从迄今为止的规则和一些法审查实践看,我国人民法院在认定仲裁裁决的国籍时,主要采取的是机构标准,[①]本案中也是如此,即国内仲裁机构作出的裁决为中国仲裁裁决;外国仲裁机构作出的裁决为外国仲裁裁决。但在另一些司法实践中,我国人民法院又倾向于从仲裁地的标准认定仲裁裁决的国籍归属。[②]鉴于 CAS 在中国上海已经设立了听证中心,因此当 CAS 等外国仲裁机构在中国进行仲裁时,[③]此种标准认定的分歧对 CAS 裁决的国籍认定将会产生冲突:根据仲裁地标准,该裁决为中国籍裁决,从而无须承认,只存在执行与否的问题;根据机构标准,则该裁决为瑞士籍裁决,从而需要先行承认。

本案中回避了两个标准之间的冲突,因为案涉仲裁裁决是由 CAS 在瑞士组庭仲裁的,也就是说,在本案中仲裁地标准与机构标准合二为一。不仅如此,还需要特别强调的是,国际仲裁领域还存在名义仲裁地与事实仲裁地之间的分离的问题,CAS 仲裁即如此。根据 CAS《仲裁法典》的规定,其名义仲裁地始终位于瑞士洛桑,无论事实仲裁地位于何处。根据仲裁界通常理解和认可的立场,仲裁裁决国籍的认定以名义仲裁地为准。据此,CAS 仲裁裁决,不论是上诉仲裁庭,还是普通仲裁庭,又或者是奥运会临时仲裁庭作出的仲裁裁决,在裁决国籍的归属上,均应视为瑞士籍仲裁裁决,其他国家应按照外国仲裁裁决进行处理,也就是存在承认和执行程序。尽管在仲裁界人士看来,名义仲裁地才具有法律意义,事实仲裁地只是仲裁中不产生法律意义的事实,但此种亲仲裁的观点是否能得到我国司法实践的认同和接受,仍有待验证。

①　万鄂湘主编:《涉外商事海事审判指导》(第 9 辑),人民法院出版社 2005 年版,第 59～60 页。

②　高晓力:《司法应依仲裁地而非仲裁机构所在地确定仲裁裁决籍属》,载《人民司法》2017 年第 20 期。

③　江必新主编:《涉外商事海事审判指导》(第 26 辑),人民法院出版社 2014 年版,第 125 页。

简言之,立足我国司法审查的立场看,CAS 裁决的国籍认定需要明确两对范畴之间的关系:一是机构标准与仲裁地标准的关系;二是名义仲裁地与事实仲裁地的关系。对于第一对范畴的关系,可以基本明确,即规则层面虽采机构标准,但我国司法实践越来越倾向的是仲裁地标准。第二对范畴的关系,则有待实践的回应,我国在规则层面并没有事实与名义仲裁地的二分。本案作为 CAS 裁决在我国法院承认和执行的第一案,恰好都"完美"地回避了这两对关系的冲突:CAS 机构所在地与仲裁地,以及名义和事实仲裁地均位于瑞士。本案所涉 CAS 裁决也就毫无疑义地是瑞士仲裁裁决。但必须指出的是,在各国际仲裁机构在多国多元化存在日渐普遍、[①]各国际仲裁机构日益强化名义仲裁地的决定意义的发展趋势下,上述两对关系的矛盾将日益凸显,并考验司法机关的仲裁观。我国司法立场如何,有待承认和执行 CAS 仲裁裁决的后续实践予以呈现。

2.CAS 裁决的范畴

CAS 裁决所属范畴,从司法审查的角度看,主要需在两个层面进行区分:第一,它属于公法裁决还是私法裁决。国际或涉外仲裁,并不只有私法仲裁。从法律观点看,判断公法还是私法裁决,主要以法律关系的主体性质,附加法律关系的属性进行区分,并由此形成三种类型:一是对公法主体之间的法律纠纷进行的仲裁,这是典型的国际公法仲裁,通常由国际公法上的常设仲裁机构管辖,或通过临时仲裁解决;二是对公法主体与私法主体之间的法律纠纷进行的仲裁,这具有公、私法混合仲裁性质,典型的例子即 ICSID 的仲裁,它以投资者与东道国之间的投资纠纷为适格的裁决事项,是投资者与国家之间的争议解决方式;三是私法主体之间的法律纠纷的仲裁,这就是通常所谓的商事仲裁。

CAS 仲裁较为特殊,具有二元性。根据其《仲裁法典》的程序架构,它主要包括普通和上诉仲裁程序。从主体结构看,无论是竞技体育者、体育产业工作者,还是包括各单项体育协会在内的各体育组织,按照其存在或设立的组织

---

① 据悉,CAS 已经在上海设立了听证中心;我国一些仲裁机构,例如 CIETAC 也在我国香港特别行政区和加拿大温哥华等地设立了分支机构。

形式看,均属私法主体①,因此,就主体结构看,CAS裁决属于私法裁决。但考虑到影响裁决属性的第二个变量,即法律关系的性质究竟是平等者之间的关系,还是命令与服从的上下级之间的关系,CAS的两类仲裁程序所产出的两类裁决就具有不同的范畴:普通仲裁程序处理的是平等私法主体之间的法律关系,因此其裁决为私法裁决;上诉仲裁程序处理的是私法主体之间的命令与服从的法律关系,即体育社团或组织对其会员或其所主办的体育赛事参与者的纪律性"社团罚"的问题,因此其裁决具有明显的公法属性。

CAS裁决的双重类型,意味着在承认和执行的时候不能一概而论。针对其普通仲裁裁决,可以等同商事仲裁裁决得到承认和执行;但上诉仲裁裁决,则不能按照一般商事仲裁裁决的承认和执行程序予以实现。本案仲裁裁决由于典型地归属于普通仲裁程序所产出的私法裁决,所以再次回避了一个尖锐的,同时也是理论上分歧最大而亟须明确的问题:CAS上诉仲裁裁决是否被定性为私法裁决,并准用《纽约公约》予以承认和执行? 对此问题,学界主要存在两种观点。观点之一是严格地区分CAS裁决的公私属性,并否认上诉类裁决可以援引《纽约公约》作为承认和执行的依据;②观点之二则是作善意、扩展的解释,将CAS所作的各种裁决定性为民商事,也就是私法裁决,从而认为可以准用《纽约公约》予以承认和执行。③

本案的积极意义在于,它作为一张"试纸"验证了我国人民法院司法审查CAS仲裁裁决的立场和某些认识;本案的不足之处则在于,它作为一张普通的"试纸",验证的只是CAS的一般仲裁属性,对于CAS上诉仲裁这一最具特色,也最需要司法给予明确定性的非常仲裁而言,本案未能检测出司法的态度。当然,从大连中院的司法说理看,也仍然可以提取出某些未明确言明的意义。迄今可明确CAS普通仲裁裁决为私法裁决,需要进一步探讨的问题是,该私法裁决获得承认和执行的依据为何?

---

① IOC也不是政府间的国际组织,虽然各界奥运会的运动队以国别作为参赛单位,但它并不是国家官方委派或组建的参赛团队。这也是IOC一直贯彻的"体育与政治无关"的理念,以确保体育的纯粹性和纯洁性。

② 石现明:《承认与执行国际体育仲裁裁决相关法律问题研究》,载《体育科学》2008年第26期。

③ 参见张宾:《对国际体育仲裁院仲裁裁决承认与执行问题的思考》,载《北京体育大学学报》2007年第4期;黄世席:《北京奥运会仲裁四题》,载《体育科学》2007年第9期。

3.CAS 裁决在我国承认与执行的国内法依据

至此,尚不能认为,CAS 普通仲裁裁决可以直接依据《纽约公约》予以承认和执行,因为任何公约,包括《纽约公约》的适用既需要国内法上的依据,也需要明确相关公约的适用范围。

按照国际法的逻辑重新表述这个问题,就是国际条约的国内适用问题。国际条约的国内适用,有转化适用和非转化适用两种方式。转化适用情形下,只需要国家通过国内立法程序将条约内容转化为国内立法,遵守国内立法即一并恪守了国家的有约必守原则。此类条约适用方式在我国主要表现为世界贸易组织条约在我国的适用。对于非转化适用的国际条约,其在国内能否适用、适用的方式、位序等均应存在相应的国内法依据。查诸我国相关立法,《民事诉讼法》第 283 条是为本案应当援引的国内法依据。

根据该条之规定,我国人民法院在承认和执行外国仲裁裁决时,应当依照我国缔结或参加的国际条约,或者按照互惠原则办理。此条的关键要点有二:一是我国缔结或参加的国际条约适用的位序,是优先适用,还是附条件适用;以及特别是,瑞士与我国是否签订有相关条约。二是如何理解仲裁裁决承认和执行中的互惠,以及特别重要的是,瑞士是否有承认和执行我国仲裁裁决的互惠。

关于我国与瑞士签署的条约问题,两国之间只存在 1958 年《纽约公约》,除此之外并不存在任何区域性或双边性的相关条约。但该条约能否适用,至少需要解决两个问题:三类规则的适用位序,以及该条约的适用范围之厘定。第一个问题属于国内法依据的问题,第二个问题则属于国际法依据的问题。所谓三类规则的适用位序,就是在我国国内立法、《纽约公约》和互惠原则三者之间,如何选择和适用的问题。首先,就国内立法和《纽约公约》的关系看,我国《民事诉讼法》第 283 条确立的是国际条约直接、优先适用的原则。其次,在该公约与互惠原则之间,虽然法条使用了并列性选择式用语"或者",但从"不矛盾"的语义解释原则的角度看,二者之间应有一个层次,即有条约依条约、无条约依互惠原则。因此,就三类规则的适用位序看,应确立"国际条约>互惠原则>国内法"的位序依据。在本案中首先应考虑《纽约公约》的适用。当然,必须说明的是,首先考虑公约的适用,并不必然导致公约的首先适用,这就需要阐明第二个问题即国际法依据,也就是案涉仲裁裁决是否属于该公约的有效适用范围。如果属于该公约的适用范围,则应根据该公约规定予以承认或拒绝承认与执行;如果非属于该公约的适用范围,则还需要探讨其司法审查的国内法依据问题。

上已述及,如果中国法院采取严格的理解,CAS仲裁中至少有两类裁决可能不会被视为《纽约公约》裁决,从而不能依该条约得到承认和执行:一类是涉及公法性质的上诉类仲裁裁决;另一类是虽属于私法性质的普通仲裁裁决,但并不符合公约的适用范围。

对于非属于《纽约公约》的仲裁裁决而言,我国在承认和执行时将只能根据《民事诉讼法》第283条的规定,依据互惠原则进行司法审查。关于司法协助中的互惠问题,我国长期以来采取的是事实互惠规则[①],即必须存在相关外国国家承认和执行我国法院判决或仲裁裁决的先例,我国人民法院才会根据该先例认定互惠的存在,从而承认和执行给惠国的法院判决或仲裁裁决。如果我国人民法院采取此种由来已久的立场,那么CAS的非属于纽约公约项下的裁决,就只能依赖于瑞士法院对我国仲裁裁决的承认和执行之"先惠"的存在,但查诸瑞士法院的司法实践,并无相关互惠先例。换言之,根据我国国内法依据,我国人民法院在承认和执行CAS作出的非纽约公约项下仲裁裁决,将缺乏根据。其直接法律后果即相关仲裁裁决将被我国拒绝承认和执行。

值得密切关注的是,鉴于此前严格适用事实互惠的司法实践导致我国与相关国家在承认和执行彼此法院判决上的僵局,严重扰乱涉外民商事秩序的形成,加之我国"一带一路"倡议与建立更高水平的对外开放新格局等新形势所需,我国法学界和司法界开始反思事实互惠的合理性,并逐渐展示出向推定互惠的转型迹象。[②] 这尤其体现在最高人民法院的最新动向中。[③] 推定互惠相对于事实互惠的合理性在于,它打破了后者所设置的僵局,后者要求的是"先惠"的客观存在,如果相关国家都以事实存在的先惠为前提,则按照一贯性推理,各国都将陷入囚徒困境:各国均等待对方的先惠,从而瓦解任何先惠。反之,推定互惠通过预设对方国家会给予本国以互惠待遇为基础,主动给惠,

---

① 陈亮、姜欣:《承认和执行外国法院判决中互惠原则的现状、影响与改进》,载《法律适用》2018年第5期。

② 徐伟功:《我国承认与执行外国法院判决制度的构建路径》,载《法商研究》2018年第2期。

③ 参见"第二届中国—东盟大法官论坛"2017年6月8日的《南宁声明》,该声明指出:尚未缔结有关外国民商事判决承认和执行国际条约的国家,在承认与执行对方国家民商事判决的司法程序中,如对方国家的法院不存在以互惠为理由拒绝承认和执行本国民商事判决的先例,在本国国内法允许的范围内,即可推定与对方国家之间存在互惠关系。

如此,则会鼓励各国走出困境,建构彼此互信互惠的司法协助秩序。显然,如果我国人民法院采取推定互惠,则 CAS 作出的瑞士籍裁决在我国的承认和执行就具有了国内法所要求的互惠依据。

4.CAS 裁决在我国承认与执行的国际法依据

如果 CAS 裁决属于《纽约公约》下的裁决,则上述互惠问题就不会成为一个问题,而由公约提供承认和执行的依据。《纽约公约》被誉为国际商事领域的支柱,是国际仲裁领域,同时也是国际领域内接受范围最广、缔约国最多的国际公约之一。① 本案涉及的是中国对瑞士仲裁裁决的承认和执行问题,按照大连中院的说明,"本案仲裁裁决在瑞士作出,中国与瑞士均系《纽约公约》的缔约国",因此,谈及中国承认和执行具有瑞士国籍的 CAS 裁决的问题,就不可避免地涉及《纽约公约》及其适用的问题。由是,问题的关键转换为,本案所涉 CAS 裁决是否属于《纽约公约》项下的裁决?这取决于两个方面:一方面是公约本身对其适用范围的限定;另一方面是相关国家在缔结或加入该公约时是否提出相关保留。

(1)关于《纽约公约》适用范围的限定

各公约通常都仅适用于特定的事项范围,超出其范围则不能适用之。特定事项是否属于特定公约的适用范围,在法理上应从两个层面渐次判断之:首先依公约自身的约定,各缔约国谈判、缔结、批准或加入相关公约时,必然会对公约适用范围进行明确;其次则依各缔约国国内法识别,这主要发生在公约规定具有弹性或模糊之处。《纽约公约》第 1 条对其适用范围作了限定,依其内容可概括为两个方面:一是主体限定,即仅限于针对自然人或法人之间的争议作出的仲裁裁决;二是裁决原产地限定,即仅限于在被请求国之外的国家领土内作出的仲裁裁决。结合本案所涉 CAS 裁决而言,其在我国的承认和执行具有适用《纽约公约》的资质。这一方面是因为从裁决事项所涉法律关系的主体看,它属于自然人或法人之间的争议;另一方面是因为案涉仲裁裁决是由 CAS 在作为被请求国的中国之外的国家即瑞士作出的,不论是事实还是名义仲裁地,均位于中国之外。至此,还需要进一步判断,我国是否对公约提出过保留以及提出过何种保留,特别是此种保留是否排除了 CAS 裁决的承认和执行。

---

① 截至行文日,该公约缔约国已经达到 158 个。

（2）我国在加入公约时提出的保留

为扩大在各国之间的接受程度,《纽约公约》设计了敏感条款的保留制度,开放性地允许各国根据本国国情自行决定对此类条款保留与否。我国在加入该公约时,明确提出了两项保留:一是商事保留;二是互惠保留。故 CAS 裁决能否根据该公约在我国承认和执行,还需要通过两类保留的审查。

①第一类审查是 CAS 裁决是否属于商事裁决。商事保留,是指我国仅对仲裁商事争议的裁决在我国承认和执行时适用《纽约公约》,无论该争议是契约性还是非契约性争议。此一保留意味着,我国在承认和执行外国仲裁裁决时采取了双轨制:对于商事仲裁裁决而言,适用《纽约公约》;对于非商事仲裁裁决而言,适用我国《民事诉讼法》第283条规定的互惠原则。就 CAS 在瑞士作出的裁决而言,问题因此转变成,体育纠纷是否属于商事性争议,从而 CAS 就此作出的裁决是否属于商事性仲裁裁决。

这就将问题引入了更深和更困难的层面,即如何界定争议的"商事性"。关于该问题的复杂性,从《纽约公约》对其予以回避界定的态度就可以见证。《纽约公约》采取了授权性的转致,某争议是否属于商事性,由各缔约方根据本国法律确定之。查我国法律,并无关于商事性的直接规定,只有在我国关于执行《纽约公约》的通知中存在一个宽泛界定:属于契约性和非契约性的商事法律关系(指由于合同、侵权或者根据有关法律规定而产生的经济上的权利义务关系)。[①] 该通知的实质贡献是,否定了将商事性与契约性等同的狭义做法,争议的非契约性不是被排除在商事性范畴之外的理由,并将经济上的权利义务关系作为商事关系的核心本质。就 CAS 仲裁事项的范围看,其《仲裁法典》第R27条规定的裁决事项是"体育相关纠纷",其特征是"涉及与体育有关的原则性问题或与体育活动的实践或发展有关的金钱利益或其他利益";在类型上则包括普通体育纠纷,以及涉及针对某个联盟、协会或其他体育相关机构作出的决议提出的上诉纠纷。

就上述两类体育纠纷,关于普通体育纠纷的商事属性,基本没有异议,而本案中的 CAS 仲裁裁决即涉及体育或与体育相关的普通合同纠纷,因此,可以纳入"商

---

① 参见《最高人民法院关于执行我国加入的〈承认及执行外国仲裁裁决公约〉的通知》第2条。该条还列示了相关法律关系的类型,例如货物买卖、财产租赁、工程承包、加工承揽、技术转让、合资经营、合作经营、勘探开发自然资源、保险、信贷、劳务、代理、咨询服务和海上、民用航空、铁路、公路的客货运输以及产品责任、环境污染、海上事故和所有权争议等,但不包括外国投资者与东道国政府之间的争端。

事性"范畴从而适用《纽约公约》,当无争议。关键的是,本案虽然没有直接凸显针对体育管理组织的纪律性决定产生的上诉类争议是否属于商事性的诉答,但当事人也明确将论争迁延到相关的问题上。上文已经提及,对此存在不同的立场。体育组织作出的纪律性处罚决定,由此产生的争议是否属于商事性争议,并据此是否可援引《纽约公约》,这是迄今理论上争论得最尖锐的问题,也是最需要我国司法实践给予"验证"并给出答案的问题。本案虽然没有直接回应这个问题,因此有所缺憾,但从司法审查的推理仍可提炼出一些积极的启示。

在申请承认和执行本案仲裁裁决过程中,被申请人提出的异议依据之一是,案涉 CAS 仲裁条款无效。其推理可简括如下:本案不属于体育相关纠纷,CAS 无权仲裁,从而 CAS 管辖本案的仲裁条款无效,因此,本案应拒绝承认和执行。大连中院的司法推理是:首先,根据 CAS《仲裁法典》第 R27 条,CAS 管辖权覆盖范围广泛,只要是"与体育相关"的"原则性问题、金钱利益或其他利益"均可受理;其次,本案所涉争议,"无论是双方的身份(体育法律师与足球俱乐部),还是所涉法律服务的内容,均与体育相关,应在 CAS《仲裁法典》第 R27 条的管辖范围之内",因此,被申请人关于仲裁条款无效的理由不成立,对所涉仲裁裁决应予以承认和执行。细究大连中院的审查思路,其有将 CAS 管辖的各类体育事项视为商事属性的倾向,理由在于:第一,关于《纽约公约》"商事保留"的适用方式问题,属于我国人民法院依职权主动审查的问题,无论当事人是否提出。但本案中,大连中院并未对商事保留事项作任何说明。这一态度可反推为,体育纠纷的仲裁问题不涉及商事保留的问题。在外国仲裁裁决的承认和执行中,需要区分两类行为的发动根据:一类行为的发动根据归属于当事人,人民法院不主动依职权审查。这就是当事人提出拒绝承认和执行的异议。根据《纽约公约》第 5 条第 1 款之规定,仲裁裁决只有在"当事人向适格主管机构提出证据证明"存在该款所列情形时,主管机构才被动进行审查,并根据审查结论作出承认和执行与否的裁定。另一类行为的发动根据归属于被请求国的适格主管机构,无论当事人是否提出,主管机构均应依照职权主动审查,如《纽约公约》第 5 条第 2 款规定的可仲裁性和公共政策审查。关于公约适用范围及其限制(保留)的审查,也属于我国人民法院应当依照职权主动采取的行为。鉴于人民法院应当主动审查 CAS 管辖的体育纠纷是否符合我国提出的"商事保留"的要求,在其没有作出否定性认定的情形,可逆推我国司法机关的立场为,CAS 仲裁的体育相关纠纷应属于商事范畴,不产生商事保留的问题。

第二,大连中院在具体推理中,只是强调争议事项与 CAS《仲裁法典》第

R27条规则的吻合属性,并未主动或被动地对该条所指争议的商事性质进行任何审查。此一裁定态度有将该仲裁法典关于仲裁事项的规定作为判断可仲裁性,以及所涉仲裁裁决可承认和执行性的基本准据之倾向。

概括而言,一方面,我国人民法院在具体审查之前本应依照职权主动审查CAS裁决是否属于我国提出的"商事保留"范围,从而是否属于适用《纽约公约》范围的问题,如果涉及这一问题,人民法院应主动排除公约的适用。另一方面,在具体审查之时,我国人民法院对CAS仲裁事项也未主动或被动审查其商事属性,而径直根据CAS仲裁法典判断争议事项的可仲裁性问题。这就在两个层次、两个阶段上表明,CAS仲裁问题不涉及商事保留的问题,从而不存在拒绝适用《纽约公约》的基础。如是,无论是CAS普通裁决还是上诉裁决,都应在我国司法上视为商事裁决,得到《纽约公约》的加持。这或许是本案作为我国人民法院承认和执行CAS仲裁裁决第一案最重要的未释明之意义。

②第二类审查是CAS裁决是否属于互惠保留。"互惠保留"是我国在加入《纽约公约》时提出的另一项保留,因此,人民法院在承认和执行CAS裁决、适用《纽约公约》时,即便已经认定其为商事仲裁裁决,通过了商事保留的审查,也必须依照职权主动对CAS裁决进行"互惠保留"的审查,判断其是否属于"互惠"范畴,从而应否得到承认和执行。

在司法协助的法律语境下,"互惠"一词在我国制度中至少具有两类意思:一是对等意义上的互惠,即彼此对等地给予对方以特定的优惠;二是对象意义上的互惠,即彼此针对特定对象给予对方以优惠。在承认和执行外国仲裁裁决中,《民事诉讼法》第283条中的"互惠"应是第一种意义上的互惠,我国对《纽约公约》提出的"互惠保留"中的互惠,是对象意义上的互惠,即它不是以CAS所在的瑞士是否承认和执行我国仲裁裁决为前提或根据,而是以相关仲裁裁决是否在缔约国领土中作出为根据。简言之,我国在承认和执行CAS裁决时,并不考察瑞士是否存在承认和执行我国仲裁裁决的事实先例,或者可预期受惠的情形,而是判断该裁决是否是在作为缔约国的瑞士作出。

但较为复杂的情形是,CAS如果是在非缔约国之外的第三国作出相关仲裁裁决,其是否能够通过"互惠保留"而在我国得到承认和执行,则是一个需视情况而定的悬决问题。解决这个问题的决定性的条件是,如何理解仲裁裁决在缔约国领土内作出?这里需要厘定两对关键概念的法律意义:一是仲裁地与裁决作出地的关系;二是名义仲裁地与事实仲裁地的关系。从空间意义看,仲裁地与裁决作出地显然是两个概念,前者是组织仲裁、仲裁开展的事实所在地,更多意义上是指仲裁庭审所在地;后者则是指裁决作出的事实所在地,根据普遍的中国仲裁实践,在三人制仲裁庭下,裁决的作出地应是由最后一名仲裁员在仲裁裁决上签字时所在的地方。然而,具有法律效果的裁决作出地,并不是空间意义上的裁决作出地,或仲裁员签字地,而是仲裁地。仲裁地决定着仲裁裁决的国籍,包括仲裁案件实体问题、程序问题和仲裁协议的法律适用。据此,我国提出的"互惠保留",是以要求 CAS 仲裁地位于《纽约公约》缔约国为承认和执行其裁决的条件的。

进一步的问题因此是,如何认定仲裁地。仲裁地的认定,再次涉及上文所提出的名义与事实的区分。CAS 仲裁的一个特别之处在于,基于对瑞士仲裁环境和司法审查环境的信赖,CAS 以其仲裁规则的方式将所有 CAS 仲裁裁决的名义仲裁地全部锁定在瑞士洛桑。这一指定在全球范围内产生了深远的影响:其一,CAS 所有仲裁裁决的国籍国根据名义仲裁地将被认定为瑞士;其二,对 CAS 仲裁裁决提出的任何司法审查,包括 CAS 仲裁条款的效力认定,撤销或不予执行,以及其他司法救济,均由瑞士司法机关独占管辖权;其三,在以仲裁地为连接点的各种法律选择和法律适用中,作为仲裁地的瑞士法律将被选作为准据法,从而将瑞士的仲裁法律环境整体通过仲裁地这一根据向全球输送,并在事实仲裁地造就一种"悬浮仲裁"的效应[1];其四,瑞士作为《纽约公约》缔约国,CAS 裁决作为瑞士仲裁裁决,将无障碍地获得《纽约公约》的支撑,在相关缔约国顺利通过"互惠保留"的审查,得到承认和执行。当然,所有这些深远影响和法律效果,都决定于各国如何处理名义仲裁地与事实仲裁地的关系。从国际仲裁的主流认识看,仲裁地是指名义仲裁地,仲裁地的事实地理空间不具有法律意义。

由此看来,CAS 仲裁裁决是否属于我国提出的"互惠保留"的范畴,也取决于司法机关对待仲裁地的确定态度:如果以名义仲裁地为准,所有 CAS 裁决,无论其事实仲裁地位于何处,均属缔约国瑞士裁决,从而当然符合互惠的条件;否则,相关 CAS 裁决将被我国的互惠保留所排除。鉴于 2008 年北京奥运会 CAS 临时仲裁实践中,我国承认 CAS 临时仲裁庭在我国作出的仲裁裁决为瑞士仲裁裁决,这表明,我国认可 CAS 对名义仲裁地作出的制度安排。同时,结合国际仲裁界的法理与趋势考虑,名义仲裁地的优先性也是被接受为主流的做法。

由上可见,我国尽管在加入《纽约公约》时提出了"商事保留"和"互惠保

---

① 张春良:《论北京奥运会仲裁的法律问题》,载《体育科学》2007 年第 9 期。

留"，但本案表明，我国人民法院在承认和执行具有金钱性质的CAS仲裁裁决时，并未主动依照职权以"商事保留"对CAS裁决作出否定性的审查；同时，我国基于先前的奥运会仲裁实践也认同了CAS名义仲裁地的指定，据此可认为，我国承认和执行具有金钱性质的CAS仲裁裁决的国际法依据应为《纽约公约》，且不存在两个保留的适用障碍。

5.我国司法审查CAS裁决的路径归纳

综上，如果在我国司法机关审查仲裁裁决的整体制度框架中考察CAS裁决（见图4-1），上述问题及其解题方案会呈现得更为清晰。

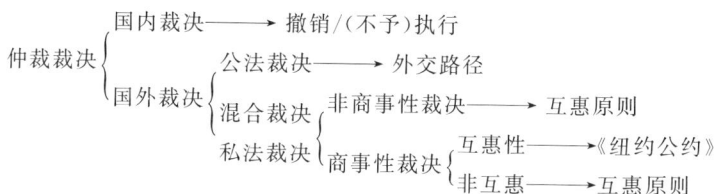

图4-1　我国司法审查仲裁裁决的制度框架

图4-1揭示，我国人民法院在司法审查CAS仲裁裁决时，需要逐步解决四个阶次的问题：①需要判定裁决的国籍。如果属于国内（涉外）裁决，则只有撤销、执行或不予执行的司法审查问题，应适用《民事诉讼法》第274条之规定进行审查，不存在承认和执行的审查问题。判断CAS裁决的国籍，由此成为一个首先和首要的问题。以名义仲裁地为标准，我国应将CAS仲裁裁决视为是瑞士仲裁裁决，从而应认定为外国仲裁裁决。

②CAS裁决为外国裁决，需要进一步确定CAS裁决的属性，它属于公法裁决、私法裁决，还是混合裁决。从主体角度看，CAS裁决属于私法裁决，但从争议纠纷的性质看，针对体育组织的纪律性处罚决定产生的争议作出的裁决，则具有公法裁决的属性。在整体上，尽管不无争议，但CAS仲裁裁决被归属为私法裁决的范畴。

③确定CAS为私法裁决的情形下，还需要判断CAS裁决的商事性问题，它究竟属于商事性裁决，还是非商事性裁决。如果属于非商事性裁决，则只能根据我国《民事诉讼法》第283条之规定，按照互惠原则承认和执行。从大连中院在本案中的审查看，CAS裁决被认可为商事性裁决。

④最后，还需要判断CAS裁决是否属于"互惠保留"的范畴。如果属于《纽约公约》缔约国的领土内作出的裁决，则应根据该公约得到承认和执行；否则，不能适用公约，而只能根据我国《民事诉讼法》第283条之规定，按照互惠

原则承认和执行。按照名义仲裁地认定,CAS 裁决属于在公约缔约国中作出的裁决,从而不属于保留范畴。

(三)我国对 CAS 仲裁条款的司法审查问题

仲裁条款的存在和效力,是司法审查的首要关切。由于仲裁条款被誉为整个仲裁之根基,因此,无论是意图否认仲裁管辖,还是挑战仲裁庭作出的仲裁裁决,对仲裁协议的存在与效力提出异议,几乎是所有当事人的"必杀技"。各国立法与包括《纽约公约》在内的国际公约,也均将仲裁协议的瑕疵作为当事人可挑战仲裁管辖权和仲裁裁决的正当理由。我国立法也将"没有仲裁协议"作为仲裁裁决撤销或不予执行的依据;[1]且仲裁协议无效或被撤销也属于"没有仲裁协议"的表现形式。[2] 在承认和执行外国仲裁裁决方面,如果属于《纽约公约》的适用范围,公约也将仲裁协议的不存在或无效,作为可以拒绝承认和执行的当然依据。

1.我国司法审查 CAS 仲裁条款的方法与规则

为简化论述,直观展示我国司法审查 CAS 仲裁条款的方法与规则,根据《纽约公约》及我国相关立法之规定,可概括如图 4-2 所示。

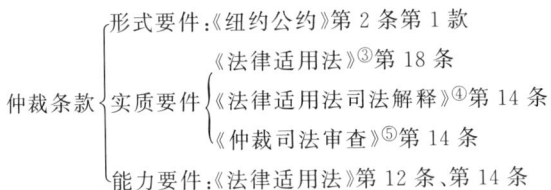

$$
仲裁条款 \begin{cases} 形式要件:《纽约公约》第 2 条第 1 款 \\ 实质要件 \begin{cases} 《法律适用法》[3]第 18 条 \\ 《法律适用法司法解释》[4]第 14 条 \\ 《仲裁司法审查》[5]第 14 条 \end{cases} \\ 能力要件:《法律适用法》第 12 条、第 14 条 \end{cases}
$$

图 4-2　我国司法审查 CAS 仲裁条款的方法与规则

---

① 参见《民事诉讼法》第 274 条第 1 款第 1 项。

② 参见《最高人民法院关于适用〈中华人民共和国仲裁法〉若干问题的解释》(法释〔2006〕7 号,以下简称为《仲裁法司法解释》)第 18 条,该解释于 2005 年 12 月通过,自 2006 年 9 月施行。

③ 本书对《中华人民共和国涉外民事关系法律适用法》之简称,该法于 2010 年通过,2011 年 4 月 1 日起施行。

④ 本书对《最高人民法院关于适用〈中华人民共和国涉外民事关系法律适用法〉若干问题的解释(一)》(法释〔2012〕24 号)之简称,该解释于 2013 年 4 月起施行。

⑤ 本书对《最高人民法院关于审理仲裁司法审查案件若干问题的规定》(法释〔2017〕22 号)之简称,该解释于 2017 年通过,2018 年 1 月 1 日起施行。

据图4-2,我国人民法院在审查CAS仲裁条款的效力时,采取的是分割论的方法,即将CAS仲裁条款一分为三,分为仲裁条款的形式要件、实质要件和当事人的能力要件,分别进行审查。不仅如此,CAS仲裁条款作为涉外仲裁条款,还涉及所适用法律的选择,以及所选择法律(准据法)的适用问题。规制此类法律选择的规则,需要考虑三个层面的问题。

第一,规则适用的位序。按照我国确立的"国际条约>国内立法>国际惯例"的法律适用位序规则,如果我国缔结或参加的国际条约有规定的,首先适用其规定;如果我国提出保留,或者国际条约没有规定的,则适用我国国内相关立法;如果国内立法也无规定,则可参考适用国际惯例。[①] 据此,在考虑我国人民法院审查CAS仲裁条款所应依据的规则时,必须先行确定相关国际条约即《纽约公约》对相关问题有无直接规定。在没有规定,或者属于被我国保留的问题,则考虑我国相关立法。这主要是规制涉外仲裁条款的相关规则,包括《法律适用法》及其司法解释、《仲裁司法审查》等。

第二,具体援引的规则。就CAS仲裁条款形式要件的法律适用看,鉴于《纽约公约》第2条作了规定,属于国际条约有规定,因而优先适用的情形。就CAS仲裁条款实质要件的法律适用看,《纽约公约》未作规定,故应根据我国现行规则确定应适用的法律,此类现行规则主要体现在《法律适用法》第18条,并通过《法律适用法司法解释》第14条和最高人民法院颁布的《仲裁司法审查》第14条进行了两次补善。就CAS仲裁条款当事人能力要件的法律适用看,仍无公约规定,故应适用我国《法律适用法》第12条和第14条关于自然人和法人行为能力的法律适用规则。

第三,准据法的选择与适用。根据上引法律适用规则,关于CAS仲裁条款的形式要件,应适用《纽约公约》的规定;关于其实质要件的准据法,在当事人没有选择的情况下,则应适用仲裁机构所在地或仲裁地的法律,也就是瑞士法律;关于当事人能力问题的准据法,则应分别适用申请人或其所在法律服务机构的经常居所地法,以及被申请人的登记注册地即中国法律。需要指出的是,在准据法的适用过程中,还涉及复杂的外国法律查明与适用的问题,限于本书主旨,不予展开。

2.CAS仲裁条款实质要件的法律适用及审查

CAS仲裁条款实质要件的法律适用,是其核心,并需要处理两个关键问

---

① 参见《法律适用法》司法解释第4条。

题:CAS 仲裁条款法律适用的独立性,以及具体的法律适用。

仲裁条款的独立性已经成为普遍遵守的原则,但关于仲裁条款法律适用的独立性,则至少在我国司法实践中仍然是一个未得普遍遵守的混乱的问题。考察我国司法实践,关于仲裁条款的法律适用主要有三种不同的法律适用方式:一是将仲裁条款定性为程序问题,从而按照程序问题适用法院地法的法理,直接适用我国法律①。二是将仲裁条款等同于其所依托的基础合同,从而一并适用基础合同的法律适用,本案即如此。三是根本不考虑其法律选择问题,径直适用我国法律。鉴此,我国《仲裁司法审查》第 13 条特别强调,当事人协议选择确认涉外仲裁协议效力适用的法律,应当作出明确的意思表示,仅约定合同适用的法律,不能作为确认合同中仲裁条款效力适用的法律。遗憾的是,观诸本案 CAS 仲裁条款的司法审查,大连中院至少存在两个值得指出的突出问题。

问题之一是未经法律选择和准据法之确定,直接探讨仲裁协议的有效与否。本案被申请人将 CAS 仲裁条款无效作为请求拒绝承认和执行 CAS 裁决的首要理由,从司法审查的步骤看,人民法院应首先识别该 CAS 仲裁条款为涉外仲裁条款,其次则应确定相应的法律选择规则,再次确定应该适用的准据法,最后才根据所适用的准据法分析、判断 CAS 仲裁条款的有效性。有所遗憾的是,本案中,大连中院并未对仲裁条款的准据法先行确定,在没有分析依据或标准的情况下,就直接对案涉 CAS 仲裁条款进行分析。显然,这样的分析必然会立足于我国立法,但我国法律并非案涉仲裁条款的准据法。

在裁定书中,大连中院虽然针对仲裁协议无效的评判在最后部分提到了法律选择与适用的问题,但这样的说理顺序是颠倒的,且其援引的法律适用规则并不完整。按照我国关于涉外仲裁条款的法律适用规则,至少涉及四个法律文件。除了上文所提到的《法律适用法》及其司法解释、《仲裁司法审查》之外,还包括最高人民法院《仲裁法司法解释》,后者最早对涉外仲裁条款的法律适用确立了"意思自治＞仲裁地法＞法院地法"的选法规则。② 在此规则的基础之上,《法律适用法》第 18 条将其调整为"意思自治＞仲裁地法或仲裁机构所在地法"。但鉴于该法规定不完全,特别是在相关仲裁条款并未约定仲裁

---

① 万鄂湘主编:《涉外商事海事审判指导》(第 25 辑),人民法院出版社 2013 年版,第 136 页。

② 参见《仲裁法司法解释》第 16 条。

地,也未约定仲裁机构时,就会出现法律适用的漏洞,为此,《法律适用法司法解释》第14条进一步规定了"意思自治＞仲裁地法或仲裁机构所在地法＞法院地法"的选法规则。然而,如果当事人在仲裁协议中既约定仲裁机构,又约定仲裁地法,则上述规则又会出现无所适从的情形,特别是在仲裁机构所在地法和仲裁地法对仲裁条款的效力作出不同认定时,就会引起不同的司法裁定结果。为此,最高人民法院在《仲裁司法审查》第14条中最终引入"有利于有效"的调节规则,对包括CAS仲裁条款在内的所有涉外仲裁条款建立了"意思自治＞仲裁机构所在地法或仲裁地法中有利于仲裁条款有效的法律＞法院地法"的选法规则。本案裁定书中对于最新的法律选择规则未作援引,而只是援引了《法律适用法》第18条的规定,并且做了错误的适用,有损司法的严谨与裁判的公信。

　　问题之二是,不区分基础合同的法律适用与CAS仲裁条款的法律适用,径直用基础合同的法律选择作为CAS仲裁条款的准据法,混淆二者,违背仲裁条款法律适用独立性的规则。根据《仲裁司法审查》第13条的规定,当事人在协议选择涉外仲裁协议应适用的法律时,应作出明确的意思表示,仅约定合同适用的法律,不能作为仲裁协议的准据法。这就明确了仲裁协议法律适用的独立性。本案中,大连中院的司法审查违背了这一规则,它没有区分当事人在基础合同即本案中《法律服务合同》的法律适用和CAS仲裁条款的法律适用,将前者的选法规则直接作为后者的法律适用规则。根据大连中院的裁定,本案双方当事人约定的条款是:"双方意图使本协议具备法律效力,本协议应归瑞士法律管辖,并按瑞士法律进行解释,且双方同意将本协议提交国际体育仲裁院管辖,仲裁地为瑞士洛桑。"该条款中的"本协议"应指作为基础合同的《法律服务合同》,当事人约定的瑞士法律,应是基础合同的准据法,而非CAS仲裁条款的准据法。因此,如果按照我国《仲裁司法审查》的上述规则,当事人并没有对仲裁条款的法律适用作出明确、单独的规定,此时应适用仲裁机构所在地或仲裁地法律中,有利于仲裁协议有效的法律。由于本案中,CAS所在地和仲裁地均位于瑞士,从而导致基础合同的法律适用和仲裁条款的法律适用一致,即都适用瑞士法律。结果的一致,并不能正当化大连中院的司法审查,因为其援引的法律依据和选法过程是不同的。简言之,基础合同适用瑞士法律,是由于意思自治导致的结果;CAS仲裁条款适用瑞士法律,则是在无意思自治的情形下,按照有利于规则适用仲裁机构所在地法或仲裁地法的结果。大连中院以基础合同的法律选择作为CAS仲裁条款的法律选择,由于结果的一致,掩盖了其法律选择依据和法律选择过程的错误,应予勘正。否则,在仲裁机构或仲裁地法律与当事人所选法律不一致的情形下,此种错误就会被凸显出来。

3.CAS仲裁条款形式与能力要件的法律适用及审查

(1)形式要件的法律适用及其审查

形式要件,是指CAS仲裁条款应当采取何种形式予以签订。仲裁条款作为合同的一种特殊表现类型,其形式要件也需要联系合同形式要件的法律规则进行确定。无论是我国《合同法》,还是《联合国国际货物销售合同公约》,都展示了合同形式要件的宽容规制模式,即合同可以采取书面、口头或者其他方式予以订立。《纽约公约》基本采取了这一模式,但排除了口头方式,并且与仲裁条款实质要件和能力要件的规制方式不同,公约对仲裁条款的形式采取了直接规定的方式,这就是《纽约公约》第2条第1款和第2款。该条第1款直接明确规定,各缔约国应承认当事人以"书面形式"(in writing)订立的仲裁协议;第2款进一步对"书面仲裁协议"作了规定,它包括合同中的仲裁条款或仲裁协议,由当事人签署,或者包含在往来的信件或电文中。据此可认为,《纽约公约》直接以公约条文方式,而非授权各国按照本国法律适用规则确定准据法的间接方式,将可获得承认和执行的CAS裁决所依据的仲裁条款之形式要件确定为书面形式,而书面形式又包括合同中的仲裁条款或单独的仲裁协议,既可以缔结在传统的纸质载体中,又可以呈现为往来邮件或数据电文中。本案中,当事人是以标准的书面形式签订的CAS仲裁条款,因此,在形式上完全符合《纽约公约》的规定。

(2)能力要件的法律适用及其审查

能力要件的法律适用方面,特定的主体必须具有相应的行为能力,其所签署的仲裁协议方为有效。但鉴于各国立法关于法律主体行为能力的规定存在较大的分歧和冲突,而各国通常在这些问题上难以协调,因此,《纽约公约》采取了间接规定的方式,其第5条第1款第(甲)项授权被请求国根据本国法律选择规则予以确定。

我国关于法律主体行为能力的法律适用规定在《法律适用法》之中。按照该法立法体例,法律主体的行为能力因法律主体类型不同而主要区分为两类:自然人和法人。自然人的行为能力由自然人的经常居所地法律予以确定;法人的行为能力则由法人登记注册地法律予以确定。据此,本案被申请人作为法人组织,其是否具有缔结CAS仲裁条款的缔约能力当由其登记注册地法即中国法律予以确定,而根据我国《公司法》和《民法总则》的相关规定,法人当然具有处分财产、承担法律责任、约定自身法律上权利义务的行为能力,包括具有与本案申请人签署CAS仲裁条款的能力。同时,本案申请人以自然人名义与被申请人签署《法律服务合同》及其中的仲裁条款,因此,其是否具有缔结此类协议的能力,则应根据他们各自的经常居所地指向的法律予以确定。鉴于本案信息给出的不充分,难以确定其相应的经常居所地,但可逆向推知,二人作为专业的体育法律师,应具有完全的民事行为能力无疑。

综合而言,我国在承认和执行CAS仲裁裁决时,主要根据《纽约公约》作为审查的依据。但鉴于公约本身所规定的若干可拒绝承认和执行的条件中,还需要进一步依照特定法律判断特定法律文件或法律事实的效力状态,如本案中最根本的就是CAS裁决所依据的仲裁协议是否有效的问题,因此,在审查过程中又必须追溯到其他相关法律。又鉴于各国对仲裁协议等核心仲裁法律文件的立法规定和规制方式存在较大的差异,《纽约公约》不得不授权被请求国通过间接调整即法律选择的方式确定相关问题的准据法,从而在承认和执行过程中需要展开复杂的法律选择、外国法查明与适用等连锁问题。这个过程简约而言,就是《纽约公约》统一规制与各国分别规制的组合过程。《纽约公约》只是在极少数问题上就承认和执行CAS仲裁裁决作了统一规定,例如CAS仲裁条款应当采取的书面形式,但在其他大多数问题上,甚至在某些看似统一了的问题上尚需各国国内法律予以补充规制,例如,仲裁协议无效是拒绝承认和执行的理由之一,这是公约作了统一的规定;但是何为仲裁协议无效?如何认定仲裁协议无效?这个看似统一了的问题就再次被割裂开来,需要授权被请求国自行规制。本案中,大连中院对仲裁协议的效力审查,既展示了这个复杂过程的一角,又凸显了诸多需要后续司法审查予以改善的问题。

(四)本案之启示及逆向指引

本案作为中国承认和执行CAS裁决的第一案,回应了理论中的若干争议,确证了某些观点和结论,但也因本案仅涉及对CAS普通仲裁裁决的承认和执行,致我国相关人民法院在本案中的审查立场的昭示意义有所局限,未能针对CAS最富特色,也最具争议的上诉类仲裁裁决的承认和执行问题给予直接的实践验证或回应。即便如此,人民法院在本案审查中的推理和裁定,也仍然给予当前和未来我国承认和执行CAS裁决以若干启示。依其核心点,可将本案的法律启示总结为如下数方面。

其一,CAS 普通仲裁裁决已明确可认定为民商事仲裁裁决,上诉类仲裁裁决则尚需实践观察,主要取决于我国司法机关采取积极还是保守立场。从本案司法审查的推理看,我国人民法院倾向于以 CAS 裁决是否含有"金钱利益或其他利益"为依据,认定其可承认和执行性。就此而言,CAS 上诉类仲裁裁决只要是含有金钱利益或其他利益,就具有在我国获得承认和执行的可能。不仅如此,从我国最高人民法院承认和执行其他仲裁裁决采取的区分态度看,即对仲裁裁决中无效或有效部分可以进行区分的,对其有效部分仍可获得我国法院的承认与执行①,如此,可合理地推论认为,CAS 上诉类仲裁裁决中,即便含有违背可仲裁性、人身属性的裁项,其余部分如可分离,仍可获得我国法院的承认和执行。

其二,在承认和执行 CAS 仲裁裁决的依据上,是否适用《纽约公约》取决于我国司法机关对 CAS 仲裁地的认定。由于 CAS《仲裁法典》将仲裁地名义上恒定在瑞士洛桑,因此,如果我国司法机关认可名义仲裁地与事实仲裁地的分离,且以名义仲裁地为准,则无论 CAS 作出的何种仲裁裁决,均应被认定为属于公约缔约国的瑞士国籍仲裁裁决,从而当适用《纽约公约》。否则,CAS 在缔约国之外的其他国家作出裁决的,其裁决可能会因为我国提出的"互惠保留"而不能适用《纽约公约》,只能根据我国《民事诉讼法》第 283 条之规定,依该特定外国是否存在承认与执行我国仲裁裁决之先例,作为互惠之根据。鉴于《纽约公约》与我国国内规则均未对名义与事实仲裁地的关系作出厘定,因此,这个问题取决于我国在特定时期的司法政策和司法解释。② 尽管可以大概率地倾向于认定,我国人民法院认可名义仲裁地的法律意义,但并无足够的理据充分地排除特定情形下我国人民法院采取事实仲裁地的标准,这是干扰我国司法机关对待 CAS 仲裁裁决的不确定性因素。

其三,在承认和执行 CAS 裁决的司法审查过程中,基于仲裁协议的有无、有效与否而对 CAS 管辖权进行挑战,过去、现在和将来都是当事人的主要攻击与异议焦点,也是我国人民法院司法审查的核心和首要问题。我国人民法院采取能力、形式与实质问题三分方式确定 CAS 仲裁条款的有无与效力问题,并应依职权主动审查当事人缔结 CAS 仲裁条款的能力问题,以及仲裁协

---

① 万鄂湘主编:《涉外商事海事审判指导》(第 7 辑),人民法院出版社 2004 年版,第 30 页。

② 贺荣主编:《涉外商事海事审判指导》(第 28 辑),人民法院出版社 2014 版,第 9 页。

议的形式问题;对于仲裁条款的实质问题,则应被动地根据当事人的申请而审查。在审查仲裁协议的效力时,一方面,我国人民法院切忌直接论证相关仲裁协议的有无与效力,而必须首先通过法律选择规则确定应当适用的法律,再根据所选定的法律作为准据进行审查和论证;另一方面,必须充分尊重CAS仲裁条款及其法律适用的独立性,切忌将基础合同中的意思自治直接挪用为仲裁条款的法律适用,这是我国司法实践最常见的错误之一。

立足此类启示,就可逆向地为我国体育组织、相关体育从业人士等体育关系的法律主体事前筹划CAS仲裁策略提供经验的和实证的指示,集中体现在仲裁机构选择、仲裁地选择,以及仲裁协议法律适用的特别约定等方面。

首先,在仲裁机构的选择上,鉴于上诉类CAS仲裁协议并无当事人可自由选择CAS之外的机构仲裁的可能,因此当事人只有在涉及体育的普通纠纷中选择CAS或其他的仲裁机构。是否选择CAS作为相关纠纷的仲裁机构,这取决于当事人的利益诉求。总体上,选择CAS仲裁机构,通常意味着所得裁决将具有瑞士国籍,并具有在《纽约公约》担保下获得承认和执行的广泛流通性。与之相应的是,对该裁决的撤销、不予执行等任何法律异议,均只能在瑞士,而非中国,提出司法审查的申请。这是我国当事人在约定CAS作为仲裁机构时必须考虑的两大法律后果。

其次,在仲裁地的选择上,当事人必须明确,如果选择CAS作为仲裁机构,其名义仲裁地将在瑞士,但其事实仲裁地则可自由确定。据此,我国相关体育组织和当事人应当充分利用二者的分离,在事实仲裁地的选择上优先考虑于己有利的地点,以便利自身参与仲裁、收集和提交证据,特别是维护自身在仲裁程序、仲裁送达等方面的正当权利。

最后,在仲裁协议法律适用的约定上,应明白仲裁协议法律适用独立于基础合同的规则要点,并在拟定CAS仲裁条款时充分利用这一规则。具体而言,我国体育组织或人士以自身利益最大化为准则,就仲裁协议的法律适用作出或者不作出特别约定,从而在"意思自治"与有利于仲裁协议有效的仲裁机构所在地法律或仲裁地法律中进行选择。简言之,当仲裁机构所在地法或仲裁法的适用有利于自身利益的最大化,则不特别约定仲裁协议应适用的法律;否则,即应约定相关法律。[①]

---

① 黄晖等:《中国资本海外并购职业足球俱乐部协议中解纷条款的考量》,载《体育学刊》2017年第3期。

总之,本案作为验证 CAS 仲裁裁决在中国所能得到怎样的司法待遇的第一案,是自 CAS 设立运行以来约 34 年之后首次得到中国司法回应的契机。自本案之后,特别是考虑到 CAS 在中国设立了上海听证中心,我国正在探讨放开外国仲裁机构进入中国仲裁的仲裁准入之可能性的背景下,CAS 将会有更多的仲裁裁决涌入中国,要求得到承认和执行。人民法院在本案作出的裁定为 CAS 裁决的中国之旅奠定了一个完美的开端,它向世界宣明,中国的司法审查不是遮断 CAS 裁决所承载的体育法治之光的长城,中国也不是国际体育法治大厦的"屋漏"①,而是对体育法治的积极接引与实践。通过对 CAS 裁决的合理承认和执行所建立起来的良好互动,中国和 CAS 将携手建构国际体育法治秩序,推动中国国内体育法治与国际体育法治的对接,从国际体育法治话语权的消极承受者转型为积极参与者,并透过中国体育治理的国际化和法治化进程,成为国际体育法治秩序的塑造者,为国际体育治理奉献中国智慧。

---

① 《诗经·大雅·抑》。

第五章

CAS 奥运仲裁专题研究

一、CAS 奥运会体育仲裁程序[①]

IOC 前主席萨马兰奇力图将 CAS 打造成为"体育世界的最高法院",CAS 成立、运转至今的显赫成就表明 CAS 担负起了萨氏指令的崇高使命,在 CAS 治下,一个新兴的体育帝国正在涅槃生成。作为这一体育帝国的护法使者和司法机构,CAS 下辖四类仲裁程序,每类仲裁程序专司特定类型的体育争议之裁决,以确保体育争议的处理能贴合个性化需求。此四类程序包括[②]:

1.普通仲裁程序(ordinary arbitration proceedings)

该类仲裁程序调整与体育相关的商事性争议,例如赛事转播权争议、体育类用品购销协议以及与体育相关的代理协议争议等,由 CAS 普通仲裁分处负责组庭仲裁。[③] 此类争议在 CAS 仲裁的案例中所占比例较少,其争议双方当事人具有平等的法律地位,是一种横向民商事法律关系,尤以合同为典型。例

[①]　本部分是在《论奥运会体育仲裁程序》一文基础之上经调整扩充而成,该文发表在《西安体育学院学报》2007 年第 5 期。特此说明,并致谢忱!

[②]　Gabrielle Kaufmann-Kohler,*Arbitration at the Olympics:Issues of Fast-track Dispute Resolution and Sports Law*,New York:Kluwer Law International,2001,pp.43-45.

[③]　See Matthieu Reeb,Estelle du La Rochefoucauld,Digest of CAS Awards Ⅲ (2001—2003),New York:Kluwer Law International,2004,pp.10-16.

如在 CAS 仲裁庭于 2001 年裁决的 X.Sarl 诉 Federation Y.一案中,申请人 X. Sarl 为一法国公司,其与作为被申请人的某国际体育协会于 1991 年 7 月就赞助事项达成协议,由被申请人授权申请人享有"赞助合同独家谈判权",该协议类似于代理合同性质。适于按照普通仲裁程序裁决纠纷。由于此类体育争议具有完全的商事性质,因此裁决该争议的普通仲裁程序可完全采取商事仲裁程序规则,这一做法为成效卓著的 AAA 所采纳。AAA 作为纯粹的商事仲裁机构,其商事仲裁程序同时兼容处理体育类商事争议。

2.上诉仲裁程序(appeal arbitration proceedings)

该类仲裁程序调整与体育相关的竞技性争议,诸如参赛资格争议、兴奋剂争议①等专业性问题,由 CAS 上诉仲裁分处负责组庭仲裁。此类争议是 CAS 主要的管辖范围,也是 CAS 作为一个专业性体育仲裁机构不同于其他一般商事仲裁机构的重要特征。与普通仲裁程序针对的案件主题不同,上诉仲裁程序主要审理和裁决纵向法律关系,体育纠纷双方当事人法律地位表现为一种命令与服从的行政属性,针对的案件主题也因而展现出行政处罚性,CAS 在 Longo 诉 IAAF 案中就裁决指出,被上诉的裁决无论是由体育组织的司法还是行政机关作出,关键在于裁决是否是关于处罚性质的,被上诉裁决的性质就决定这个裁决是否可以上诉。② 此外,上诉仲裁程序主要地负责管辖和审理经过诸如 IAAF、国际足联等体育联合会内部解纷程序一裁裁决后仍然不能终结的案件。截至 2002 年年底,IAAF 等所有奥林匹克国际单项体育联合会均在其章程规范中格式化了 CAS 管辖条款,从而使 CAS 一跃而成凌驾于诸体育联合会之上的上诉法院。

3.咨询仲裁程序(consultation proceedings)

该类仲裁程序调整与体育相关的规则之理解与解释,由 CAS 负责组建专门的咨询仲裁庭负责管辖。CAS 咨询仲裁庭应 IOC、IFs 等体育机构等的请

---

① 兴奋剂争议已然成为腐蚀体育精神的最大威胁,有学者撰文指出,雅典奥运会是"兴奋剂和腐败的组合"。See Richard H. McLaren, International Sports Law Perspective: The CAS AD HOC Division at the Athens Olympic Games, *Marquette Sports Law Review*, 2001,(15),p.175.

② See Arbitration CAS 2002/A/409, Longo / International Association of Athletics Federation(IAAF), award of 28 March 2003. In Digest of CAS Awards Ⅲ(2001—2003), edited by Matthieu Reeb in collaboration with Estelle du La Rochefoucauld, Kluwer Law International 2004, pp.403-418.

求,可就体育类专业性问题进行解答和提供不具有拘束力之咨询意见,此类问题由CAS组成咨询仲裁庭按照特别咨询程序进行解决。一个典型的案例即CAS的此项咨询职能不但丰富了它的司法内涵,而且更为重要的战略性意义还在于这一职能直接将CAS从单纯受动的司法者转变而成更具拓展性和进取性的能动立法者。尽管CAS的咨询意见不具强制拘束力,然而凭借CAS在体育界的权威地位,它对某一体育问题的观点和态度必然影响体育团体的生活和运作范式,并据此构成体育世界的示范法,恰如国际法院在国际政治中的咨询报告一样。握立法与司法功能于一身的CAS具备了让体育世界为其"舞蹈"的规则颁定权和行动评价权,于世界范围内促成了体育规则的统一化、全球化和一体化,为世界体育法的诞生及其建基其上的体育帝国的生成奠定了制度基础。Brumo Simma为此盛辞赞誉CAS的咨询职责,他认为:"体育仲裁院有关规则的规定,将使体育仲裁院在更为广泛的范围内发挥其作出咨询意见的功能,这一功能或许比它作为一个仲裁机构仲裁纠纷的功能更为重要。因此,如果咨询意见的请求被提出,体育仲裁院可以发展一种类似于宪法解释的机制,对国际体育法领域内的基本问题进行解释。"[1]

应当指出的是,CAS一般不对体育运动的"游戏规则"(rules of game),而仅对"法律规则"(rules of law)发表咨询意见,这是CAS与国际体育联合会等体育组织的分权临界点。例如在2000年悉尼夏季奥运会前夕,国际泳联就关于"鲨鱼皮游泳衣"能否作为比赛用衣产生分歧,澳大利亚国家奥委会担心该泳衣的使用会导致不公平竞争,因为《国际泳联游泳规则》第10条第7款规定:"任何游泳选手在比赛中不得使用或穿着任何旨在提高速度、增强浮力、增强耐力的装备(例如:带蹼的手套、橡皮脚蹼、鳍板等等)……"澳大利亚国家奥委会特此向CAS寻求咨询意见。仲裁员认为,此类运动规则的解释问题应当由国际泳联执行局进行,仲裁庭只能对法律规则进行解答。[2]

4.奥运会仲裁程序(arbitration proceedings for Olympic Games)

该仲裁程序调整奥运会赛事争议,由CAS奥运会特设仲裁分处负责组庭裁决。鉴于《奥林匹克宪章》第74条将一切产生于和关联于奥运会赛事的一

---

① 　Brumo Simma,The Court of Arbitration for Sport,转引自[英]布莱克肖:《体育纠纷的调解解决——国内与国际的视野》,郭树理译,中国检察出版社2004年版,第72页。

② 　See Janwillem Soek,You Don't Win the Silver-You Miss the Gold,September 2000,*the International Sports Law Journal*,pp.15-18.

切争议排他性地提交 CAS 垄断裁决,后者据此取得仲裁和审理奥运会赛事争议的唯一适格主体资格,并专设奥运会仲裁规则以处理此类特殊类型的体育争议。在受理案件的性质上,奥运会仲裁程序是上诉仲裁程序和普通仲裁程序的叠加,无论横向抑或纵向的体育纠纷,只要具有奥运会的特征,即可由这一程序予以加工处理。奥运会特设仲裁分处仲裁的案件一般涉及参赛资格争议和不公平竞争争议,尤其是日益泛滥的兴奋剂争议。在 2000 年悉尼奥运会期间,特设仲裁分处受理了 15 个案件,其中就有 11 个案件涉及竞赛运动员参赛资格问题[1],如悉尼奥运会上著名的 Perez"仲裁三步曲"就是典型的资格争议案。Perez 生于古巴哈瓦那,曾代表古巴参与国际赛事。后于 1999 年 9 月取得美国国民资格,但在其参与 2000 年悉尼奥运会时,其原国籍国即古巴国家奥委会向 IOC 提出异议,要求 IOC 拒绝给予 Perez 参赛资格,其理由是,根据《奥林匹克宪章》第 46 条附则第 2 款之规定,代表一国参加奥运会的运动员在其改变国籍或获得新国籍后三年内不得代表新国家参赛,除非其所原属国家奥委会和 IF 同意,且获得 IOC 之批准。后美国国家奥委会和 Perez 分别向 CAS 奥运会特别仲裁分庭提起了仲裁。余下的案件中有 3 个涉及奖牌归属问题,另外一个案件则被当事人撤回。2004 年雅典奥运会上,仲裁庭共审理了 10 个案件,两件涉及兴奋剂违纪,一件涉及管理上的腐败,还有七件则涉及国际体育协会规则的适用。[2] 这些案件的审理,均由 CAS 派出特设分庭及其成员全天候守候在奥运赛场,并按照专门的奥运会仲裁程序予以审理和裁决。

表 5-1 及表 5-2 呈现的是 CAS 自成立以来,其各类仲裁程序受理和裁决的案件数量。表 5-1 中的数据列示的是自其成立以来受理的案件。表 5-2 中所示年限仅为仲裁请求提出的时间,并非仲裁裁决或咨询意见公布的时间。表 5-2 列示的则是自《体育仲裁法典》生效以来(1994 年 11 月 22 日起)至 2013 年 12 月 31 日止,提交到 CAS 的案件。具体信息如下[3]:

---

① See Gabrielle Kaufmann-Kohler, *Arbitration at the Olympics: Issues of Fast-track Dispute Resolution and Sports Law*, New York: Kluwer Law International, 2001, pp.11-14.

② See Richard H. McLaren, International Sports Law Perspective: The CAS AD HOC Division at the Athens Olympic Games, *Marquette Sports Law Review*, 2001, (15), p.175.

③ See CAS Statistics, availlable at http://www.tas-cas.org/en/general-information/statistics.html, visited on 14/12/2016.

表 5-1　1986—2013 各类仲裁程序受理和裁决的案件数量

年度	提交的仲裁请求	提交的咨询请求	总计	导致仲裁裁决的请求	导致咨询意见的请求	总计
1986	1	1	2	1	1	2
1987	5	3	8	2	1	3
1988	3	9	12	0	1	1
1989	5	4	9	1	0	1
1990	7	6	13	1	0	1
1991	13	5	18	4	1	5
1992	19	6	25	12	0	12
1993	13	14	27	6	1	7
1994	10	7	17	5	1	6
1995	10	3	13	6	2	8
1996	20	1	21	16	0	16
1997	18	2	20	10	0	10
1998	42	3	45	33	2	35
1999	32	1	33	21	1	22
2000	75	1	76	60	1	61
2001	42	0	42	28	0	28
2002	83	3	86	70	3	73
2003	107	2	109	82	1	83
2004	271	0	271	178	0	178
2005	194	4	198	133	3	136
2006	204	0	204	128	0	128
2007	252	0	252	183	0	183
2008	311	2	313	222	2	224
2009	270	5	275	197	5	202
2010	298	0	298	213	0	213
2011	365	0	365	259	0	259
2012	374	0	374	241	0	241
2013	407	0	407	92	0	922
总计	3451	82	3533	2204	26	2230

注:1.咨询程序已经于 2011 年 1 月 1 日被删除;

　　2.表中数据包括提交到 CAS 临时仲裁分庭的案件数。

表 5-2 1994.11.22—2013.12.31 期间,提交到 CAS 的案件

年度	普通程序	上诉程序	咨询程序	临时程序	总计	有结论的程序	非裁决终止	请求撤回	程序中止
1995	2	8	3	0	13	8	4	1	0
1996	4	10	1	6	21	16	2	3	0
1997	7	11	2	0	20	10	4	6	0
1998	4	33	3	5	455	35	4	6	0
1999	8	24	1	0	33	22	3	8	0
2000	5	55	1	15	76	61	4	11	0
2001	10	32	0	0	42	28	3	11	0
2002	9	66	3	8	86	73	6	7	0
2003	61	46	2	0	109	83	18	8	0
2004	9	252	0	10	271	178	58	35	0
2005	9	185	4	0	198	136	25	37	0
2006	17	175	0	12	204	128	44	32	0
2007	22	230	0	0	252	183	33	36	0
2008	26	276	2	9	313	224	20	69	0
2009	25	245	5	0	275	202	4	67	2
2010	49	244	0	5	298	213	13	70	2
2011	71	294	0	0	365	259	23	74	9
2012	62	301	0	11	374	241	17	86	30
2013	58	349	0	0	407	92	15	70	230
总计	458	2836	27	81	3402	2192	300	637	273

由于奥运会赛事争议在处理时间上的极端要求,使它在仲裁程序的架构上并不完全等同于 CAS 上诉仲裁程序和普通仲裁程序。ICAS 根据奥运会赛事争议的特征和《与体育相关的仲裁法典》第 8 条之授权,专门制定并定期修改了《奥林匹克运动会仲裁规则》,该仲裁规则用以调整和规范奥运会体育仲裁。现行有效的版本是 ICAS 在新德里于 2003 年 10 月 14 日采纳的仲裁规则,根据该仲裁规则第 23 条的规定,它是 ICAS 所制定的《与体育相关的仲裁法典》的组成部分。应当指出的是,奥运会仲裁规则具有普遍适用性,即无论赛事在何国举办,与奥运会相关的仲裁争议概由 CAS 派出的奥运会特设仲裁分庭按照该仲裁规则进行,而与赛事承办国法律规则无关,这也就意味着,2008 年在中国举行的奥运会所生之一切争议也将遵循该仲裁规则设定的程

序,由特设仲裁分庭予以审理和裁决,中国法制必须对奥运会仲裁程序规则予以让步。

2008年北京奥运会已过去,2022年冬奥会即将到来,使我们有必要了解,从而有效运用、参与奥运会仲裁程序,并据此捍卫中国运动员和国家利益,尤其是国民在历往体育赛事中屡遭歧视仍然采取逆来顺受的不反抗背景下,我们更有必要详尽了解和深刻把握奥运会仲裁的规则及其规律,以将其转化为"为权利而斗争"的利器。按照《奥运会仲裁规则》及其依托的ICAS/CAS《与体育相关的仲裁法典》之规定,整个奥运会体育仲裁程序从宏观上可分为仲裁申请、仲裁庭组建、仲裁庭审、仲裁裁决、转致CAS仲裁、裁决公布六大环节,下分述之。

(一)仲裁申请

1.仲裁申请的前提条件

申请人将相关争议提交CAS仲裁时必须尊重穷尽内部救济原则[1],即如果申请人针对的争议是由IOC、某国家奥委会、某国际单项体育联合会或OCOGs所颁布的裁定,则在提交仲裁申请之前应当穷尽他根据相关体育机构之立法或规章能够采取的内部救济措施。这一前提条件并不是绝对的,在精确到小时乃至分钟的奥运会赛事安排框架下,如果穷尽内部救济在时间上使得向CAS特设分庭提交上诉仲裁申请变得毫无意义,那么穷尽内部救济原则可不予适用,当事人可径直诉诸CAS特设分庭。

2.仲裁申请的主题

设定奥运会仲裁规则之目的在于保护运动员利益和体育精神,为此对《奥林匹克宪章》第74条所涵盖的争议提供仲裁解决方式。第74条限定的争议范围构成奥运会仲裁申请的主题要件,只要此种争议与奥运会相关,且产生于奥运会期间或者产生于奥运会开幕式前十天之内。[2] 同样地,特设仲裁分庭仅仅对法律问题提供救济,诸如赛场裁决等体育竞技规则问题则专属体育裁判或相关体育组织的管辖范畴。CAS仲裁庭在WCM-GP limited诉FIM一

---

①　Richard H. McLaren, International Sports Law Perspective: The CAS AD IIOC Division at the Athens Olympic Games, *Marquette Sports Law Review*, 2001, (15), p.175.

②　Mark Lutous, Alternative Disputes Resolution in Sports arena: Sports Arbitration Procedural Rules as a Policy-making measure, *Marquette Sports Law Review*, 2005, (16), p.73.

案中就对体育竞技规则问题与法律规则问题的微妙关系作了界定,裁决指出,所谓"比赛规则"是指意在确保比赛和竞争正确过程的规则,除了在极例外的情况下,此种规则的适用不得引向任何司法审查;相反,"法律规则"则是在比赛或竞赛过程之外发生的,能够影响行为人司法权益的正当的成文法处罚,基于这个原因,它必须接受司法审查。① 在 CAS 仲裁庭 2001 年审理的爱尔兰曲棍球协会诉国际曲棍球协会案件中,仲裁庭进一步指出:"国际体育仲裁院不复审由裁判员等其他负责适用特殊的比赛规则的人员在比赛场上作出的裁决。然而,一个例外就是这种规则被恶意地使用。根据国际体育仲裁院的法理,如果一个裁判员没有被赋予在比赛中的自由裁量权,他就必须遵守比赛规则。裁判员对强制性比赛规则的偏离破坏了规则的效用,而且还可能影响到比赛的结果。"②其后于 2002 年 CAS 仲裁庭在审理朝鲜国家奥委会诉国际滑雪联合会一案中再次强调指出,仲裁庭对于公断人、裁判员或其他官员在竞技场上作出的"场地"裁决不作审查,这些公断人、裁判员或官员有责任适用特定比赛的法律或规则;仅在有证据证明恶意——通常为直接证据——的情况下,仲裁庭才得审查场地裁决,在此情况下,例如"随意""违反职责",或者"不良意图"等任一用语都意味着存在某种对特定参赛团队或参赛者的偏向或歧视。③通过一系列相关的案例,CAS 由此发展出"竞技规则豁免"原则和"恶意不免责"原则,从而圈定了提交仲裁庭进行仲裁审查的主题特征。

3.仲裁申请的文件

CAS 办公室提供标准的格式化申请文件,一份完整的仲裁申请文件包括如下内容④:(1)一份被上诉裁决的复印件;(2)一份有关案件事实和法律争议的简要陈述书;(3)申请人的仲裁请求;(4)如果适当,可提出中止被上诉裁定的效力之申请,或在非常紧急的情况下提出采取任何其他救济措施的申请;(5)对 CAS 管辖权根据之适当评价;(6)载明申请人在奥运会场地的临时地

---

① Stephen A. Kaufman, Issues in International Sports Arbitration, *Boston University International Law Journal*,1995,(13),pp.559-572.

② Stephen A. Kaufman, Issues in International Sports Arbitration, *Boston University International Law Journal*,1995,(13),pp.489-502.

③ Stephen A. Kaufman, Issues in International Sports Arbitration, *Boston University International Law Journal*,1995,(13),pp.611-616.

④ Stephen A. Kaufman, Issues in International Sports Arbitration, *Boston University International Law Journal*,1995,(13),p.527.

址,以及为便利申请人参与仲裁程序的目的,可载明申请人的传真号码和电子邮件地址,申请人有代理人的,可同时载明其代理人上述信息。此外,如果申请人所属的或相关的国家奥委会并非程序当事人,且没有收到申请书副本,则特设分庭应当为通知之目的向该国家奥委会送达一份申请文件。

4.仲裁地点、语言和费用等事项

仲裁地之于仲裁而言具有重要乃至决定性的价值和意义,它不仅是仲裁赖以进行和展开的物理空间,同时也构成产生和支配仲裁及其裁决国籍身份与效力大小的法律空间。按照国际私法中"场所支配行为"原则,仲裁地程序规范是进行仲裁必须尊重的行为规则,是仲裁程序法的重要渊源,在奥运会赛事仲裁框架下,其法律意义上的仲裁地位于瑞士洛桑[①],事实上的仲裁地则位于各届奥运会赛址,或者仲裁庭认为适当的其他任何地方。CAS仲裁规则将法律仲裁地与事实仲裁地加以分割规定的做法为体育世界带来了积极的意义,鉴于CAS所有仲裁程序的仲裁地均被设定为瑞士洛桑,这一固化仲裁地的做法使得CAS仲裁庭在审理案件时能够信守同一程序规则,从而确保了案件在程序问题上的逻辑一贯性,也使奥运会特设仲裁庭在审理案件时避免因赛址的变动而导致程序规则的动荡无常,建立起全球性的一体化争议解决机制和框架。同时,仲裁地也赋予CAS奥运会特设仲裁庭裁决以瑞士国籍,瑞士作为1958年《承认和执行外国仲裁裁决公约》的成员国身份,使奥运会仲裁裁决得以搭乘该公约建立的多边化制度安排之便利,能在该公约的一百多个成员国获得承认和执行。

仲裁语言仍然是CAS的官方语言,即英语和法语,申请书必须以此两种语言书就。与CAS上诉仲裁程序中当事人可协议选择英语和法语之外的语言不一样,奥运会特别仲裁的语言必须是此两种语言之一,当事人不得另行选择,而且究竟采取英语还是法语进行仲裁,当事人也无决定权,径由奥运会特设分庭主席决定。仲裁语言的硬性指定固然消弱了当事人意思自治的自由,但却因此使仲裁程序避免因当事人的恶意或欺诈而陷入延宕阻滞的境地,以此确保奥运会仲裁程序所必需的速度。

为保证当事人能够便利地接近和利用奥运会仲裁程序的救济,防止运动员等纠纷当事人因囊中羞涩而被排除在仲裁救济的范畴之外,CAS提供免费

---

① 张春良、高峰等:《北京奥运会法制危机及其消解》,载《重庆文理学院学报》2006年第3期。

的奥运会仲裁程序,当事人对 CAS 特设分庭的机构与服务、仲裁庭的活动产生的费用均不承担支付义务,但应负担代理人、专家、证人和翻译人员的相关劳务费用。奥运会仲裁程序的这一特征赋予其自身以某种慈悲情怀,从而被认为是为满足体育纠纷当事人,尤其是被视为弱方当事人的体育运动员的利益需要而设定的"正义最大化"机制。

(二)组建仲裁庭

1.奥运会特设分庭之构成

CAS 四类仲裁程序分别由四个仲裁分处负责,普通仲裁程序和上诉仲裁程序设有常设仲裁分处,而咨询仲裁程序和奥运会仲裁程序则设立临时仲裁分处。根据奥运会仲裁规则之规定,CAS 奥运会特设分庭由 ICAS 在各届奥运会举办期间临时设立,专门负责裁决奥运会期间产生的相关争议,它由特别仲裁员名单上的全体仲裁员、一名主席和一个办公室组成。特设分庭主席由 ICAS 委员会从 ICAS 成员中推选,并由其履行现行仲裁规则赋予他的职责,以及为确保特设分庭适当运转而需要行使的其他任何职责。特设分庭办公室由 CAS 在赛场设置,并在 CAS 秘书长的管理下运转,以协助特设分庭进行仲裁事宜,尤其是协助通知和协调事宜。

2.仲裁员名单

特设分庭仲裁员名单并不包括 CAS 仲裁员全部成员,而是由 ICAS 在后者的基础上进一步遴选而成,ICAS 在考虑特设分庭仲裁员人选时必须注意该仲裁员是否能在奥运会期间全天候地守候现场,当然,ICAS 也应当对仲裁员的能力和品质,尤其是随机应变和果断而不武断的仲裁技艺进行斟酌,以确保仲裁员能胜任高强度、高难度、快节奏的奥运会仲裁程序。

仲裁规则同时对仲裁员的专业技能和道德品质进行了限定,它要求所有仲裁员必须具有法律训练的履历,以及拥有公认的、与体育相关的竞赛经历,许多仲裁员本身就是某一特定体育领域曾经的奖牌获得者。CAS 在确定奥运会仲裁员名单时必须注意适当平衡体育德性和法律德性之间的微妙关系,尽管法律与体育竞技都推崇和强调公平与效率,然而法律人与体育人对公平与效率的关注重心和理解并不完全一致,但凡经过系统法律修习和训练的仲裁员都倾向于依赖和借助程序的力量为正义提供担保,即强调程序的正当性和仪式性,但不免沉湎于烦琐的细节之中有碍效率;而拥有体育从业经历的仲裁员则倾向于运用既有丰富经验和专业直觉径行判断案件事实,从而在仲裁庭审中更加强调自由心证和程序节省。这两类仲裁员的品性和风格决定 CAS 在取舍奥运会特设分庭仲裁员及在组建具体仲裁庭时必须进行充分考量,并采取适当措施予以衡平。

3.仲裁员之任命

与普通仲裁程序和上诉仲裁程序不同,奥运会赛事争议当事人无权选任仲裁员,而由特设分庭主席在收到仲裁申请后直接在特别仲裁员名单中任命三位仲裁员组成仲裁庭,首席仲裁员也由特设分庭主席认定。特设分庭主席可视情况而指定一名仲裁员组成独任制仲裁庭。此类强制性规定明确排除当事人意志在这一问题上的参与决策权,渲染出奥运会特设仲裁庭的铁腕气息,仲裁规则之所以作出如此安排,其目的在于防止当事人将仲裁员任命权滥用作仲裁欺诈的手段,以借此延宕程序,从而根本摧毁奥运会赛事时间框架之安排。此种行政任命式的仲裁庭也的确能够摆脱当事人的牵制,并在仲裁程序的展开和进程中体现速度优势。

特设分庭主席在任命仲裁员时必须注意审查他们的中立地位。中立被认为是程序的心脏,仲裁员必须与当事人保持中立,并立即披露可能影响其独立地位的任何情势,避免成为当事人的代理人或成为利益关系方。根据 CAS 仲裁规则及国际商事仲裁惯例,仲裁员在自我评价中立地位以确定需要披露的内容时应当考虑如下几个方面的因素:一是仲裁员站在自己立场所认为的可能影响其独立性的情况。二是站在当事人的立场衡量可能会影响其独立性的情况,诸如仲裁员是否曾经与一方当事人有过不愉快或者不和谐的竞赛经历等。三是只要存在影响仲裁员独立性的可能情况就应披露,而无论该项情形是否真正构成对独立性的威胁。对于何谓"可能"的影响因素,一般可按照"合理怀疑"标准进行判断,即一个"理性的人"在各种不同的情况下遇到案中情况时的正常反应。[1] 四是应当站在超越国别、法系当事人之间的立场来判断取舍披露的内容,而不仅仅局限于自身的角色。[2]

为进一步降低因仲裁员地位不中立而导致对体育精神的亵渎,CAS 仲裁规则还设计了双重承诺制度从良心和道德方面对仲裁员可能的僭越行为进行设防。源远流长的宗教传统赋予西方法律文化以神圣的属性,并浸透在其法

---

① See Fouchard Gaillard Goldman on International Commercial Arbitration,p.587.
② 汪祖兴:《国际商会仲裁研究》,法律出版社 2005 年版,第 153 页。

律精神之中,导致西方诉讼机制仍然残留着诸如宣誓之类的形式要素。[①] 法官、陪审团等人员也有类似的承诺或者发誓仪式。仲裁尽管不是诉讼,但必然地具有诉讼的精神,作为诉讼精神的一个延伸表现,仪式的力量也影响着仲裁体制。CAS《与体育相关的仲裁法典》第 5 条和第 18 条规定了双重承诺制度,分别保证 ICAS 委员以及由 ICAS 约请的 CAS 仲裁员的中立性。第 5 条第 2 规定:"ICAS 成员一经委任,即应签署一项声明,承诺以私人身份行使其职权,完全客观中立并符合本规章规定。"第 18 条规定:"列名于仲裁员名单的人员可应约请服务于 CAS 任何一个处组成的仲裁庭。CAS 的仲裁员和调解员一经委任,即应签署一份声明,承诺以私人身份行使其职权,完全客观中立,并遵守本规章的规定。"CAS 双重承诺制度旨在淡化仲裁员的身份意识,以"利益无涉"的姿态中立断案,但它毕竟只是一种良心的单方面宣示和表态,其约束力之根据更多的是道德戒律与良心的碰撞所产生的情绪节制,人毕竟是游走在神圣和世俗之间的边缘性动物,他向往圣洁但无往不在名利之枷锁中,因此双重承诺制度这种软约束还需要结合下述回避等事后硬性救济措施才能充分完成对仲裁员人性之"抑恶扬善",纯化其中立属性。

此外,特设分庭主席在任命仲裁员时尚须遵守关联原则和节俭原则,即如果后一仲裁申请与特设分庭正在进行另一仲裁程序相关,主席可将该案件分配给解决另一仲裁案件的仲裁庭审理,特设分庭主席在如此行事时应当考虑案件的所有情况,包括两个案件之间的联系和另一案件已经进行的程序。

4.回避与撤换

仲裁员的回避分为自行回避和特设分庭主席裁定回避,如果案情显示出存在对仲裁员之独立性地位存在正当怀疑的情势,仲裁员应当主动回避,否则当事人可据之提出回避申请。特设分庭主席有权决定是否满足一方当事人的回避申请,在给予当事人和相关仲裁员陈述意见的机会后,主席应当立即作出裁定。当事人应当在知悉回避情势时即提出回避申请。

如果仲裁员未能执行现行仲裁规则设定的职责,特设分庭主席可予以撤换。在仲裁员回避或者被撤换的情况下,特设分庭主席应当立即任命仲裁员替代该空位。CAS 撤换制度具有如下三个特征:一是透明度高,以 CAS 为典型的国际体育仲裁固然要坚守仲裁的保密本性,然而在很多环节和制度方面透明度在不断提高。CAS 仲裁法典基本上奉行的是"能够透明的就透明"这

---

① 沈达明:《比较民事诉讼法初论》,中国法制出版社 2002 年版,第 278 页。

一潜规则。二是不容许"缺员仲裁","缺员仲裁"(truncated tribunal)是指当合议制仲裁员之一因种种因素不能,从而不再继续履行仲裁员职务时,在不添加新仲裁员的情况下由余下的仲裁员继续仲裁案件并作出终局裁决。这一方面固然可能使新仲裁员的介入影响乃至延宕仲裁程序,但也维持了仲裁庭的"鼎足而立"的三分之势所带来的结构稳定性,因为在三人制仲裁庭情况下,缺员仲裁很可能使奇数仲裁庭变成偶数仲裁庭,从而在发生分歧意见时难以形成多数意见。三是原则上不溯及既往,除非当事人另有约定或者仲裁庭另行决定。已经进行的仲裁程序是否因新仲裁员的加入而重新展开,基本上现有仲裁规则和立法都倾向于由仲裁庭决定,CAS仲裁法典的规定大致相同,在仲裁庭重新恢复正常后,原则上并不需要重新进行仲裁程序,除非仲裁庭和当事人另有约定。

　　5.临时措施。

　　由于奥运会赛事安排的特征,在情况异常紧急时,仲裁庭或者在仲裁庭尚未建立时之特设分庭主席可不听取被申请人之意见而直接采取临时救济措施,包括中止被上诉裁定的效力,以及任何其他救济措施。为排除国家法院对仲裁庭采取临时措施的干扰,CAS仲裁规则要求当事人在提交仲裁时必须承诺放弃寻求司法机关予以救助的权利,从而使特设分庭在这一问题上表现出强势地位。特设分庭主席在决定是否采取临时救济措施时应当考虑该措施是否为保护申请人以使其避免不可逆转的伤害所必需,以及该仲裁申请获得成功的可能性、申请人的利益是否比相对方或奥林匹克团体的任何其他成员的利益更为重要。

　　(三)仲裁庭审

　　1.管辖抗辩

　　管辖权抗辩是被申请人在拒绝接受CAS特设分庭管辖时经常提出的问题,悉尼奥运会期间发生的数起案件[①]均产生了管辖权争议问题。除上述Perez案件外,Baumann案、Melinte案和Segura案均涉及管辖权争议事项。综观奥运会特设分庭遭遇的管辖权异议类型,主要包括两个典型的方面:一是当事人攻击和质疑仲裁庭据以行使管辖权的仲裁协议不存在,Baumann案和

---

　　① 　Gabrielle Kaufmann-Kohler, *Arbitration at the Olympics*: *Issues of Fast-track Dispute Resolution and Sports Law*, New York:：Kluwer Law International, 2001, p.38.

Melinte 案即如此；二是将管辖权问题与仲裁事项的可仲裁性问题捆绑在一起，以体育争议不具有可仲裁性为由对抗仲裁庭管辖权的正当性，Segura 案即为此种典型。

Baumann 案中，Baumann 作为巴塞罗那奥运会 5000 米田径赛金牌获得者，他在 1999 年 9 月因涉嫌兴奋剂违规而被国家运动协会暂停参赛资格。2000 年夏天，该协会撤销了停赛处罚，并澄清了违规嫌疑。德国国家奥委会 NOC 任命他作为奥林匹克运动员参赛。但是，IAAF 将该案提交协会内部仲裁庭，并作出禁赛两年的裁决。与此同时，IOC 授予 Baumann 参赛资格，该参赛资格在 IAAF 作出裁决后被撤销。Baumann 随后向特设分庭就该撤销事项提出仲裁申请，IOC、德国 NOC 和 IAAF 均被作为被申请人。IAAF 首先提出管辖权抗辩，因为 IAAF 的规章并没有规定提交 CAS 仲裁的条款，因此，IAAF 内部仲裁裁决即为终局的、具有拘束力的裁决。CAS 将其抗辩视作是对仲裁庭缺乏管辖权和基于既判案件而提出的答辩。与 FIFA 一样，IAAF 也是在夏季召开的、在其规章中未采用 CAS 仲裁条款的协会。仲裁庭认为，IAAF 作为奥林匹克运动的一个组成部分，应根据奥林匹克宪章第 74 条之规定就与奥运会相关的争议接受 CAS 的仲裁管辖。仲裁庭分别就其他几个被申请人应当接受 CAS 管辖的问题作出说明。[①] Melinte 案几乎与 Baunmann 案完全一致，Menlinte 是罗马尼亚运动员，她是女子链球的世界纪录保持者。2000 年 9 月 27 日当她在体育场热身准备参加资格赛时，IAAF 通知她，因其药检呈阳性，因此剥夺她的参赛资格。Melinte 向 CAS 特设分庭提交仲裁，请求仲裁庭准许她参加第二天下午 6 点举行的决赛。该决赛要求她必须最迟在 9 月 29 日清晨参加资格赛。由于时间紧急，庭审在申请提出后数小时内举行。IAAF 再次提出管辖权异议，并被仲裁庭以与 Baumann 案一样的理由驳回。[②]

对管辖权变相提出异议的方式是攻击和质疑仲裁对象的可仲裁性，因为根据仲裁法理，倘若仲裁对象不具有可仲裁性，则仲裁庭应当放弃管辖，这是

---

① See Gabrielle Kaufmann-Kohler, *Arbitration at the Olympics: Issues of Fast-track Dispute Resolution and Sports Law*, New York: Kluwer Law International, 2001, p.15.

② See Gabrielle Kaufmann-Kohler, *Arbitration at the Olympics: Issues of Fast-track Dispute Resolution and Sports Law*, New York: Kluwer Law International, 2001, pp.17-18.

Segura 案件中,作为被申请人的 IAAF 所采取的逻辑。该案中,Segura 是墨西哥竞走运动员,在悉尼奥运会 20 公里竞赛中获得冠军。他在接受包括墨西哥总统在内的人员祝贺和采访后,于竞赛完毕后大约一刻钟,被主裁判员告知他在竞赛过程中三次违规。根据 IAAF 规则,运动员如违规,裁判应当在竞赛过程中提出;如果在竞赛中提出不可能,则应当在竞赛完毕后立即告知。Segura 随后向 IAAF 提出申诉,但未获成功,随即向特设仲裁分庭提交仲裁申请,要求裁定他被错误地剥夺了资格,并要求确认他的冠军资格。从以往案例中吸取经验后,IAAF 没有对 CAS 管辖权提出质疑,而是提出答辩认为,CAS 仲裁庭不能审理这个案件,因为它涉及技术性规则或游戏规则。技术性规则或游戏规则不具有可仲裁性,他属于当场裁判的独断管辖范围,除非后者滥用其裁判权限,这是为 CAS 仲裁庭通过诸如 2002 年朝鲜国家奥委会诉国际滑雪联合会等一系列案例所确证的规则。①

事实上,奥运会特设仲裁分庭根据《奥林匹克宪章》第 74 条的规定已然垄断了一切奥运会赛事争议的管辖权,而且这一管辖依据还通过更为细腻、交互关联的仲裁协议或条款得以表达在奥运实践中,不仅 IOC 与承办国签署的协议包括 CAS 管辖条款,而且所有参赛国和成员也必须签署载有 CAS 管辖条款的参赛报名表(entry form),否则将丧失参赛的资格和机会。此类错综复杂的管辖条款仿若一天罗地网,其核心即指向 CAS 怀抱,在澳大利亚新南威尔士上诉法院审理的 Sullivan 诉 Raguz 案②中,法院即认定:"在这些当事人之间并不存在一个单独的'仲裁协议'或者一个单独的'排外仲裁协议'。在所有的当事人之间只存在一个由不同协议组成的一个单独的协议。"③这一结论与 Baumann 案和 Melinte 案中仲裁庭的意见完全一致,即关联于和产生于奥运会赛事中的一切争议概属 CAS 奥运会特设仲裁分庭之管辖范畴,而不论当事人之间是否存在形式上的仲裁协议。

---

① See Matthieu Reeb, Estelle du La Rochefoucauld, Digest of CAS Awards Ⅲ(2001—2003), New York:Kluwer Law International,2004,pp.611-616.

② See Arbitration CAS 2000/A/284 Sullivan / the Judo Federation of Australia Inc., the Judo Federation of Australia Inc. Appeal Tribunal and Raguz, award of 14 August 2000, in Digest of CAS Awards Ⅱ(1998—2000), edited by Matthieu Reeb, Kluwer Law International, 2002, pp.542-555.

③ 转引自黄世席:《奥林匹克赛事争议与仲裁》,法律出版社 2005 年版,第 28 页。

2.仲裁庭审

仲裁程序之组织由仲裁庭负责,但是需要考虑案件的特别需要、案件的具体情况、当事人的利益等,尤其需要考虑当事人的庭审参与权、特设分庭仲裁程序的速度和效率等问题。具体言之,除非有更为适宜的仲裁程序,否则仲裁庭应当在收到仲裁申请后立即以简短的通知告诉当事人参与庭审,在发送给被申请人的出庭通知中,应当附具仲裁申请书副本,可见,在高密度的仲裁程序架构下,标准的诉辩程序和文件被简略化了。如果一方或者双方当事人没有参与庭审或没有遵守仲裁庭颁发的禁令、通知或其他告知事宜,仲裁庭仍然可继续仲裁程序。为确保奥运会仲裁所必需的速度,仲裁庭审以大量的书面审理为主,同时结合必要的口头审理,在口头审理过程中也主要采取仲裁庭主持下的纠问式程序,从而赋予仲裁庭强力推进仲裁程序的权力。

3.发现事实

仲裁庭全权发现案件事实,并据此全权控制仲裁证据程序。在庭审中,仲裁庭可就与证据相关的问题采取所有适当的行为,当事人应当在庭审时提交全部证据,并传召相关证人,仲裁庭应当庭听取证人证言。当事人不得采取欺诈性和拖延性仲裁行为,庭审中没有提交的证据不得作为仲裁庭发现事实的合法根据,除非当事人具有正当理由提出需要进一步提交相关证据的请求,仲裁庭可在裁决争议所允许的必要程度内予以准许。

仲裁庭可在任何时候采取与证据相关的所有适当措施,尤其是可任命专家、命令当事人或相关方提交文件、信息或其他证据。对当事人提交的证据之采证或拒绝采证、对证据证明力之评价均由仲裁庭自由裁量,并相应地通知当事人。此外,仲裁庭还可根据案件审理的需要裁定正在进行的仲裁程序予以合并,并可设立仲裁第三人。在一般商事仲裁中,此类程序措施的有效性取决于当事人之间的同意,而在奥运会仲裁程序下,为了迅速查明案件事实的需要,仲裁庭可径依职权予以裁定,无须顾虑当事人之意志。

在1998年日本长野冬奥会上发生的Samuelsson诉国际冰球协会案就突出地展示了仲裁庭为查明案件事实而享有的证据方面强大的主导力量。该案申请人是瑞典冰球队队员,在代表瑞典队击败竞争者闯入四分之一决赛后,此时有媒体揭示出他不是瑞典人,而是一个美国人。国际冰球协会在4月17日上午作出两份决定,禁止申请人参加余下的赛事,继续维持瑞典四分之一决赛的胜者地位。同一天中午,申请人和瑞典向CAS提出仲裁,要求撤销第一部分决定,允许申请人参加余下赛事。半小时后,捷克奥委会也上诉,但是针对的是后半部分决定,认为瑞典的获胜是作假的结果,应予撤销其参与四分之一决赛的资格。理由很容易理解,如果撤销瑞典先前进行的赛事结果,捷克队很可能不会与美国在四分之一决赛中相遇,这将提高捷克队进入半决赛的概率。随后,两个仲裁请求被合并审理,庭审在 4 月 17 日下午进行。在许多翻译人员的帮助下,庭审不但听取了申请人、瑞典奥委会、国际冰球协会代表的意见,而且也听取了捷克奥委会的意见和 IOC 代表的意见。同时,为保证所有相关利益关系方能有机会陈述意见,CAS 事实上还给了其他有资格参与四分之一决赛的六个球队参与庭审的机会。[①] 本案充分说明奥运会赛事争议的裁决具有公共性,不仅仅关涉争议双方当事人的利益,因此赋予仲裁庭在查明案情方面广泛的权力具有必要性,这些权力在很多方面和极大程度上突破了仲裁的意思自治基础,也只有在奥运会赛事背景下才赋予此类权力以正当性效力。

4.法律适用

奥运会特设仲裁庭适用的法律主要包括两个方面:一是实体问题的法律适用,二是程序问题的法律适用。

对于实体问题而言,仲裁庭适用的法律主要由《奥林匹克宪章》第 17 条所规定,包括《奥林匹克宪章》、可予适用的规章、一般法律原则和法律规则,以及仲裁庭认为适当的法律。绝大多数案件都涉及对应予适用的规章之解释,此类规章或者是由 IFs 确立,或者是《奥林匹克宪章》,又或者是《奥林匹克运动反兴奋剂法典》,当然也包括相关体育联合会等体育组织的章程规范。一般法律原则并不是国际商事合同法中的原则,而更多地属于刑事或者行政法律规范中的基本原则[②],诸如疑罪从无或无罪推定等,但仲裁庭在运用此类法律规则裁决案件时必须恪守自己的身份立场,不得异化为一个刑事法院,恰如 CAS 奥运会特设仲裁庭在 1998 年日本长野冬奥会的 Rebagliati vs. IOC 一案中,就申请人服用违禁药物一事作出的裁决认为:从伦理和医学观点看,服用违禁药物是一个严重的社会关注问题,"然而 CAS 并不是一个刑事法院,既不能颁布也不能适用刑法。本庭必须在体育法范围内作出裁决,且不能发明从

---

①　Gabrielle Kaufmann-Kohler, *Arbitration at the Olympics: Issues of Fast-track Dispute Resolution and Sports Law*, New York: :Kluwer Law International, 2001.

②　Gabrielle Kaufmann-Kohler, *Arbitration at the Olympics: Issues of Fast-track Dispute Resolution and Sports Law*, New York: :Kluwer Law International, 2001,p.44.

未出现过的限制或制裁措施"。① 应当指出的是,仲裁庭在运用一般法律原则和其认为可以适用的规则裁决案件时,很容易使自身转变为立法者的角色,发展和创造出一些新的先例和规则,从而兼具体育世界的司法和立法双重功能。此外,各体育组织章程规范之间的矛盾冲突和内容残缺也间接地赋予仲裁庭广泛的自由裁量权去创设新的行为规范。

对于程序问题而言,仲裁庭一般地应适用 ICAS 逐届颁布的《奥林匹克运动仲裁规则》、ICAS/CAS《与体育相关的仲裁法典》,以及名义仲裁地瑞士调整国际仲裁的程序法规 PILA 之相关部分。程序规则的恒定不变性与奥运会赛事在不同承办国之间的流转不定性,使奥运会特设仲裁分庭具有了程序上的悬浮色彩,也有利于发展出统一的争端解决机制。尽管在一个持续近一年的案件中,申请人对 CAS 将名义仲裁地设定在瑞士这一做法提出异议,但瑞士联邦最高法院裁决认为:"为仲裁庭选择一个瑞士法律住所,当事人通过这一方式明显地倾向于将他们之间的争议交由瑞士仲裁法调整……"②从而肯定了作为奥运会赛事争议仲裁地的瑞士之仲裁法规则用以调整奥运会仲裁程序问题的适格性。

(四)仲裁裁决

1.裁决之周期

限于奥运会紧凑的赛事安排,仲裁庭应当在仲裁申请提交后 24 小时内作出裁决;特设分庭主席可视情况延长该期限,但前提必须是不得扭曲和阻碍赛程框架。以往奥运会仲裁的若干案例表明③,大多数案件都在 24 小时内予以解决,以服从奥运会赛事的时间框架之需要,有的案件甚至必须在数小时内进行裁决,这对仲裁员的素质和仲裁进程的速度提出了极限考验。如悉尼奥运会期间,特设分庭仲裁的 Perez 案、Baumann 案、Melinte 案、Segura 案等 14 个案件中,有 5 个案件在 24 小时内完成,其中有一个甚至在 7 小时内完成;有

---

① Gabrielle Kaufmann-Kohler, *Arbitration at the Olympics*: *Issues of Fast-track Dispute Resolution and Sports Law*, New York: Kluwer Law International, 2001.

② Gabrielle Kaufmann-Kohler, *Arbitration at the Olympics*: *Issues of Fast-track Dispute Resolution and Sports Law*, New York: Kluwer Law International, 2001, p.101.

③ See Gabrielle Kaufmann-Kohler, *Arbitration at the Olympics*: *Issues of Fast-track Dispute Resolution and Sports Law*, New York: Kluwer Law International, 2001, p.9.

5个案件在48小时内完成；有3个案件持续约50小时；余下一个持续72小时。奥运会仲裁语境下业已无须探讨是否需要速度和效率这一问题，需要关注和探讨的已然转变为，在确保案件不伤正义的条件下仲裁能进展得多快。如果说奥运赛场的竞技者们通过舞动肢体来挑战人类的极限，那么奥运会特设仲裁庭的成员们则是通过转动大脑来挑战程序的极速。

2.裁决之形成

仲裁裁决由多数意见构成，否则即以首席仲裁员的意见作出；裁决应当采取书面形式，并由首席仲裁员签署和注明日期；原则上，仲裁裁决应当附具理由。特设分庭主席的强势性在裁决作出阶段再次得以展现，仲裁规则授权该主席可对裁决的形式发表意见、在不影响仲裁庭自由裁决的情况下可对案件实质问题提请仲裁庭的注意。奥运会仲裁规则允许特设分庭主席对仲裁庭的实体问题予以关注，这一做法明显地借鉴了国际商会仲裁的风格，ICC作为世界上最富成效的仲裁机构，它在机制上的重大特色之一即授权仲裁机构对仲裁庭实体问题进行适当注意。毫无疑问，特设分庭主席在提请仲裁庭对实体问题进行关注时必将对仲裁庭的独立判断带来影响乃至干扰，但同时也可使特设分庭主席的智慧、经验、韬略、审慎感染仲裁庭并贯注到仲裁裁决之中，进而有效提升仲裁裁决的质量。与此遥相呼应的则是，仲裁理论界正在萌生的重大冲动即意图变革一裁终局制，引入二级上诉仲裁制。奥运会特设分庭主席享有的实体问题关注权无疑具备了二级上诉仲裁制最为原初和素朴的模型，通过主席的审查确保仲裁庭的裁决能将错误控制到可以容忍的程度。当然，此种提请注意实体问题的权力并不能转化为对仲裁庭直接或间接的支配权，必须在仲裁庭与分庭主席之间设定合理的平衡点，以确保仲裁裁决能有效结合仲裁庭的独立判断和分庭主席的精致品位，而不是以分庭主席的擅断来代偿仲裁庭的裁断。

仲裁裁决应当立即通知当事人，仲裁庭亦可在陈述裁决理由前先行通知裁决中的效力部分；如果相关国家奥委会并非仲裁程序当事人，也没有收到裁决副本，则应为通知之目的将裁决送达给此类国家奥委会。

3.裁决之效力

仲裁裁决一经送达当事人即可生效，对当事人产生终局既判力，当事人不得就该裁决提起上诉或者采取任何其他救济程序，即仲裁裁决具有程序终结力和实体既判力。

程序终结力是指仲裁裁决一旦作出便使程序完结，前此进行的程序便被

——打上封条,真正成为无可动摇的过去,这是程序的不可逆性所决定的;程序终结力不仅封杀过去,同时也锁闭未来,当事人以及其他利益关系人不得再向其他仲裁机构、司法机构或仲裁机构重新启动救济程序。

实体既判力是指仲裁裁决确定之权利与义务具有终局性,当事人不得再就同一主题重开讼事,此谓一事不再理原则。之所以赋予仲裁裁决以实体效果上的既判力,是为了稳定权利义务状态,防止当事人或者利益关系人持续缠讼导致社会关系的不稳定和反复无常。通过既判力锁定当事人之间的权利义务之争,固然可能产生误判的风险,然而在稳定局势、节省有限司法(仲裁亦可称作广义的司法)资源和遏制无理恶讼等综合优势价值的支持下,赋予仲裁裁决实体既判力具有合理性和合法性。2000 年悉尼特设仲裁庭审理的 Perez 案和 Baumann 案均涉及仲裁裁决的既判力问题。

在 Perez 案中,仲裁庭连续进行了三次仲裁,其中第二、三次仲裁程序的启动就使仲裁庭必须判断是否违背了仲裁裁决的既判力原则,并据此裁定是否展开仲裁程序。该案主要争议是 Perez 是否有效将其原来的古巴国籍改变为美国国籍,从而是否有权代表美国参与 2000 年悉尼奥运会。第一次仲裁中,在古巴国家奥委会反对的情况下,IOC 裁定剥夺 Perez 代表美国参赛的资格。美国国家奥委会及 Perez 所属项目协会遂以申请人身份在 CAS 特设仲裁分庭提起仲裁申请,要求仲裁庭确认 Perez 已然有效取得美国国籍。Perez 在此次仲裁中仅以证人身份参与了仲裁。仲裁庭裁决认为,申请人关于 Perez 国籍改变的问题未得证实。

第一次仲裁终结后,Perez 作为申请人向仲裁庭提出第二次仲裁,仲裁请求是要求仲裁庭确认其在悉尼奥运会前七年即被古巴剥夺国籍,从而于该时起就变成一个无国籍人。仲裁庭面对这一仲裁请求,认为它不同于第一次仲裁裁决所指向的主题,因此未以"既判案件"为由驳回当事人的仲裁请求。仲裁庭经过审理后裁决支持了申请人的无国籍状态确认请求,因此,古巴国家奥委会是否同意申请人参赛并不重要,申请人具有代表美国参赛的资格。古巴虽然不是仲裁当事人,但 CAS 仍然传唤了古巴,要求它作为利益相关人出庭,并向它送达了申请书副本。古巴收到通知后仅以一个传真的形式表明其不同意申请人参赛的立场,但并未出庭。

古巴国家奥委会不服第二次仲裁裁决,遂向特设仲裁庭提出第三次仲裁申请,仲裁庭裁决认为,古巴国家奥委会不能对第二次仲裁案件重新提出仲裁申请,该请求实质上是要求撤销第二次仲裁裁决。仲裁庭据此驳回了申请人的仲裁请求。

在上述三次仲裁中,分别针对的仲裁事项是 Perez 的美国国籍是否获得、Perez 在 1993 年是否处于无国籍状态、Perez 是否具有参赛资格。明显地,第二次仲裁请求与第一次仲裁请求针对的主题事项不同,因此并不违背既判力原则,仲裁庭当可展开仲裁程序。相反,第三次仲裁请求与第二次仲裁请求针对的主题事项实质相同,第二次仲裁裁决确认 Perez 在 1993 年时即处于无国籍状态,在随后加入美国国籍后自然可代表后者参加 2000 年悉尼奥运会,这一裁决结论直接肯定和支持了 Perez 的参赛资格,然而第三次仲裁请求仍然是 Perez 的参赛资格问题,因此违背了既判力原则,仲裁庭有权驳回古巴国家奥委会的仲裁请求。

在 Baumann 案中,作为被申请人之一的 IAAF 即认为,相关争议业已经过其内部纠纷解决程序予以处理,案件产生了既判力,因此 CAS 奥运会仲裁特设分庭不能再行审理。特设分庭认为,申请人的仲裁请求事项与 IAAF 内部解纷程序处理的事项并不相同,因此并不违背既判力。有学者认为,特设分庭给出的理由并不妥当,真正的原因在于,IAAF 内部解纷程序并不是一个法律意义上的标准仲裁庭,其作出的裁决并不能够产生既判力效果。

鉴于奥运会仲裁与普通商事仲裁一样,皆采一裁终局制,且都是法律意义上的标准仲裁,因此经过奥运会特设分庭组庭审理的案件当然地具有了程序终结力和实体既判力,当事人必须信守"不得反言"规则,自动履行仲裁裁决;当事人不能再次向其他仲裁机构或司法机构启动救济程序,其他机构也必须尊重 CAS 仲裁裁决的终局性,不得受理就相同主题事项提出的仲裁或诉讼请求。通过当事人、仲裁机构、司法机构三方主体共同捍卫 CAS 仲裁裁决的尊严和权威,同时在洁身自好中恪守自己的本位。

(五)转致 CAS 正常仲裁程序

1.转致程序之选择

仲裁庭有权决定对案件作出终局裁决,或者将案件转致 CAS,由后者按照《与体育相关的仲裁法典》之规定进行仲裁,仲裁庭还可以对案件的局部问题作出终局裁决,并将未加解决的问题转致 CAS 正常程序。仲裁庭在行使此项自由裁量权时应当综合考虑案件所有因素,包括:申请人的救济请求、争议的性质与复杂程度、争议解决的紧急程度、所需证据和所要解决争议的范围、当事人的听证权以及特设分庭仲裁程序结束后的记录状况。

2.转致下的救济

仲裁庭如果选择转致 CAS 正常程序,即便当事人没有提出临时救济申请,但为保证后续程序的顺利进行或者将来裁决的可执行性,它可以决定采取临时救济措施,该措施一旦采取即可生效,直至 CAS 后续正常程序之仲裁庭另行决定时为止。

3.转致程序之实施

仲裁庭决定采取转致程序时,应当按照如下规则进行操作:(1)转致时间由仲裁庭设定。转致程序有两类,一类是当事人自行转致,一类是仲裁庭依职权转致。在当事人自行转致情况下,当事人应当根据《与体育相关的仲裁法典》第 38 条和第 48 条之规定在仲裁庭设定的时间内向 CAS 提交仲裁申请;仲裁庭依职权转致时则自由裁量转致时间。无论何种转致程序,各体育组织规定的上诉期限或者仲裁法典第 49 条之规定均不适用。(2)CAS 特设分庭仲裁办公室根据案件性质,将案件分别转致普通仲裁处或上诉仲裁处。(3)奥运会期间组建的仲裁庭仍然保持对该争议案件的后续处理,当事人不得援引 CAS 仲裁法典中或者其协议中有关仲裁庭数量、仲裁庭形成方式的条款对抗原仲裁庭的组建。(4)在仲裁庭依据职权进行转致的情况下,CAS 特设分庭仲裁办公室应当采取适当的措施加速 CAS 正常仲裁程序的启动。

(六)裁决的公布

仲裁裁决送达当事人后,CAS 特设分庭一般均会召开一个新闻发布会以公布仲裁裁决,[①]除非当事人另有协定或者仲裁庭决定不公开。其理由在于,此类仲裁裁决涉及公共利益而不应当具有保密性。这也是体育仲裁与一般商

[①] 应当指出的是,CAS 允许公开的内容仅限于仲裁裁决的"有效部分"(operative ports),且其发言程序和发言人都有严格条件限制。具体而言,为防止奥运会特设仲裁庭成员擅自发表意见可能导致的负面影响,仲裁员,特设仲裁处主席、副主席以及特设仲裁庭全体成员都不能在奥运会持续期间对媒体发表声明,只有被任命为临时仲裁庭发言人的秘书长,才被授权对公众发表意见。他可以证实收到了申请,陈述双方和仲裁员的身份,指出命令所能提供的规定的救济以及 24 小时作出裁决的时限。此外,他不能对程序的内容,特别是证据发表任何意见。在争议结束后,他可以陈述裁决的内容并说明简要的理由。See Gabrielle Kaufmann-Kohler, *Arbitration at the Olympics*: *Issues of Fast-track Dispute Resolution and Sports Law*, New York: Kluwer Law International, 2001, pp.110-111.

事仲裁不同的明显之处,①充分说明了体育仲裁的透明性品质。

应当指出,奥运会特别仲裁程序在严格意义上并不完全等同于标准仲裁机制,它在很多方面都挑战乃至突破了一般仲裁理念所能容忍的极限,然而在"时间即正义"的奥运会仲裁理念下,一切变态之处均在时间的极速需要下得以正当化,时速改变着奥运会体育仲裁的价值观和世界观,成为理解、审视和评判奥运会体育仲裁的拱心石规则,或许这就是体育仲裁领域的"相对论"吧!

二、CAS奥运会仲裁庭审模式

辩论式与纠问式、复审制与续审制、书面审与口头审、合法审与合理审这四对对立范畴决定着仲裁庭审模式的不同风格。鉴于国际体育仲裁裁决具有极强的时效性并关涉公共利益,由此决定CAS庭审模式应当倾向于纠问式、复审制、口头审和合理审,在这一宏观前提下辩证结合辩论式、续审制、书面审和合法审之优势。②

CAS作为体育世界最高法庭③之雏形,在IFs接受其管辖后,已经日益迫近统一最高上诉仲裁院④的目标。尤其是《奥林匹克宪章》第74条授权其作

---

① Philippe Fouchard, Emmanuel Gaillard and Berthold Goldman, Fouchard Gaillard Goldman on International Commercial Arbitration, New York: Aspen Publishers, Inc., 2004, p.34.

② 本部分是在《CAS奥运会特设仲裁庭审模式研究》一文基础之上经调整而成,该文发表在《天津体育学院学报》2008年第1期。西南交通大学峨眉分校张春燕副教授对该文有实质贡献。特此说明,并致谢忱!

③ See Keba Mbaye, Introduction to the Digest of CAS Awards Ⅲ(2001—2003).in Digest of CAS Awards Ⅲ(2001—2003), edited by Mattieu Reeb, Kluwer Law International,2004. XV.

④ H.E.Judge Howard M.Holzmann, A Task for the 21st Century: Creating a New International Court for Resolving Disputes on the Enforceability of Arbitral Awards, form the Internationalisation of International Arbitration, edited by Martin Hunter, Arthur Marriott and V.V.Veeder, Graham & Trotman/Martinus Nijhoff, 1995, pp.109-114.

为奥运会赛事争议之唯一适格管辖机构①,这进一步促成 CAS 成为国际体育世界的判例法造法者②和裁决者。CAS 作为赛事争议的主要仲裁机构,已经发展出契合赛事争议的庭审风格,在辩论式与纠问式、书面审与口头审之间,CAS 通过对纠问式、口头审之倚重满足了体育纠纷裁决之效率性要求;在复审制与续审制、合法审与合理审之间,CAS 通过对复审制、合理审之倚重满足了体育纠纷裁决之公益性要求。本部分以 CAS 仲裁规则《与体育相关的仲裁法典》为主线,结合仲裁院仲裁判例,尤其是仲裁院奥运会特设分庭③过往赛事争议仲裁案例对其庭审风格和模式作一探讨。

(一)辩论式与纠问式

由第三者参与并裁断当事人之间权利义务纷争的程序都可归入辩论式或纠纷式的范畴。在民商事诉讼和仲裁程序中,但凡审判主体主导程序进展者即为纠问式程序,但凡强调和尊重当事人意志及其在程序中的能动作用者即为辩论式程序。解纷程序的现代化以纠问式向辩论式发展为特征④,当事人从程序背景转变为程序的主导者,审判主体则退隐为诉讼程序的监督者和守候人,消极地作为纠纷裁决者。国际体育仲裁首先作为一种仲裁程序,本质上更应强调当事人的自主和自治意志⑤,加强程序的辩论式属性。然而体育仲

---

① CAS 取得这一资格具有历史必然性,CAS 最早是 IOC 下辖一分支机构,专门负责处理奥运会赛事争议,后因其作为裁决者的中立地位受到质疑,而从 IOC 体制下剥离出来发展成为一个独立、中立的仲裁机构。基于这一渊源关系,《奥林匹克宪章》特授权 CAS 作为唯一机构管辖奥运会赛事争议。

② CAS 在体育领域中的地位有些类似于联合国国际法院在国际社会的地位,它们的功能也存在相同之处。CAS 不但直接审理和裁决案件,而且也向相关机构或组织提供咨询意见,该咨询意见从原则上讲并不具有法律拘束力,但鉴于 CAS 的权威性,它提供的咨询意见如同国际法院提供的咨询意见一样,已经成为国际体育法律规范的间接渊源或重要参考,具有袖范功能;其仲裁案例也逐渐发展出一套内在协调一致的判例法规范。

③ CAS 下辖四类仲裁程序,即普通仲裁处负责管理裁决民商事性体育纠纷的普通仲裁程序,上诉仲裁处负责管理裁决处罚性或准行政性体育纠纷的上诉仲裁程序,另设奥运会特别仲裁程序专门裁决奥运会赛事争议,CAS 的咨询程序专门负责为 IOC 等相关机构提供不具有法律拘束力的法律意见。

④ 诉讼契约化趋向即此一发展之重要证据。详见张卫平:《论诉讼契约化》,载《中国法学》2004 年第 3 期。

⑤ 刘想树:《中国涉外仲裁裁决制度与学理研究》,法律出版社 2001 年版,第 38 页。

裁的时间性特征需要对当事人的自治状态进行一定程度的平抑,而将强力推进仲裁程序的权力授予仲裁庭,使程序进行的步伐不因当事人之间的分歧受到减缓。特别是在奥林匹克仲裁语境下,仲裁进展的速度需要与赛事日程的整体框架相契合,紧迫的时间性要求极度浓缩仲裁程序①,这构成体育仲裁倾向于纠问式庭审模式的正当性基础。CAS 仲裁法典之精神也带有强烈的纠问式特征,它旨在拟制出一个强势的仲裁庭,防止当事人滥用自治精神,通过盗用"自主"的名义行延宕仲裁程序的勾当。因此,国际体育仲裁的庭审模式应当采取纠问式的品质,赋予仲裁庭足够大的力量来克服程序"摩擦力"②,当然,体育仲裁庭审方式的纠问式取向并不意味着必然地牺牲当事人的真实意志,更不意味着程序独裁和极端的程序暴力。对于纠问式庭审方式的运用具有如下几个特征。

(1)它以当事人之间的自治和辩论为前提和基础。纠问式庭审方式首先强调对当事人意志的尊重,仲裁庭在采取硬性措施或者作出裁定时原则上要给予当事人充分陈述的机会并予以同情地考虑。如果情况紧急无法即时听取当事人的意见,也应当在事后给予陈述观点的机会。

(2)只有在情况紧急或者当事人难以顺利达成合意时,纠问式仲裁庭的强势特性才具有正当显现的机会。在体育仲裁语境下,尤其是在奥运会特别仲裁情况下,仲裁案件有时乃至在数小时内进行裁定,与时间赛跑的仲裁机制要求极度压迫仲裁程序的节奏,情况紧急遂构成为体育仲裁的常态,强势仲裁庭的纠问式取向也就具有了正当性基础。

(3)CAS 庭审规则的纠问式属性以直接和间接的方式得以强化,并具体化为仲裁庭的主导属性。在直接层面,仲裁庭主持庭审应确保当事人的陈述不超越书面陈述的范畴,并力求简要;仲裁庭可进行积极的庭审规划,安排庭审程序的有序进行,包括对是否聆讯、如何聆讯、聆讯范围、聆讯程度等问题进行把握;在查证程序方面,仲裁庭不但可以裁令当事人提交相关证据资料或提供相关证据协助行为,而且还可直接要求体育组织的纪律委员会或相似机构

---

①　例如在奥运会赛事仲裁机制下,仲裁庭应在提交仲裁申请后 24 小时内作出裁决,在特殊情况下允许例外。See Article 18 of Arbitration Rules for the Olympic Games.

②　此类"摩擦力"很可能来源于当事人滥用自治力,即表现为当事人采取欺诈性仲裁策略。See W.Laurence Craig,William W.Park and Jan Paulsson, International Chamber of Commerce Arbitration(3ed), New York:Ocean Pub.,Inc./Dobbs Ferry,2000,p.383.

提交所拥有的、与被上诉决定相关的案卷。这就需要仲裁庭发挥积极的能动和主导作用,使整个庭审过程在仲裁庭的艺术性操作和安排下加速进行,仲裁程序的动力和灵魂遂转移至仲裁庭的肩上,从而造就了纠问式庭审方式的客观条件。在间接层面,CAS 仲裁规则从宏观和整体上授权仲裁庭拥有查清事实和法律的完全权力,在这一最高授权规则的基础上,CAS 仲裁庭的主导性获得强有力的支撑,使其能以铁腕手段拯救和引领可能陷入"无序"状态的仲裁程序重归秩序。

(二)复审制与续审制

复审制与续审制之区别端在于上级裁判机关对被上诉裁决的审查范围之不同。复审制要求上级机关全面复查案件事实和法律适用问题,其审核范围不受下级机关的审理范围之局限,对它而言,该案件以全新的姿态进入其视野。续审制则将上级审判机关与下级审判机关之间的职责作了分工,对于业经下级审判机关固定之事实问题,上级审判机关不再复查,而是集中精力考评案件的法律适用问题。由于仲裁体制采取的是一裁终局制,因此建立在复级裁决机制上的复审制或续审制并不适用于仲裁庭审模式,然而国际体育仲裁二级体制①的建立与运转产生了复审或续审的客观基础。国际体育仲裁庭审模式的复审取向或续审取向成为必须解决的理念和实务问题。

影响二级审查模式抉择的因素有两个:一是对效率的考虑,二是对人类认识能力的评价。基于前者,复审制存在相对于续审制的比较劣势,由于复审要求重复一审机关的全部工作,而一审机关在法律适用和事实认定问题上完全出错的概率极小,因此复审制带来的效率耗损几乎无可避免;基于后者,复审制存在相对于续审制的比较优势,复审制背后隐藏的理念是对真善美的完满追求,即它假定人类认识能力无可逃避地存在局限性,我们的能动作用则在于通过人类的反思和复核最大限度地削减和破除这一局限性,而续审制的出发点则是对人类认识能力的乐观主义,它充分信任一审机关对案件事实的评定,

---

① IFs 均允许经过内部准仲裁程序处理的纠纷,由当事人向 CAS 提起上诉仲裁。FIFA 和 IAAF 是最后同意接受 CAS 管辖的两个国际单项运动协会,前者于 2002 年、后者于 2001 年作出此类承诺,自 2002 年 11 月以后所有奥林匹克国际单项运动协会均被纳入 CAS 的管辖体制之下。See Keba Mbaye, Introduction to the Digest of CAS Awards Ⅲ(2001—2003), in Digest of CAS Awards Ⅲ(2001—2003), edited by Mattieu Reeb, Kluwer Law International, 2004, p.1.

并将其评定结果作为自身复核工作不容置疑的逻辑始点,以此评判一审机关对法律的理解、解释和适用是否得当。复审制作为理想的悲观主义者,续审制作为现实的乐观主义者,两者具有不同的审美情趣,仲裁庭审模式之抉择有赖于对二者比较品质的取舍。从体育仲裁的效率性加权品质①出发,续审制乃是一种理想的庭审模式,但若考虑体育纠纷当事人"接近正义"的渴望,复审制则成为仲裁庭审模式的欲求。理论上的探讨固然有利于规范和构成实践,但有时不免趋于保守和弛缓,这在某种程度上使得实践的务实演变反而引领着理论的前进轨迹。CAS 仲裁法典的制度设计及其在案件中的贯彻适用让复审与续审之抉择问题变得不再那么重要,问题的关注重心已然发生偏转,转移至如何更好地发挥 CAS 仲裁法典所确定的庭审模式之优势,并尽量避免其对实践产生的消极后果。

CAS 仲裁法典最终选择了复审制庭审模式,它不仅有权"打碎"下级程序认定的事实,同时也有权"破毁"其法律判断②,《与体育相关的仲裁法典》第 57 条第一句话明确了仲裁庭审理范围,即审查案件事实和法律适用。CAS 仲裁庭在案件审理过程中也反复阐明了这一态度。CAS 仲裁庭于 2002 年 1 月 28 日裁决的 M. vs. Swiss Cycling 案即涉及对仲裁庭审理范围之厘定。

在 M. vs. Swiss Cycling 案中③,仲裁庭就明确指出,根据 CAS《仲裁法典》第 57 条第 1 款之规定,仲裁庭有完全的权力审查案件事实和法律问题,体育组织内部程序中的任何程序瑕疵均可由 CAS 仲裁程序得以补救。该案涉及申请人对被申请人兴奋剂检测程序和检测方法的质疑与上诉。该案案情大致如下:申请人在一次自行车竞赛过程中被提取一份血样,分析结果显示出违禁物质的存在。申请人赛后被提取一份尿样,由洛桑一家医学机构进行检测。2001 年 4 月 23 日该机构分析了 A 尿样,发现存在超量违禁物质,申请人遂于 5 月 16 日申请对 B 尿样进行测试。B 尿样由同一机构进行了检测,分析结果

---

① 笔者曾撰文将国际体育仲裁程序的品质归纳为五对对立范畴,其中之一即公正与效率的博弈,鉴于体育仲裁的特性,应当对仲裁程序的品质进行效率性加权考虑。

② 民事诉讼上诉法院存在"打碎法院"和"破毁法院"的类型,打碎法院的庭审范围已经日益接近英国法所谓的"重新听审"方式。详见沈达明:《比较民事诉讼法初论》,中国法制出版社 2002 年版,第 677 页。

③ 具体案例 see Arbitration CAS 2001/A/345, M./Swiss Cycling, award of 28 January 2002(translation), in Digest of CAS Awards Ⅲ(2001—2003), edited by Mattieu Reeb, Kluwer Law International, 2004, pp.238-249.

表明违禁物质比 A 尿样含量还高。UCI 据此作出一份临时禁赛的裁决。根据瑞士自行车协会的反兴奋剂小组之决议,被申请人裁定申请人兴奋剂违纪,并对其处以 8 个月的禁赛,加罚罚金和剥夺该次赛事资格。另外,被申请人还命令申请人支付 B 尿样的分析费用及随后产生的程序费用。被申请人在收到处罚性裁定后向 CAS 提起上诉,上诉申请从程序和案件实体问题进行了陈述,申请文件首先指出,协会内部程序存在各种错误,包括 B 尿样的检测未在规定的十个工作日内进行;尽管申请人反复请求,但他并没有得到原始文件资料,也没有被给予获得原始文件资料的其他机会;申请人还指出,瑞士自行车协会反兴奋剂小组举行的庭审会议记录是由被申请人的代表所签署的。上诉申请还就案件实体问题进行了陈述,申请人强调指出,B 尿样的分量不足以实施违禁物质的检测,检测方法和相关的分析方法也应受质疑,它们导致的结论并不具有排他性。申请人据此提出上诉请求,根据"疑罪从无"(in dubio pro reo)的刑罚原则[1],在案件存疑的情况下,裁判庭必须作出有利于被告的裁定,因此仲裁庭应当认定申请人在兴奋剂指控方面完全清白无辜。

被申请人则主张其内部裁定应得到 CAS 仲裁庭的维持。为支持其请求,被申请人指出,在申请人尿样中发现了违禁物质的存在,这是确凿无疑的;至于程序性错误,被申请人答辩道,即便程序的确存在问题,但它无论如何不会对测试结果产生影响;对于科学标准和检测方法的可靠性问题[2],被申请人指出,UCI 已经同意通过尿检测定违禁物质的存在,在很多研究中,其中一些还予以公布,检测程序的科学标准已经得到充分证明。被申请人进一步指出,申请人之所以被选择出来进行尿检,正是由于其血检结果异常。

---

① CAS 奥运会特设仲裁分庭所适用的法律规则主要是奥林匹克宪章、可适用的规章、一般法律原则和规则,以及仲裁庭认为适当的规则。See Article 17 of Olympic Arbitration Rules.而所谓的一般法律原则更大程度上是刑罚性或行政法性的法律原理,这在 Rebagliati vs. IOC 的案件中尤其得到展现。See Ross Rebagliati vs. IOC,CAS OG 98/002.

② 在体育仲裁中,兴奋剂检测方法的可靠性问题经常被仲裁申请人作为一个攻击理由,但仲裁庭依据类似司法认知或司法推定的方法进行仲裁认知和规定,对申请人此类理由予以驳回。See Arbitration CAS 2002/A/399,P./Federation Internationale de Natation (FINA),award of 31 January 2003. also see Arbitration CAS 2002/A/452,International Association of Athletics Federation (IAAF)/Federation Royale Marocaine d'Ahtletisme (MAR) and B.,award of 19 November 2003, in Digest of CAS Awards Ⅲ(2001—2003), edited by Mattieu Reeb,Kluwer Law International,2004,pp.440-453.

仲裁庭举行庭审,听取双方当事人的专家意见后作出裁决。在审理过程中,仲裁庭指出,根据 CAS《仲裁法典》第 57 条第 1 款之规定,仲裁庭享有完全的权力审查案件事实和法律问题,体育协会内部程序存在的任何程序性瑕疵均可由 CAS 仲裁程序得以矫正。[①]

(三)书面审与口头审

根据正当程序之要义,纠纷当事人有充分陈述和表达其观点的权利,这被认为是自然正义的必然要求,1958 年纽约公约即将"未能参与仲裁程序或者未能陈述其案情观点"作为一个拒绝承认和执行的条件。[②] CAS 一位前任仲裁处主席即指出,当事人进行平等对待和陈述案情的机会应当包括通知进行仲裁、提交证据以及庭审中进行口头陈述等。[③] 陈述案情的方式既可以提交书面资料进行阐述,也可以进行口头陈述,仲裁庭如果仅依据当事人提交的书面材料进行裁案,则谓之书面审,如果由双方当事人进行口头阐述、攻击和辩护,则称之为口头审。仲裁庭能否仅根据书面资料进行审理裁决,CAS 仲裁法典的精神似乎持肯定态度,其第 57 条第 2 款即规定,经征得双方当事人的意见后,仲裁庭如果认为已经获取相关的充分资料,可以决定不开庭。根据这一条款之规定,书面审理的条件至少包括两个因素:一是当事人同意,二是资料已经充分具备。然而与一般商事仲裁一样,CAS 仲裁以口头审理为标准形态,法典第 44 条第 2 款即规定,双方当事人在提交相关资料后,首席仲裁员即可发出开庭的指示,一般情况下应进行开庭审理,仲裁庭可询问当事人、证人以及专家,并听取当事人的最后陈述。可见,CAS 仲裁原则上以口头审理为主,以书面审理为辅,口头审理便于直接、集中地呈现当事人之间的矛盾,并在相互诘问过程中确定案件事实,而书面审理需要仲裁庭进行大量的资料阅读和归纳推理,相比较而言,口头审理更具有裁判的效率性,但当事人付出的成本则较为高昂,尤其是在案件情况比较复杂,需要多次开庭时,当事人将陷入

---

① See F.v/FINA,CAS 96/156,Award of 6 October 1997,p.61.with reference to the dicisions of the Bundesgerichtsentscheidungen(Decisions of the Swiss Federal Tribunal)116 Ia,p.94 and 116 Ib p.37.

② A.J.Van den Berg, The New York Arbitration Convention of 1958:Towards A Uniform Judicial Interpretation,Kluwer Law and Taxation Publishers. 1981,p.287.

③ Gabrielle Kaufmann-Kohler, *Arbitration at the Olympics:Issues of Fast-track Dispute Resolution and Sports Law*, Kluwer Law International,2001,p.45.

更大的讼累。

为辩证结合书面审理和口头审理的优势,CAS 仲裁法典要求仲裁庭原则上应当进行口头审理,在经过一次口头审理后,仲裁庭应当完成资料的充分收集,并给予当事人直接陈述和辩驳的机会,此后则最好转入书面审理程序,不再二次或多次开庭审理。在案件情况比较简单,而仲裁庭认为资料充足得足以得出合理裁决时,征询当事人意见后仲裁庭即可采取书面审理。书面审理不独在外部 CAS 仲裁程序中出现,而且在某些体育组织内部救济程序中也有规定,如 IAAF 手册第 9 条就规定了所谓的书面仲裁(paper only arbitration)①:在某一争议依据手册第 21 条第 3 款之规定提交仲裁时,运动员可请求仲裁庭仅依据提交的书面资料进行裁决,而无须进行口头审理;所适用的程序规则之详细内容规定在《IAAF 仲裁指南》中。CAS 仲裁庭究竟以何种模式展开庭审,在尊重当事人意志的情况下应当由仲裁庭自由裁量,毕竟根据仲裁法典之规定,仲裁庭拥有完全的权力查明案件事实和法律问题。

(四)合理审与合法审

国际体育仲裁双方当事人地位的非对称性决定其关系性质具有准行政色彩②,而根据行政诉讼法理,法院在审查行政机关的处罚决定时通常只评估其合法性问题,行政处罚的合理性则属行政机关自由裁量的范畴,保留给行政机关享有,法院不予介入和干涉。作为此种分工的表征呈现在裁决层面即法院的裁决通常为维持或撤销行政机关之处罚决定,鲜少表现为直接变更行政处罚类型及其幅度。但国际体育仲裁并不完全等同于行政诉讼,它对案件的评

---

① See Rule 23.9 of IAAF Handbook, in Arbitral and Disciplinary Rules of International Sports Organisations, edited by Robert C.R.Siekmann and Janwillem Soek, T.M.C. Asser Press 2001, p.49.

② CAS 曾在仲裁一个案例时指出,不管被上诉的裁决是由体育协会内部司法抑或行政机关作出,关键在于裁决是否是关于处罚性质的,处罚性裁决即可向 CAS 上诉仲裁处提请仲裁。See Arbitration CAS 2002/A/409, Longo/International Association of Athletics Federation(IAAF), award of 28 March 2003, in Digest of CAS Awards Ⅲ(2001—2003), edited by Mattieu Reeb, Kluwer Law International, 2004, pp.403-409.

估不仅涉及合法性问题,还涉及合理性问题[①];它不但可以确认、维持或撤销体育组织的处罚性决定,而且可以直接变更处罚类型、减轻或者加重"处罚"幅度。

CAS体育仲裁庭审查案件的合法性问题所赖以依循的标准应当是其《仲裁法典》第58条之规定,即仲裁庭应当依据当事人意思自治选择的法律规则或规定进行评估,如果当事人没有选择行为规范的,则依据作出该被上诉决定的协会、联合会或体育组织所在国的法律进行评估。仲裁庭在审查案件的合理性问题时则没有固定的尺度和规范予以援引,"合理性"本身即为一个综合性的弹性概念,它依赖于仲裁庭的自由裁量,由仲裁庭在全面考察案件事实、当事人的态度和主观要素后秉承良心和道德戒律作出回答。CAS仲裁庭在仲裁实践中涉及合理性审查的案件通常与兴奋剂案件相关联,尤其是需要集中评判当事人的主观过错及其程度,以判断体育组织的处罚性决定是否符合行政诉讼中的"比例原则"。在原意上,比例原则要求行政机关的行政活动,在合法的范围内,注意合理的比例和协调。依奥托·麦耶的《德国行政法》,比例原则是指行政权追求公益应有凌越私益的优越性,但行政权力对人民的侵权必须符合目的性,并采行最小侵害之方法。它是通过考察目的与手段的关系,尤其是考察目标价值的实现不能过分损害公民的基本人身财产权利这一方面,来防止超限度破坏利益与价值的均衡。有学者将其比喻为"皇冠上的珍珠",甚为贴切[②]。CAS仲裁庭在裁断体育组织处罚性决定是否合理时也常依据这一原则进行评价。

CAS仲裁庭在2002年4月8日裁决的加拿大奥委会诉国际滑雪联合会案件中即表明,根据CAS判例法之规定,除非由某一国际单项运动协会采取之处罚决定有悖于一般法律原则,其适用是武断的或该规则所设定之处罚被认为过度或是不公平的,否则该运动协会作出的处罚不得被变更,而这一判例

---

① 在这一意义上,CAS仲裁庭不仅是一个法庭,更有一些类似衡平法庭,它甚至不完全相同于国际商事仲裁庭,后者通常需要按照法律规则进行裁决,除非当事人授权,否则不得根据公平、正义、良心等观念进行"友好仲裁"。See Mauro Rubino-Sammartano, International Arbitration Law and Practice(2ed), New York, U. S. A.: Aspen Publishers. INC.,2004,p.485.

② 张春良:《我国行政程序立法几个热点问题聚焦——从足协打假事件引申开来》,载《北京市政法管理干部学院学报》2002年第1期。

法也适用于由国际单项运动协会所作出的参赛资格之裁决。① 在 CAS 仲裁庭于 2002 年 3 月 22 日裁决的另一个案件中,被处罚者的主观过错程度被用作评价处罚幅度是否合理的标准。仲裁庭的态度是,处罚程度应当与过错程度相当,保持恰当的比例。该案案情较为复杂,涉及体育组织内部程序、国家司法程序和 CAS 国际仲裁程序等三大程序的衔接与冲突,大致情节如下。

上诉仲裁申请人 B 在 1999 年 11 月 22 日进行了一次竞赛外兴奋剂检测,当 B 在新西兰的奥克兰菲利普海洋中心训练期间,一家新西兰运动药物机构提取了尿样。由于新西兰没有 IOC 认证的实验室,尿样被运送至澳大利亚运动药物检测实验室。在寄送过程中没有附带相关文件导致尿样寄送迟延,一直迟延至 12 月 9 日。该段时间恰好处于澳大利亚夏季,尿样处于室温状态进行保存。尿样寄送至澳大利亚实验室时,没有经过冷冻处理,一直处于室温状态。尿样送达实验室后才保存于冷冻室中,随后于 10 日分析了 A 样本,检测结果显示存在过量违禁物质。B 随后申请检测第二份尿样,尿样在 B 在场的情况下于 2000 年 1 月 17 日进行检测,两次结果均证实了超量违禁物质的存在。新西兰运动药物机构首先对案件进行处理,它告知 B 兴奋剂违纪行为成立。B 向奥克兰地区法院起诉,地区法院于 2000 年 3 月 16 日撤销新西兰运动药物机构所作决定,法院裁决理由主要是认定新西兰运动药物机构违背其1994 年法规以及 1994 年运动药物(尿检)规章。首先,依据 1994 年法则之规定,只有单独密封封存的尿样才能用作尿检标本,而在该案情况下所采集尿样的方法在技术上是不能达到这一要求的;其次,该尿样由于文件资料缺失而导致寄送过程长达数天,不符合尿样送达时间上的"事实上尽可能快"之要求。FINA 兴奋剂控制审查委员会根据《国际业余游泳协会章程》第 18 条第 5 款之规定于 2000 年 5 月 18 日审查了地区法院的裁决,并向 FINA 相关局署发出专家意见征求书,专家意见建议实施禁赛制裁。FINA 相关局署随后于 19日颁发一项临时禁赛的裁定,其效力生效至 FINA 兴奋剂控制审查委员会作出其决定时。7 月 17 日新西兰高等法院推翻了地区法院的裁决,认为案件事实不能实质性地影响尿样分析测试的结果。新西兰上诉法院又于 12 月 6 日

---

① See Arbitration CAS ad hoc Divison(OWG Salt Lake City 2002)002,Canadian O-lympic Association(COA)/Federation Internationale de Ski(FIS),award of 8 February 2002,in Digest of CAS Awards Ⅲ(2001—2003),edited by Mattieu Reeb, Kluwer Law International,2004,pp.581-584.

推翻高等法院的裁决,上诉法院通过对相关法律文本的狭义解释最终裁定认为,尿样运动过程中的迟延构成一个实质性的重大瑕疵,新西兰运动药物机构不得依据实验室分析结果作出其决定。上诉法院还认为,根据运动药物检测机制,检测程序不应当有不适当的迟延,这关乎公共政策问题。但上诉法院并没有像高等法院那样对寄送迟延是否导致尿样变质进行解释。

　　法院裁决后,新西兰国家游泳协会拒绝启动或进一步展开不利于 B 的程序,这些程序将导致 B 承受相关处罚。FINA 局署于 2000 年 12 月 7 日将案件移送至反兴奋剂小组。后者于 2001 年 6 月 14 日作出裁决,对 B 实施禁赛四年的处罚,取消尿样收集前六个月所获得的成绩。B 于 2001 年 7 月 17 日向 CAS 提出的上诉申请中指出,FINA 不能依据无效或非法的兴奋剂测试结果作出任何处罚,关于他兴奋剂违纪的认定以及由此导致的所有处罚决定和产生的费用负担义务均应全部撤销。被申请人 FINA 则提出答辩主张,主要包括:驳回申请人要求推翻 FINA 反兴奋剂小组的请求;维持对申请人所作的禁赛 4 年之处罚;维持对申请人作出的取消其 6 个月内所取得竞赛成绩之处罚;命令申请人支付 CAS 程序给被申请人导致的程序费用,尤其是律师费用;驳回申请人提出的任何其他请求。FINA 还要求仲裁庭作出适当的指示,尤其是任命一位专家就本案涉及的科学和技术性问题提交一份报告。被申请人承认,有必要调整实施处罚所依据的违禁物质最低含量标准,但即便如此,申请人体内违禁物质含量仍然超过新的标准。

　　仲裁庭审理案件中表明如下观点,国际泳联规则表明在特殊情况下国际泳联 FINA 可作出固定种类以外的制裁,因而 CAS 有权根据案件的特殊情况变更对运动员的制裁。处罚应具有适当性,必须与运动员的过错程度相当。因此,CAS 作为申诉机构,享有与国际(体育运动)联合会同样的裁量权。事实上,即使不存在减轻处罚的例外情况,仲裁庭也享有这种裁量权。在举行庭审后仲裁庭作出如下裁决:"(1)上诉申请部分成立;(2)FINA 反兴奋剂小组在 2001 年 6 月 14 日作出的裁决应变更为:从 2000 年 5 月 19 日起对 B 禁赛两年,其前六月内取得的一切成绩均予以撤销……"[①]

---

　　① See Arbitration CAS 2001/A/337, B./Federation Internationale de Natation(FINA), award of 22 March 2002, in Digest of CAS Awards Ⅲ(2001—2003), edited by Mattieu Reeb, Kluwer Law International,2004,pp.206-225.

该案展示的观点和态度在 L. vs. FILA 案件中再次得到响应，①仲裁庭认为：在衡量禁赛、罚款和其他类似处罚的合理性时，必须对使用兴奋剂的主观因素加以考虑，而对尚在争论中的兴奋剂控制规则可不予考虑，如果 CAS 认为运动员并非基于故意或过失服用兴奋剂，则有必要对运动员过错性质和两年禁止参加国际比赛的禁赛处罚进行衡量，如果禁赛两年明显过重，体育仲裁院有权减轻这一处罚。

CAS 的仲裁实践表明，它对案件的审查和复核不仅限于合法性审查，而且更多和更主要的是对案件的合理性进行评价。仲裁庭通过直接变更体育组织内部处罚决定的类型和处罚幅度的方式对其合理性进行衡平，这使 CAS 在更大程度上不是一个国际体育仲裁法庭，而是一个良心法庭、衡平法庭。它的权威和威望建立在 CAS 仲裁员对真善美的领悟和厚重的道德感上，但不能因为 CAS 作为一个衡平法院式的良心归宿，就据此认为 CAS 总是以悲天悯人的慈悲形象出现，从理论和规则上而言，仲裁庭不但可以直接消除和减低处罚幅度，而且可以加重体育组织的处罚力度，这与"上诉不加刑"的原理并不吻合。国际马术协会法规第 166 条就授权 CAS 仲裁庭采取其内部司法机构能够采取的处罚决定，该处罚决定可以重于内部处罚幅度。② 尽管仲裁庭具有加重处罚力度的自由裁量权限，但迄今为止的案例并无此类先例，CAS 必须考虑上诉加刑可能导致的恶劣的实践后果，它必将打击被处罚者向 CAS 提交上诉仲裁的积极性和勇气，并进而影响 CAS 作为中立仲裁机构的权威形象。CAS 毕竟不是行使处罚权力的体育组织，对于体育协会等机构授权加重处罚的规定应当谨慎地避免使用，如果 CAS 认为处罚明显畸轻，它最好是以驳回、撤销裁决的形式委婉地表达自己的观点，并尊重体育组织的自治权限。CAS 作为一个睿智的仲裁机构显然非常清晰地具有身份意识，它从未滥用过自身的裁量权限而不适当地伸展自己的管辖手臂，它谙熟行业自治和外部救济的游戏规则，通过对"上诉加刑"权力的默示放弃确立了一个在"为与不为"之间从容舞蹈的光辉典范。

---

① See Arbitration CAS 2000/A312，L./Federation Internationale des Luttes Associees(FILA)，award of 22 October 2001，in Digest of CAS Awards Ⅲ(2001—2003)，edited by Mattieu Reeb, Kluwer Law International，2004，pp.148-158.

② See Article 166 of FEI Statutes，in Arbitral and Disciplinary Rules of International Sports Organisations，edited by Robert C.R.Siekmann and Janwillem Soek，T.M.C.Asser Press，2001，p.124.

CAS在漫长的仲裁实践中发展出的仲裁庭审模式经受住了考验和挑战，成功满足体育纠纷裁决的效率性要求和公益性要求，对它而言，进一步的问题或许是如何缓冲效率导向下的庭审模式与公益导向下的庭审模式之间的冲突、如何整合二者的优势，我们有理由相信CAS在未来悠悠岁月中能创造和锤炼出更为成熟的庭审模式。

三、CAS奥运会赛场仲裁问题——以北京奥运会仲裁为例

《奥林匹克宪章》第74条建构出奥运会赛事争议的消解框架，该方案的核心特征是CAS的独家管辖与裁断。CAS仲裁奥运会赛事争议具有垄断性、强制性、透明性、悬浮性、极速性和竞技性，此类特征造就了奥赛仲裁机制的非常风格，同时也对承办国法律体制带来冲击。回首北京2008年奥运会赛事安排及其赛场仲裁，可见出，如何应对2008年北京奥运会对中国法制可能造成的影响，缔约、协调与礼让似乎是北京别无选择，但并非不是上佳选择的对治方案。①

《奥林匹克宪章》第74条是一个一揽子协议，它将产生于和关联于奥运会的一切争议交由CAS仲裁②，由此导致的逻辑结果是瑞士作为仲裁地③，从而赋予瑞士联邦法院唯一的撤销仲裁裁决之权限，且撤销仲裁裁决的标准适用PILA④。奥林匹克宪章起草者以及奥运会赛事设计者试图通过种种努力向外界清晰表达一个主题，即它追求纯粹的行业自治，如果纯粹的行业自治难以实现，则它愿意委身于瑞士法律环境，并希望瑞士法律环境作为它与世俗国家法制的唯一连接点随着它在不同国家的流动而变迁。瑞士法律环境就像包裹在奥运会上的铠甲，它随着奥运会承办国的不同而整体植入异质的法律环境，

---

① 本部分是在《论北京奥运会仲裁的法律问题》一文基础上经调整而成，该文发表在《体育科学》2007年第9期。特此说明，并致谢忱！

② 该条原文如下："Any dispute arising on the occasion of, or in connection with, the Olympic Games shall be submitted exclusively to the Court of Arbitration for Sport, in accordance with the Code of Sports-Related Arbitration."

③ 由于奥运会仲裁的程序规则主要由专门的奥运会仲裁程序规则和CAS《与体育相关的仲裁法典》所构成，而后者将仲裁地直接确定为瑞士洛桑。

④ 根据一般仲裁法理，只有仲裁地法院才具有撤销仲裁裁决的权限，其他国家法院只有承认与执行或者拒绝承认与执行的自由；且在撤销仲裁裁决时排他地适用法院地法。

这一设想产生了一个尖锐的问题,即起草者和设计者们低估了主权的力量和主权属地管辖的本性。于是乎就产生了如下这一难题:瑞士法律环境的整体植入会否引起承办国法制环境的排异效应并产生抗体。然而,这一让法律中人难以置信的"外科手术"竟然成功了,奥运会赛事让人类疯狂的史实至少证明了在过去的岁月中承办国法制环境以自我抑制的方式为其留下了足够的自治空间。奥运会撕裂他国法制环境并得到他国"笑纳"的诀窍并不神秘,政治、经济和文化上的巨额补偿足以使主权国家暂时克制自身法制的免疫能力,任由奥运会的法律机制在自身肌体上"为所欲为"。

然而,2008 年北京奥运会带来的法制碰撞具有与以往奥运会赛事所不同的重要特征,它不但是简单的法制冲突,而且还是两种极端范式的古老文明之间第一次亲密接触①。它将为国人带来怎样的冲击或者意想不到的惊喜,以及国人将以怎样的心态打扫环境迎接这位姗姗来迟的贵宾,让我们首先回到奥运会体育仲裁机制的个性。

(一)奥运会赛事仲裁机制的非常特征

奥运会体育纠纷之消解依赖三大法源:一是作为奥运会举办者的 IOC 所辖规范,包括《奥林匹克宪章》及其相关规章条例;二是 CAS 自身的仲裁规范,包括 ICAS 仲裁法典、奥运会仲裁规则;三是瑞士国家相关立法,主要涉及调整国际仲裁的 PILA。此三类规范建构了奥运会赛事争议的仲裁机制,其中 IOC 所辖规范及相关体育组织之章程主要作为仲裁庭裁决案件的实体法,CAS 仲裁规范主要作为仲裁庭裁决案件的程序法,而瑞士国家立法则主要作为 CAS 的环境法,为 CAS 奥运会仲裁提供最为有力、最为宽容的坚挺支持。三大"法系"型构出的奥运会仲裁具有如下几个非常特征。

1.垄断性

垄断奥运会赛事争议的仲裁机构是 CAS;赋予 CAS 垄断管辖权的组织

---

① 奥林匹克运动是古希腊文明的产物,而希腊雅典象征的哲学与耶路撒冷象征的宗教构成与东方文明截然异质的西方文明。尽管东西文明的碰撞并不迟至当代始自发生,然而在东方文明的本土上,尤其是在体育领域中东西文明最为本原的两大基质之间的直接接触算得上是第一次亲密接触。关于奥林匹克运动作为希腊文明的产物之详细而精彩的考证可参见全国体育学院教材委员会:《奥林匹克运动》,人民体育出版社 1993 年版,Also see C.Christine Ansley, International Athletic Dispute Resolution: Tarnishing the Olympic Dream, *Arizna Journal of International and Comparative Law*, 1995(12).

和规范是IOC与《奥林匹克宪章》第74条；肯认该种垄断管辖权合法性的机关和规范是瑞士联邦法院与PILA；强化CAS垄断管辖权的组织和规范是各国际单项体育运动协会、国家奥委会与它们内部的章程规范、奥运会参赛报名表等。

为满足奥运会赛事仲裁的需要，ICAS为奥运会量身定做了一套特别仲裁机制，即奥运会特设仲裁。ICAS下辖四大程序：一是专为仲裁商事性体育争议的普通仲裁程序（ordinary arbitration proceedings），二是专为仲裁竞技性体育争议的上诉仲裁程序（appeal arbitration proceedings），三是专为解答体育法律问题的咨询程序（consultation proceedings），四是专为仲裁奥运会赛事争议的特设仲裁程序（ad hoc arbitration proceedings for Olympic Games）。其中，奥运会赛事争议主要适用特设程序规则，但根据《奥运会仲裁规则》第23条之规定，该规则的基础包括《奥林匹克宪章》第74条，ICAS《与体育相关的仲裁法典》第6条第1款、第8款、第10款，第8条，第23条和第69条；该仲裁规则构成《与体育相关的仲裁法典》之不可分割的部分①。《奥运会仲裁规则》第23条划分了三个清晰的规范层次，即奥运会仲裁规则、《奥林匹克宪章》与《与体育相关的仲裁法典》之相关条款、《与体育相关的仲裁法典》，由此可认为，CAS特设仲裁庭在仲裁奥运会赛事争议时其程序规则包括此三大部分，其中奥运会仲裁规则作为主要规范，而其余两个层次的规则作为补充规范，在奥运会仲裁规则未作规定或者规定不明的时候，作为辅助规范发挥替补或解释作用②。

---

①　原文如下：The present Rules have been adopted by the ICAS in New Delhi，on 14 October 2003，on the basis of Rule 74 of the Olympic Charter and Article S6，paragraphs 1，8 and 10，S8，S23 and R69 of the Code of Sports-related Arbitration. They form an integral part of the Code of Sports-related Arbitration（译文如下：现行规则已为ICAS于2003年10月14日在新德里采纳，其基础是《奥林匹克宪章》第74条，以及《体育相关仲裁法典》的第S6条第1款、第8款和第10款，第S8条，第S23条，以及第R69条）. See Article 23 of Court of Arbitration for Sport Arbitration Rules for the Olympic Games.

②　正如奥运会特设仲裁机构前负责人所言："奥林匹克仲裁规则是《与体育相关的仲裁法典》之组成部分。然而，提交特设分庭仲裁的案件排他地由奥林匹克仲裁规则调整，不受法典的其他部分调整。当然，只要法典的解决方法与特别程序的特殊限制，尤其是时间限制兼容，则仲裁庭可根据法典对奥林匹克仲裁规则未作规定的问题寻求指示。"See Gabrielle Kaufmann-Kohler，*Arbitration at the Olympics：Issues of Fast-track Dispute Resolution and Sports Law*，Kluwer Law International，2001，p.43.

CAS 奥运会特设仲裁机构垄断地位主要立足于直接和间接两类管辖规范。直接赋予 CAS 特设仲裁机构垄断地位的规范包括三个层次：首要的规范即《宪章》第 74 条，它使用了一个鲜明的字眼"exclusively"，确立了 CAS 特设仲裁机构的垄断地位；其次是各参赛国家奥委会及其运动员签署的参赛报名表（entry form），该报名表中的措辞和形式均鲜明地载明由 CAS 独家管辖赛事争议①；最后则是 IOC 与承办国国家奥委会签署的承办协议中载明的 CAS 管辖条款。

授权 CAS 特设仲裁机构垄断仲裁奥运会赛事争议的间接规范则是 IFs 以及其他体育组织章程规范中载明的 CAS 管辖权条款，此类管辖权规范并不直接针对奥运会赛事争议，而是泛泛地将包括奥运会争议在内的一切体育纠纷均授权给 CAS 进行管辖，由此导致 CAS 在仲裁与此类体育组织相关的体育纠纷时可能采用两类程序规范：一是与奥运会无关的其他体育纠纷，则由 CAS 上诉仲裁处进行审理；另一是产生于或者关联于奥运会的体育纠纷，则由 CAS 奥运会特设仲裁机构进行审理。此类规范属于间接授权规范。

CAS 奥运会特设仲裁机构的垄断管辖权还通过《奥林匹克宪章》第 74 条的扩充性解释进一步拓展，奥运会仲裁的若干案例均表明，只要参与奥运会赛

---

① 其内容格式化如下："我同意遵守现行有效的奥林匹克宪章，尤其是于奥林匹克中与 CAS 仲裁相关的条款……我所属的国家奥委会和/或国家体育协会已经提请我注意到相关条款和规则……我同意将与穷尽 NOC、IF、SOCOG 和 IOC 所设定的法律救济机制仍然不得解决的争议相关的纠纷提交 CAS 专属管辖，由其根据作为体育仲裁法典组成部分的悉尼奥运会仲裁规则作出终局和有拘束力的裁决。CAS 对其管辖权作出裁决，享有颁发临时和保全措施的专属权力。裁决是终局的……"See Gabrielle Kaufmann-Kohler, *Arbitration at the Olympics: Issues of Fast-track Dispute Resolution and Sports Law*, Kluwer Law International, 2001, p.46.

事的事实存在即可认为《奥林匹克宪章》第 74 条对他们产生法律拘束力①。各种层次不同、形式不同的管辖规范形成一个 CAS 奥运会特设仲裁机构管辖的"天罗地网",但凡沾染有奥运会的气息即构成管辖的依据。而构成这个网罗一切的管辖体系之核心即《奥林匹克宪章》第 74 条,它事实上已经成为一个开放性、宣示性条款,并具有了普遍立法的效力,无论是明示签署还是默示参与都视作对该条款的承诺和接受。迄今为止,CAS 的垄断地位无可撼动,即便有人斗胆挑战其地位,最终也免不了被撞得粉身碎骨的结局以换得毫无意义的呻吟②。

2.强制性

将 CAS 奥运会特设仲裁机构管辖的强制性归咎于《奥林匹克宪章》、参赛报名表或者其他章程规范中的格式化条款,这样的指责并不具有充足的理由。被指责者完全可以不屑的口吻进行反驳:我并没有强迫你签署此类条款,你具

---

①　例如在悉尼奥运会期间 CAS 特设仲裁庭审理的 Baumann 诉 IOC、德国国家奥委会及 IAAF 一案中,作为被申请人的 IAAF 即对仲裁庭的管辖权提出异议,认为其章程规范中并未载明 CAS 仲裁协议,其内部仲裁庭的裁决为终局裁决。但仲裁庭认为,IAAF 作为奥林匹克运动的一个组成部分,应根据《奥林匹克宪章》第 74 条之规定就与奥运会相关的争议接受 CAS 的仲裁管辖。See Gabrielle Kaufmann-Kohler, *Arbitration at the Olympics:Issues of Fast-track Dispute Resolution and Sports Law*, 2001 Kluwer Law International, pp.16-17.该案应当指出的一个背景即在 2000 年悉尼奥运会期间,IAAF 尚未在其章程规范中确认 CAS 的管辖,但次年即 2001 年起,IAAF 修改了章程并载明了 CAS 管辖的仲裁协议,但 CAS 只能根据该仲裁协议对兴奋剂相关的争议进行仲裁,其他争议仍由 IAAF 内部仲裁庭终局裁决。See H.E. Judge Keba Mbaye(President of ICAS and CAS), Introduction, in the Digest of CAS Awards Ⅲ(2001—2003), edited by Matthieu Reeb in collaboration with Estelle du La Rochefoucauld, 2004 Kluwer Law International, p. XⅢ.

②　同样在悉尼奥运会期间,IAAF 作为被申请人参与的 Melinte 一案中,IAAF 再次以与 Baumann 案相同的理由对 CAS 奥运会特设仲裁庭的管辖权提出抗辩,但后者以同样的理由驳回了管辖抗辩。这促使 IAAF 在随后的 Segura 案件中不敢再以相同理由提出 CAS 管辖异议。上述两例案情及其仲裁过程可参见 Gabrielle Kaufmann-Kohler, *Arbitration at the Olympics:Issues of Fast-track Dispute Resolution and Sports Law*, 2001 Kluwer Law International, pp.17-20.

有足够的理性、清醒的判断和充分的自由不接受该项条款①。倘若运动员或者其他体育组织淡泊名利、超然洒脱到拒绝签署该条款的程度,也并不会必然导致不利的法律后果,正如建立在意思自治基础上的市场经济条件下格式合同提供方并不因其格式化条款而被否决其法律效力。但奥运会举办者 IOC 毕竟不是格式合同提供方,它的垄断地位已然限制了相对方所有的选择范围和自由度,相对方事实上别无选择。因此,构成 CAS 管辖强制性的条件有二:一是垄断地位的形成,二是占据垄断地位者提供格式化条款。垄断地位使 IOC 具有了与相对方不对等的谈判力量,使双方当事人合意贫困化②、一方迫使另一方成为可能;通过格式化条款,垄断者则将这种可能的强制性转变为现实。

我们可以假设如下情状:世界范围内存在多个奥运会,不同的奥运会采取不同的管辖权条款,某些奥运会允许当事人充分自由地协商谈判管辖条款,某些奥运会采取格式化管辖条款。在该种情况下,采取格式化管辖条款的奥运会举办者并不因其条款的格式化而具有强制性,也并不因为条款的格式化而不具有法律效力。可见,正是垄断地位的形成导致了格式化条款的强制性,并直接构成质疑格式化条款强制性之合法性的证据;反之,垄断地位的崩溃和多元竞争格局的形成则消解了格式化条款的强制性,并因而将非法性从强制性中释放出来转变为合法性,但自始至终并没有瓦解管辖条款的格式性。正是垄断地位这一核心要素之变动左右和主宰着格式化条款的强制性,进而赋予其合法性或非法性的效果,而条款格式化本身不过是构成管辖条款强制性的"帮凶",而非"主犯"。不幸的是,现实恰是奥运会在全球范围内以其无与伦比的影响将 IOC 造就为唯一的世界排序者,它封锁了相对方的其他选择范围和自由度,使相对方欲罢不能而只有貌似"合意"地接受。

---

① 例如 CAS 所依托的 ICAS 主席 Keba Mbaye 就指出,当事人在任何案件中都不被要求诉诸 CAS。然而,他继而又说,国内和国际体育协会可以在它们的章程中增加条款,以迫使运动将任何无法解决的争议诉诸 CAS。奥林匹克摔跤选手、律师和运动员顾问成员 Chris Campbell 回应道:"如果它们那样做,我将是第一个抗议的。这有违我的本性。它听起来有点强制性。"See Stephen A.Kaufman, Issues in International Sports Arbitration, *B.U. Int'I L.J.*1995(13),p.527.

② "合意贫困化"是棚濑孝雄用以分析解纷程序的术语,它主要表现为三个现象,即合意质变为"同意""好意"和"恣意"。详见[日]棚濑孝雄:《纠纷的解决与审判制度》,王亚新译,中国政法大学出版社 2004 年版,第 70～72 页。

3.透明性

基于体面、尊严、荣誉和优雅地生存之需要，人总是在掩盖隐私中表演世态百象。鉴于此，仲裁以其私密性备受当事人青睐①。奥运会体育仲裁也注意保护当事人的隐私，但基于快速仲裁和裁决公益性之考虑，仲裁程序及其裁决的私密性受到一定程度的抑制，泄露出几线天光②。

奥运会仲裁的有限透明通过仲裁规则明示化和仲裁活动默示化展现出来。《仲裁规则》第 19 条允许仲裁庭通报裁决的有效部分（operative portion），包括向相关国家奥委会进行通报；与此同时，仲裁庭在仲裁过程中可大量传唤证人、咨询专家、合并仲裁程序、设立第三人等，并采取为加速查明案件事实所能采取的、与证据相关且仲裁庭认为适当的一切措施。此类规定和庭审实践使案情的隐秘性形同虚设，仲裁过程趋于透明。

4.极速性

与田径运动员挑战人类极速一样，仲裁员也在挑战着程序的极速。如何

---

①　正如新渡户稻造先生在悲叹羞耻的原始感和人类在其面前的无助感、无可逃避时指出："我认为，由于尝了'禁果'而落到人类头上的最初而且最重的惩罚，既不是生育孩子的痛苦，也不是荆棘和蓟草，而是羞耻感的觉醒。再也没有比那最初的母亲'夏娃'喘息着胸脯，颤抖着手指，用粗糙的针来缝那沮丧的丈夫摘给她的几片无花果树叶的情景，更为可悲的历史事件了。这个不服从的最初之果，以其非他物所能企及的执拗性顽固地纠缠着我们。人类所有的裁缝技术，在缝制一条足以有效地遮蔽我们的羞耻感的围裙上一直还未取得成功。"[日]新渡户稻造：《武士道》，张俊彦译，商务印书馆 2005 年版，第 47～48 页。仲裁程序作为人类缝制的围裙能否有效遮蔽纠纷当事人的羞耻感，至少相对于诉讼而言要成功得多，并且谨慎和精致地营造出私密的时空以缓解纠纷当事人的羞耻感一直都是仲裁制度着力致达的目标。

②　奥运会体育仲裁"天光乍泄"主要表现为如下三个特征：其一，在 CAS 仲裁中，除非双方当事人有相反约定，上诉仲裁（不服体育组织决定的上诉）中的裁决是不保密的（《与体育相关的仲裁法典》第 R59 条同样适用于奥运会临时仲裁庭；当然如果表明是"一审案件"或者与普通仲裁规则相反，则依据第 R43 条）。其二，为防止仲裁庭成员所作的声明没能充分考虑到其作用，仲裁员、主席、副主席以及临时仲裁庭全体成员都不能在亚特兰大停留的期间内对媒体发表声明。只有被任命为临时仲裁庭的发言人秘书长，被授权对公众发表意见。其三，发言人有权披露什么呢？在仲裁期间，他可以证实收到了申请，陈述双方和仲裁员的身份，指出命令所能提供的规定的救济以及 24 小时作出裁决的时限。此外，他不能对程序的内容，特别是证据发表任何意见。在争议结束后，他可以陈述裁决的内容并说明简要的理由。See Gabrielle Kaufmann-Kohler, *Arbitration at the Olympics*: *Issues of Fast-track Dispute Resolution and Sports Law*, 2001 Kluwer Law International, pp.110-111.

构建出抛却一切累赘的流线型仲裁程序,并通过优秀仲裁员的动态演绎完成仲裁,成为奥运会仲裁规则设计者魂牵梦萦的最高理想。按照奥运会仲裁规则的规定,仲裁庭必须在仲裁申请提交后 24 小时之内完成仲裁,而仲裁庭迄今为止的表演说明,该时间要求似乎略显宽松而仍然具有削减的可能。

奥运会背景下,速度改变着正义的内涵,并成为正当程序首先考虑的内容。对程序进展的极限冲刺甚至表明正义本身都快成为速度的累赘,如何在必要的公正基础上获取最大的速度已经成为奥运会特设仲裁机构的共同奋斗目标。而对公正的强调很可能细化为略显烦琐的程序规则,抛弃烦琐的程序规则而剥取其公正内涵成为奥运会特设仲裁庭的一贯行事规范,不拘小节的非常仲裁风格①使仲裁庭多多少少地徘徊在合法与非法的暧昧地带。而所有这一切,同样靠着速度使其具有了正当的品性。因此,如果说运动员通过摆动双腿挑战身体极速,那么仲裁员则是通过转动大脑挑战程序极速,在奥运会的奖台上我们没有理由不将最高荣誉赋予作为特别运动员的仲裁员。

5.悬浮性

奥运会赛事在国际社会流转,其特设仲裁机构也随之迁徙。但奥运会仲裁规则将仲裁地设定为瑞士洛桑,这使得奥运会仲裁相对于承办国而言具有了悬浮色彩。仲裁地之于仲裁仿若一个支点,它不但给予仲裁以法制支撑,而且赋予仲裁裁决以国籍身份;不但影响仲裁的实体和程序问题,而且影响其裁决的尊严和效力问题。奥运会仲裁规则的规定首先使其仲裁机制脱离承办国的属地管辖,避开其可能的属地管制,其次是将瑞士法制营造的仲裁环境整体嵌入了承办国的法律体系。奥运会仲裁的悬浮性使瑞士法制与承办国法制之间出现了可能的冲突,而如何协调这些冲突则仅仅是承办国的事情。

---

① 要求仲裁员在审理案件时"不拘小节"似乎是奥运会争议当事人选择仲裁员的一个潜规则,因为"接受了专业法律训练的人通常会将注意力集中在缓慢、费时的程序上";而体育方面的技术专家"能够直接从问题的本质出发作出决定,而不会在程序问题上浪费时间……不会被法律性的争吵拖住脚步"。See Mauro Rubino-Sammartano, International Arbitration Law and Practice, Aspen Pulishers, Inc. and CITIC Publishing House, 2003, pp.318-322.

6.竞技性

奥运会体育仲裁的主题是竞技性体育纠纷①,尤其涉及参赛资格、因不正当竞赛而导致的诸如剥夺奖牌、成绩以及禁赛等事项,对于纯粹的商事纠纷不在仲裁庭关注之列。与此同时,奥运会仲裁的主题也不包括竞赛规则的解释、理解和适用,即所谓的"赛场裁决例外"规则,换言之,赛场裁判与仲裁员分别在不同领域各司其职,只有当赛场裁判存在滥用权限的方式时才能唤起仲裁员的注意并进行管辖②。

奥运会特设仲裁庭对竞技性纠纷的管辖主要是对体育组织等握有纪律处罚权力的机关之裁定进行复查,这使 CAS 特设仲裁庭具有了行政审判庭乃至在兴奋剂条件下具有了刑事审判庭的身份。此类纠纷因涉嫌"侵犯"人权而进入了公法范畴,尽管奥运会仲裁庭在若干案例中对自己的身份进行了申言,表明自己仅仅是在体育法范围之内而不是刑法范围之内行事,但其裁决的争议及其适用的法律具有强烈的公法色彩却是毋庸置疑的③。

(二)北京奥运会对中国法制的冲击

奥运会仲裁的上述特征表明了它与一般商事仲裁,乃至于与 CAS 的其他

---

①　此类竞技性体育纠纷主要是指具有处罚性的决定,CAS 仲裁庭在审理案件时指出,根据《与体育相关的仲裁法典》第 47 条之规定,(体育组织所作)决定的性质就表明了该决定本身是否可以上诉,不管被上诉的决定是否由(体育组织所属的)司法或行政机构作出,关键在于该决定事否属于处罚性质的。See Arbitration CAS 2002/A/409,Longo / International Association of Athletics Federation(IAAF),award of 28 March 2003. In Matthieu Reeb(ed.),Digest of CAS Awards Ⅲ(2001—2003),Kluwer Law International,2004,pp.403-418.

②　CAS 仲裁庭在审理案件过程中指出,在先前的裁决中确立了仲裁庭不复审由裁判员等其他负责适用特殊的比赛规则的人员在比赛场上作出的裁决。然而,一个例外就是这种规则被恶意地使用。根据 CAS 的法理,如果一个裁判员没有被赋予在比赛中的自由裁量权,他就必须遵守比赛规则。裁判员对强制性比赛规则的偏离破坏了规则的效用,还可能影响到比赛的结果。See Arbitration CAS 2001/A/354,Irish Hockey Association(IHA) / Lithuanian Hockey Federation(LHF) and International Hockey Federation(FIH) and CAS 2001/A/355,Lithuanian Hockey Federation(LHF)/International Hockey Federation(FIH),award of 15 April 2002. In Matthieu Reeb(ed.),Digest of CAS Awards Ⅲ(2001—2003),Kluwer Law International,2004,pp.489-502.

③　See Gabrielle Kaufmann-Kohler,*Arbitration at the Olympics*:*Issues of Fasttrack Dispute Resolution and Sports Law* Kluwer Law International,2001,p.100.

体育仲裁相比均具有非常之处,当奥运会莅临中国领土时,它为国人带来的就不仅仅是惊喜,还包括真实的法制冲击。中国法制环境能否消受得了奥运会的盛宴,还需依据其个性逐一分析它对中国法制环境是否带来冲击、如何冲击及其冲击程度。整体而言,由于奥运会仲裁机制为自己营造了一个相对封闭的法制环境,在这一层法制外衣的缓冲下它能与外界法制环境进行软着陆,不会导致过于巨大的震动和冲击,然而基于主权属地管辖的至上性和排他性,奥运会设计者无论怎样殚精竭虑也难以彻底排除承办国的属地管辖。站在主权权力的绝对性和终极性基础上,奥运会仲裁机制与承办国法制环境不可避免地存在摩擦,而弄清此类摩擦因素之性质、根源和角度,对于承办国而言不仅是为奥运会营造良好的环境,还可以通过事前措施防止异质法制的恶性冲突,避免对奥运会的可能妨碍以及对承办国法制尊严的可能践踏。对于奥运会可能带来的无伤大雅的冲突显然应以其为中心,而对于奥运会可能带来的公法性冲突或者影响我国公共政策的问题则应当谨慎应对。

1.垄断性 vs. 竞争性

我国正在致力于市场经济建设,市场经济的核心是自由竞争,自由竞争不仅是经济规律,同样也是我国的法制规律并构成我国法制精神之重要维度。竞争的自由化和多元化不但体现在实体问题上,而且同样适用于程序问题。我国正在进行的司法改革之精神在某一方面即为司法程序融入民主的精神,创设多元程序机构、实行多元程序机制就不再是简单的程序创造问题,而是上升为当事人程序自治、程序选择和实体权利之延伸问题,乃至于转变为"保障和实现公民自由权、财产权"①的宪法性问题。而司法契约化②趋势更加说明了程序垄断必定要退出历史舞台的命运。奥运会仲裁的垄断性侵犯了我国法制精神的竞争要素。

2.强制性 vs. 合意性

仲裁是私法自治的产物,我国仲裁精神推崇纠纷当事人的仲裁合意,"仲裁协议作为一种合同,也必须是双方当事人在平等协商基础上作出的意思表示。如果一方以欺诈、胁迫等手段迫使另一方违背其真意订立仲裁协议,那么

---

① 邱联恭:《仲裁契约之方诉抗辩效力》,载《台大法学论丛》第 22 卷第 1 期。
② 张卫平:《诉讼契约化》,载《中国法学》2004 年第 3 期。

该仲裁协议即存在效力瑕疵,可被认定为无效"①。仲裁协议作为仲裁活动的基石和宪章②可喻作仲裁机制的皇冠,而充分自由的仲裁合意则是皇冠上的珍珠。然而,奥运会仲裁却在抽取仲裁大厦的拱心石,它将强制性的精神置换了仲裁的合意,并以形骸化的合意要求生长出真实合意方可导致的法律效果。因此,奥运会仲裁的强制性对我国仲裁精神形成最为彻底的颠覆。

3.透明性 vs. 私密性

私密性不仅是我国仲裁精神的重要方面,同时也是国际仲裁的重要指标。奥运会仲裁规则及作为其辅助规范的 ICAS 仲裁法典以裁决公开为一般原则,以当事人协议不公开为例外原则,同时利用其铁腕手段频频设立仲裁第三人或合并仲裁程序,使仲裁程序的密封功能受到极大抑制。奥运会仲裁的透明性与我国仲裁精神的私密性构成反比。

4.极速性 vs. 程序性

给予仲裁当事人适当的通知和充足的时间参与程序、发表意见是程序正当性的显著特征,也是程序堪称作正义的衡量品质。在我国仲裁法制下,程序正义是以严谨的程序细则予以保障的,程序的格式化和阶段化通过放缓程序的速度来践行正义,只要程序进行不存在不适当的迟延,则并不违背仲裁的快捷性要求。然而奥运会仲裁的速度使一切仲裁程序的进度变得拖沓不堪,而奥运会仲裁之神速性却是在简化乃至跨越或省略程序步骤的基础上获得的,除了必不可少的程序形式外,大多数正当程序规则已经被改变得面目全非。奥运仲裁的极速性不仅在挑战着国人的神经,同时也在挑战着我国仲裁法的精神。

5.悬浮性 vs. 当地化

奥运会仲裁的悬浮性与商事仲裁的"非当地化"趋势相得益彰,然而两者具有截然不同的意义。商事仲裁的非当地化主要是指法律适用的非当地化,奥运会仲裁的悬浮性指它在程序问题上不受制于事实仲裁地,但名义仲裁地对它具有非常重要的支撑作用。奥运会仲裁名义仲裁地是瑞士洛桑,通过名义仲裁地的指定,它避免了事实仲裁地随着奥运会承办国的变迁而变动,也避免了事实仲裁地法制对奥运会仲裁的不同影响,保证了奥运会仲裁程序的统

① 刘想树:《中国涉外仲裁裁决制度与学理研究》,法律出版社 2001 年版,第 56~57 页。

② 汪祖兴:《国际商会仲裁研究》,法律出版社 2005 年版,第 30 页。

一性和仲裁裁决国籍的统一性,并通过赋予仲裁裁决以瑞士国籍而借助 1958 年《纽约公约》提高仲裁裁决的国际流通性。

将仲裁地设定在瑞士的做法为奥运会体育仲裁带来便利的同时却在相对层面冲击着中国法制环境。这主要体现在程序适用上,表现为奥运会仲裁程序规则与我国《仲裁法》及《民事诉讼法》之间的冲突。即便在仲裁领域中并不像法院诉讼一样严格适用仲裁地程序规范,但通行的做法是"当事人在仲裁协议中所选择的仲裁程序法和仲裁规则不得违反仲裁庭所在地或者仲裁地法律的强制性规定,否则,仲裁裁决可因当事人一方的请求而被有关法院认定无效或者予以撤销。仲裁地国法律中的强制性规定,一般是指当事人和仲裁庭必须遵守、不许损抑的程序规则"①。应当指出的是,在事实仲裁地与名义仲裁地重叠的情况下,仲裁地程序法的强制性规定具有在仲裁程序中强行适用的效力,而无论仲裁庭具体适用的是仲裁机构之仲裁规则还是当事人另行约定或者选择的程序规则,但是在奥运会体育仲裁下,因所涉法律的广泛性,情况变得更加微妙。在调整奥运会体育仲裁程序时可能存在三大法源:一是奥运会仲裁规则及 ICAS 仲裁法典等 CAS 自身的程序性规范,二是名义仲裁地国即瑞士的程序规范 PILA,三是事实仲裁地国即中国的程序规范,包括我国《仲裁法》和《民事诉讼法》。三大法源之间的冲突必然在所难免,而且有些冲突是真实和尖锐的,如强制措施的采取问题就是其中最为鲜明的一例。比较三大法源,尤其是奥运会仲裁规则、ICAS 仲裁法典与我国仲裁法的规定,主要的差异和由此可能导致的冲突包括:

(1)仲裁协议效力认定的主体

我国立法允许法院和仲裁机构共同行使管辖权,但法院具有优先管辖的权力。奥运会仲裁精神倾向于独裁管辖权,避免司法机关的干扰。

(2)仲裁协议当事人能力问题

我国仲裁法要求仲裁协议当事人必须具有完全民事行为能力,无行为能力或者限制行为能力人订立的仲裁协议无效或待定;奥运会仲裁允许未成年

---

① 刘想树:《中国涉外仲裁裁决制度与学理研究》,法律出版社 2001 年版,第 134 页。

人及其国家奥委会共同签署的仲裁协议有效①。

（3）合并仲裁与第三人问题

我国仲裁法未设置仲裁第三人，也没有规定程序合并，仲裁庭如需进行程序合并，则必须征得当事人同意。奥运会仲裁庭可频繁动用权力设置第三人和合并仲裁程序。②

（4）强制措施问题

我国立法不允许仲裁机构管辖、裁定和采取强制措施，所有权力由法院唯一地行使，排斥仲裁机构行使；奥运会仲裁庭则有权管辖、裁定和采取强制措施，所有权力由仲裁庭唯一地行使，排斥法院干预。

（5）仲裁庭组建问题

我国仲裁立法要求仲裁庭采取三人制仲裁庭或独任制仲裁庭，仲裁员由双方当事人选定或委托仲裁机构指定。而奥运会仲裁庭之组成由特设仲裁机构主席全部指定，而且首先采取三人制仲裁庭，只有在情况紧急的条件下才由主席采取独任制仲裁庭。因此，在仲裁庭组建问题上，二者存在两个重大差异，即仲裁庭的形式问题与仲裁员的指定或者委任问题。

（6）仲裁庭审问题

我国仲裁立法规定，如果申请人不到庭的，视作撤回仲裁申请；奥运会仲裁规则规定无论何方当事人不出庭，均可继续进行仲裁。

（7）仲裁庭力量问题

我国仲裁立法更加强调当事人的能动性和自治性，仲裁程序类似辩论主义；奥运会仲裁规则更加强调仲裁庭的能动性和支配性，允许仲裁庭拥有完整和全面的权力查明事实和适用法律，仲裁程序类似纠问主义。

---

① 单有运动员签署的载有 CAS 仲裁协议的奥运会参赛报名表无效，运动员所属国家奥委会必须共同签署。CAS 仲裁庭在裁决一个案件中指出，未经参赛者本国奥委会签署的奥运会比赛报名表属于不具法律约束力的单边文件，特别是不能导致其中仲裁条款的适用。See CAS ad hoc Division(OWG Salt Lake City 2002)003，Bassani-Antivari/International Olympic Committee(IOC)，award of 12 February 2002，In Matthieu Reeb(ed.)，Digest of CAS Awards Ⅲ(2001—2003)，Kluwer Law International，2004，pp.585-603.

② 黄世席:《奥运会争议仲裁》,法律出版社 2006 年版,第 246 页。

（8）仲裁中的调解问题

调解被视作"东方经验"[①]，我国仲裁立法允许在仲裁程序中进行调解；而奥运会仲裁主题的准行政性决定其调解具有难度，奥运会仲裁规则也不容许在仲裁程序中进行调解。

6.竞技性 vs. 私法性

奥运会仲裁主题是竞技体育产生的处罚性纠纷，该类纠纷具有人身惩罚性，主体地位不平等，有些纠纷甚至关涉刑事犯罪，而此类纠纷在我国不具有可仲裁性。我国仲裁立法允许提交仲裁的纠纷是民商事财产权益纠纷，该类纠纷的特征是主体地位平等，不包括行政纠纷与财产权益相关，不包括人身性质的纠纷。我国《仲裁法》第2条、第3条对此作了明确规定。

应当看到，上述问题是承办国法制环境与奥运会自身法制之间的硬性冲突，尤其是仲裁协议的强制性问题、正当程序问题、强制措施问题以及可仲裁性问题均可称得上是承办国法制的公共政策，这决定了此类法律冲突的不可调和性。一般而言，在组成奥运会程序规则的三大法源发生冲突时，其适用的顺序应当依次是奥运会仲裁规则、瑞士仲裁立法以及承办国仲裁立法，但对于关涉承办国公共政策或者公共利益的问题，承办国立法基于属地管辖的缘由更具有优先考虑和适用的性质。换言之，中国作为2008年奥运会承办国，在能够容忍和妥协的方面应当尽量尊重和适用奥运会仲裁规则及瑞士仲裁立法，但是在涉及公共政策或者一般法律原则方面则有充足的理由优先适用本国法。进一步的问题则是，倘若如此操作，2008年的奥运会将会是怎样的面目全非。然而，在CAS仲裁的中国化与中国法制的CAS化之间留给中国政府的已经就像一个面对CAS仲裁管辖条款的运动员一样除了接受别无选择。作为2008年北京奥运会的第一个"运动员"，中国必须选择中国法制CAS化的道路，这是中国政府在投标承办2008年奥运会时已经默示作出的承诺，现在的问题则是，如何使中国法制CAS化，或者说，中国法制应当怎样对北京奥运会作出积极回应。

（三）中国法制对北京奥运会的回应

奥运会过于强盛的政治、经济、文化影响不仅是诸国的光荣，同时也对诸

---

① 在美国一些州的法院的"Door in Door"调解程序被认为是"东方经验"的西方结晶。转引自顾培东：《社会冲突与诉讼机制》，法律出版社2004年版，第38页。

国构成一种支配的力量,任何试图接近奥运会并承办奥运会的国家不得不选择对它百般迁就,一如运动员选择拒绝 CAS 管辖就只能放弃奥运会一样,诸国在竞夺奥运会承办权时如果选择拒绝迁就将只能与奥运会擦肩而过。因此,中国法制对北京奥运会的回应在更大程度上不过是一种单方行动的迎合,而这些迎合措施主要包括缔约、协调和礼让。

1.缔约

缔约是一种权宜之计,它要求承办国与 IOC 签订协议,约定承办国暂时克制本国的属地管辖和法制效力①,为奥运会及其仲裁机制的运作留下一块纯粹自治的空间,在奥运会举办时空内发生之一切法律问题概由 CAS 进行裁决,而无论该纠纷是民事、行政还是刑事问题,也无论纠纷当事人是内国人还是外国人。

由于此种迎合措施是对国家主权力量的限制,是承办国法制属地力量在一定时空内局部和暂时"失语",因此缔约机关必须是能够代表国家,且经过国家授权的适格机构。根据中国《体育法》第 38 条之规定,中国承办奥运会的对外交涉机关是中国奥林匹克委员会,该委员会以发展和推动奥林匹克运动为主要任务,代表中国参与国际奥林匹克事务。因此,中国奥林匹克委员会是经过国家授权,且代表中国的适格机关,它与 IOC 缔结的奥运会承办协议中载明的相关内容可以作为中国在奥林匹克运动范围和限度内放弃主权管辖的条约依据,除非应 IOC 的请求或者出现危及国家安全等极端情况外,国家不得改变奥运会的法制安排,不得行使属地管辖或者擅自以内国法取代奥运会仲裁规范。

但应当注意的是,我国体育法的规定仍然存在有待明晰的地方。它虽然授权中国奥委会代表国家"参与"奥林匹克事务,但"参与"是仅仅意味着竞赛方面的对外代表权,还是意味着广义的"参与",包括承办奥运会及为取得承办权而代表中国作出必要的承诺等。显然,只有广义上的"参与"才赋予中国奥委会对外缔约的权限。如果《体育法》第 38 条之规定仅仅是指狭义参与,那么

---

① 如 2006 年都灵冬奥会举办期间,承办国意大利与 IOC 就兴奋剂检验问题发生了冲突。意大利法将吸食或服用兴奋剂作为刑事犯罪,要求将涉嫌运动员予以法办;然而 IOC 仅仅要求在体育法范围内作出禁赛、剥夺参赛资格、取消比赛成绩、返还奖牌等处罚。为此,意大利政府最终通过与 IOC 缔结条约克服了冬奥会导致的法律冲突。但意大利保留赛后进一步追求相关人员刑事责任的权力。参考黄世席:《奥运会争议仲裁》,法律出版社 2006 年版,第 149～150 页。

中国奥委会对外缔约行为必须经过国家最高权力机关的事前授权或者事后确认，才具有克制中国主权管辖和法制效力的效果。

2.协调

协调是一种长远之计，它要求承办国通过调整、修订或者颁布新法将奥运会法制安排转化为国内立法①，通过改造出与奥运会法制同质的法律体系为其整体植入创造条件。奥运会法制安排，尤其是奥运会仲裁规则经过若干年的千锤百炼和若干届赛事砥砺，自有其先进发达之处，将奥运法制精义纳入和转化为内国立法无疑是对内国法的现代化变革②。然而，奥运会仲裁作为一种非常机制，它是在极端条件和环境下生成发展起来的，也只能在极端条件和环境下适用，它对速度的崇拜削弱乃至抵消了程序上的某些正当品格，以至于它并不完全，乃至完全不能适用于一般商事仲裁和一般体育仲裁。因此，奥运会法制安排似乎只具有昙花一现的灿烂生命，伴随着奥运会的诞生而生发，伴随着奥运会的消亡而流逝，更不能有普适的生存条件和强劲的生命力量，而这就为承办国协调国内立法带来了困难。

3.礼让

缔约或者协调是宏观性的法制安排，而礼让不仅是一种抽象的精神状态，同时也是一种具体的实践心态。

在国际私法学说历史中，荷兰法学者优利克·胡伯面对着十六七世纪时期饱受内忧外患的荷兰国家所处的艰难生存环境，提出"国际礼让"学说来协调主权国家之间坚硬的外交关系。国际礼让学说以主权国家的属地管辖为逻辑起点，推论出承认和适用外国法的合理依据，即基于一种作为国家风度的礼让，从而将外国法的域外效力予以正当化，但礼让的底线在于主权权益或其臣民利益。③

借助于国际礼让学说，中国可以在具体的法律问题上对奥运会的法制安

---

① 这一方法是国内研究的主要进路，其办法是把 ICAS 仲裁法典之实质内容转化为中国仲裁制度。

② 中国举办奥运会无论效果如何，它都将为中国体育法制带来深刻的影响和变革，恰如笔者所言："值得庆幸的是，中国正好以此为契机，对我国体育法律制度来一次彻底的整改以完成体育法制建全化和体育运动法治化的历史使命。"详见张春良等：《北京奥运会法制危机及其消解》，载《重庆文理学院》2006 年第 3 期。

③ 参见刘想树：《国际私法基本问题研究》，法律出版社 2001 年版，第 35 页。

排进行宽容的尊重和同情地理解[①],尽量考虑适用奥运会法律规范而克制内国法律效力,只要不触及或者逾越主权或公益的底线,均可对它施加宽容乃至放纵的礼让。须知,礼让不仅是一种谦恭,更是一种力量;礼让不是一种消极怯懦,更是一种无为而为。

面对着奥运会法制安排的强势冲击,北京或许只需要一种心态,那就是包容;北京或许只需要一种实践,那就是礼让。包容与礼让作为中华文明以柔克刚之精义,恰是北京应对奥运会的太极章法。

---

① 如国内有观点认为,2008年北京奥运会涉及的CAS仲裁及其裁决是属于瑞士国籍、民商事性质,且能够按照1958年《纽约公约》获得承认和执行的仲裁裁决,仲裁庭具有强制措施实施权等。郭树理:《体育纠纷的多元化救济机制探讨——比较法与国际法的视野》,法律出版社2004年版,第357~361页。笔者以为,贯穿其中的核心精神仍然是一种礼让精神,而且依循礼让或者宽容仍然可以消解CAS仲裁协议的强制性等具体制度导致的正当性危机。详见张春良:《体育纠纷救济机制的法理学分析》,载《法治论坛》2006年第4辑,花城出版社2006年版,第208~212页。